일본자본주의 정신사

한양대 〈일본학국제비교연구소〉 비교일본학 총서 03

일본자본주의 정신사

한양대 일본학국제비교연구소

역락

머리말

일본자본주의를 어떻게 평가해야 할 것인가란 물음에 답하기란 쉽지 않은 일이다. 우리 눈에 비친 일본의 모습은 그만큼 유동적이고 다면적이기 때문이다.

아시아의 여타 국가들보다 한 걸음 빨리 근대화에 성공한 일본은 태평양전쟁의 패전과 함께 국토의 황폐화를 초래했다. 그러나 한국전쟁의 특수를 발판으로 산업구조의 전환에 성공한 전후 일본은 1968년에는 서독을 제치고 세계 2위의 경제대국으로 부활한다. 70년대에 접어들면 '일억총중류(一億總中流)'를 구가하면서 아시아 후발 개도국의 선망의 대상이 되었다. 전후 아시아 후발 개도국에게 일본은 의심할 여지 없이 자본주의의 모범적인 발전모델이었다. 하지만 40년간 지속된 일본의 경제성장도 거품경제가 붕괴된 90년대에 들어서는 '잃어버린 20년'으로 통칭되는 장기불황에 빠지게 된다. 현재는 대대적인 금융완화정책을 기반으로 하는 아베노믹스에 힘입어 지속 가능한 경제성장을 모색 중에 있으나 만족할 만한 회복세를 보여주지 못한 채 부분적인 성공에 그치고 있다.

전후 일본 경제의 부침은 한국사회에도 다이내믹하게 투영되었다. 일본이 경제성장의 정점에 오른 80년대의 한국사회에 등장한 '극일론'은 '자본주의 발전모델로서의 일본'에 대한 또 다른 표현이었다. 그 후 일본의 거품경제가 붕괴된 90년대에는 '일본은 없다'와 '일본은 있다'와 같은 논쟁적인 일본담론이 일정 기간 지속되었으나 '잃어버린 20년'과 함께 일본은 한국사회의 화두에서 사라져갔다.

이와 같은 흐름 속에서 '일본자본주의 정신사'를 표제로 한 총서를 기획하게 된 것은 한국자본주의의 미래에 대한 우려가 확산되고 있는 최근의 사회 현실과 무관하지 않을 듯싶다. 현재 한국사회가 안고 있는 저출산과 고령화, IT혁명과 일자리의 감소, 끊임없는 노사갈등, 날로 심화되는 청년실업, 정치리더십의 양분화와 같은 사회문제들의 이면에는 계층이동의 사다리가 사라져가는 격차(양극화)의 고착화가 존재하고 있음을 부인할 수 없다. 그리고 이와 같은 문제를 타개하기 위한 해결책이 보이지 않는다는 것이 한국자본주의의 미래를 어둡게 하고 있다.

물론 이와 같은 문제는 글로벌 자본주의 사회가 봉착하고 있는 공통된 현상이라고 말할 수도 있을 것이다. 하지만 역사상 유례를 찾아볼 수 없는 저출산 사회로 치닫고 있는 한국의 모습을 글로벌 자본주의로 일반화하는 것에는 쉽게 동의하기 어려운 부분이 있다. 특히 이웃한 일본의 경우, 위에 열거한 문제들을 상대적으로 지혜롭게 풀어나가는 모습을 우리는 직간접으로 확인할 수 있다. 유학을 통해서 일본사회를 체험한 필자로서는 고용 유지를 위한 사회적 합의를 가장 용이하게 도출할 수 있는 국가가 있다면 그것은 일본일 것이라는 생각이 든다. 그와 같은 이면에는 일본사회가 가지고 있는 절제된 공동체 의식, 일종의 보이지 않는 정신문화의 유산이 자본주의의 운용에도 작용하고 있다는 느낌을 지울 수가 없다.

이와 같은 취지로 마련된 본서에서는 한일 양국의 전문가 열한 분의 글을 모아 일본자본주의의 정신세계를 살펴보고자 한다. 집필자에 따라 총론적인 글과 각론적인 성격의 글이 혼재되어 있으나 전체를 아우르는 공통분모적인 지침서로서는 막스 베버『프로테스탄트 윤리와 자본주의의 정신』(1920, 논문은 1904~5), 야스마루 요시오(安丸良夫)『일본의 근대화와 민중사상』(1974), 야마모토 시치헤이(山本七平)『일본자본주의의 정신』(1979)을, 역사적인 인물로서는 이시다 바이간(石田梅岩), 스즈키 쇼잔(鈴木正三), 나카에 도주(中江藤樹), 니노미야 손토쿠(二宮尊德), 이하라 사이카쿠(井原西鶴), 시부사와 에이이치(渋沢栄一) 등을 들 수 있을 것이다. 이들이 본서를 이해하는 키워드가 아닐까 생각한다.

끝으로 본서의 간행을 위하여 본 연구소에서는 2019년에 두 차례에 걸쳐 국제심포지엄을 가졌다. 먼저 8월에는 '일본자본주의의 정신사'를 테마로 일본의 니치분켄(국제일본문화연구센터)과 공동학술심포지엄을, 11월에는 같은 테마로 동아시아 일본연구자협의회 국제학술대회(국립타이완대학)에서 심포지엄을 개최했으며, 본서에 실린 글들은 이들 심포지엄의 발표를 기반으로 하고 있음을 밝혀 둔다. 바쁜 일정 속에서도 심포지엄에 참석해 주신 일본 측 이소마에 준이치(磯前順一, 니치분켄), 히라노 가쓰야(平野克彌, UCLA), 오다 료스케(小田龍哉, 니치분켄), 기바 다카토시(木場 貴俊, 니치분켄), 가타오카 류(片岡龍, 도호쿠대) 선생님, 한국 측 조용래(전 국민일보 편집인, 현 광주대), 김필동(세명대), 최재목(영남대), 고영란(전북대), 조관자(서울대), 박규태(한양대) 선생님, 본서의 편집과 간행을 위해 수고해 주신 본 연구소의 권도영 선생님, 도서출판 역락의 이대현 사장님과 편집부 백초혜 선생님께 감사의 마음을 전한다.

2020년 2월

일본학국제비교연구소 소장 이강민

차례

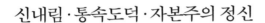

불교 계율과 일본의 근대화

-「국민」이라는 비유적 주체 - 오다 료스케 _ 213

일본근세의 '괴이怪異'와 자본주의 정신 기바 다카토시 _ 243

야마모토 시치헤이의 『일본자본주의의 정신』 재고

– '일본문화론'의 관점에서 – 박규태 _ 333

일본자본주의 정신사

金靈

今ぶ句ハ金に亂し
唐詩ユ不貪夜識金銀
氣といフ又論語ニも
冨貴在天と見えたり人
とるを天より福とあふる
必然の

한국에서의 일본자본주의정신 수용과 변용

조용래

들어가는 말 – 왜 지금 다시 '자본주의정신'인가

자본주의는 2008년 글로벌 금융위기 이후 사실상 파산선고를 받았다. 냉전 붕괴 이후 승리를 구가하던 자본주의가 하루아침에 위기로 내몰린 것이다. 이는 그야말로 기묘한 극적인 반전이라고 하지 않을 수 없다.

1991년 구소련을 비롯한 동유럽의 현실사회주의 국가들의 몰락과 더불어 자본주의는 이데올로기 대결의 확실한 승자로 자리매김되는 듯 보였다. 냉전 해체는 자본주의 유일 체제를 공식화하는 상징이 되었고, 급기야 자본주의는 경제적 자유를 최대한 보장하려는 신자유주의 체제로 빠르게 내달렸다. 하지만 승리의 노래는 오래가지 못했다. 글로벌 금융위기를 계기로 승리자인 듯 보였던 자본주의마저도 본질적 한계를 여실히 드러내고 말았기 때문이다.

글로벌 금융위기의 진앙은 엉뚱하게도 자본주의 진영의 맏형이라고 할 수 있는 미국이다. 미국발 '서브프라임 모기지론(비우량 주택담보대출) 사태' 여파로 미국경제는 물론 세계경제가 위기적 상황에 직면했다. '서브프라임 모기지론 사태'는 주택금융회사와 투자은행(IB)의 극단적인 경쟁과 영업확대 및 이윤추구 지상주의, 변제 능력이 낮은 저신용자들의 투기적 열망을 부추기는 영업방식, 주택대출채권의 무분별한 증권화·재증권화를 유도한 금융공학적 상품 남발 등이 뒤섞이면서 미국의 대표적인 IB들을 파산으로 내몰았다. 무엇보다 위기는 미국 내에서만 머물지 않았다. 사태는 미국과 글로벌 네트워크로 연계된 각국의 금융산업으로 전이되면서 세계경제는 급격하게 요동쳤다. 그로부터 10년, 각국 정부의 천문학적인 규모의 재정투입과 제로 금리 등의 금융 완화정책을 통해 비로소 글로벌 금융위기는 차츰 회복세를 찾아가고 있다.

하지만 글로벌 금융위기로부터 시작된 자본주의의 만가(挽歌)는 여전히 전 세계를 배회하고 있다. 더불어 자본주의의 쇠락을 거론하는 전문가들도 적지 않다.[1] 일본의 경우는 글로벌 금융위기 이후 수습단계에 들어간 구미 각국과 달리 비상 금융·재정정책 기조를 계속 유지하고 있을 정도이다. 회복은 더디고 문제는 아직 가라앉지 않고 있다.

---

1 나가타니 이와오, 이남규 옮김(2009), 『자본주의는 왜 무너졌는가』, 기파랑. 일본의 대표적인 주류경제학자 나가타니 이와오는 글로벌 금융위기 직후 경제학의 한계, 자본주의의 몰락에 대해 직전까지 자신이 신봉하던 신자유주의 자본주의에 대해 철저하게 비판한다. 한편 일본자본주의에 대해서는, 1982년 『なぜ日本は'成功'したか』를 펴냈던 모리시마 미치오(森島通夫) 교수가 정반대로 『なぜ日本は没落するか』(1999, 岩波書店)에서 일찌감치 일본경제의 몰락을 거론한 바 있다.

특히 한국사회는 글로벌 금융위기로 인한 여파 그 자체보다 미국발(發) 금융위기의 의미를 둘러싸고 혼란이 가중되었다. 2008년 당시를 기준으로 따지자면 겨우 10여 년 전의 기억 때문이다. 1997년 외환위기를 맞은 한국에 대해 당시 적잖은 국내외 경제 전문가들은 한국경제에 대해 '천민자본주의(pariah capitalism)'[2]라고 비판하면서 자성을 촉구했다. 내부적으로도 한국형 자본주의의 변혁, 이른바 한국경제의 구조개혁 필요성에 크게 공감했다. 그것은 외환위기가 한국만의 특수성, 즉 앞만 보고 달려온 성장 일변도의 경제구조, '압축성장'의 부작용 내지 후유증에 대한 대처 소홀 등이 초래한 것이라고만 이해한 결과였다.

그런데 한국은 '서브프라임 모기지론 사태'를 지켜보면서 그간의 외환위기에 대한 평가는 일면적인 것에 지나지 않았음을 알게 되었다. 미국자본주의의 맨얼굴을 확인하면서 '천민자본주의'의 행태는 비단 한국에만 해당되는 것이 아니라는 사실에 직면하게 된 것이다. 문제는 한국적 특수성이나 미국적 특수성이 아니라 자본주의 자체가 갖는 한계라는 사실이다. 자본주의의 한계에 대한 재인식은 필연적으로 자본주의의 정신에 대한 재점검으로 이어질 수밖에 없다. 자본주의의 탄생과 관련해 자본주의의 정신사를 빼놓을 수 없는 까닭이다. 이 글에서 '자본주의의 정신'에 대해 거론하는 배경이 바로 그

---

2 '천민자본주의'에 대해 막스 베버는 "정치 혹은 투기를 지향하는 '모험상인'적 자본주의"에 속한다고 정의한다(번역은 필자. 이하 동일). マックス・ヴェーバー, 大塚久雄譯(1989),『プロテスタンティズムの倫理と資本主義の精神』, 岩波文庫, p.320.

것이다.

　자본주의의 정신과 관련해서는 막스 베버의 고전적 가설, 즉 '막스 베버의 명제(막스 베버 테제=Max Weber's Thesis)'가 유명하다. 한국의 경우, 45년 일제의 식민지에서 벗어난 이후 국가 주도의 급속한 산업화를 추구한 탓에 한국자본주의의 정신이라고 할 만한 내용은 충분히 발굴되거나 거론되지도 않았다. 다만 한국은 비서구권에서 유일하게 자생적인 자본주의로의 이행을 경험한 일본자본주의의 영향을 적지 않게 받아왔던 만큼 이 글에서는 일본자본주의의 정신에 대한 고찰과 한국적 수용과 변용에 대해 거론하려고 한다. 이는 한국자본주의의 현재를 점검하는 차원에서 또한 한·일 경제관계의 연동성을 제기하는 차원에서도 의미가 있을 것이다.

　이하에서 '막스 베버 테제'를 중심으로 자본주의의 정신에 대해 먼저 재검토하고 자본주의의 근원적 문제점이 무엇인지에 대해 거론한다(2절). 이어 일본자본주의정신의 내용을 두루 살펴보면서 '막스 베버 테제'와의 비교도 시도할 것이다(3절). 다음으로 한국자본주의가 일본자본주의와 그 근원에 있는 정신을 어떤 형태로 수용, 변용했는지를 더듬어볼 것이다(4절). 마지막으로 자본주의의 영속 가능성에 대한 전망(5절)을 거론한다.

자본주의정신이란 무엇인가

'막스 베버 테제'

베버의 근대화에 대한 관심은 '왜 서양에서만 근대화가 이뤄졌는가?' '그 외의 지역에서는 왜 서양과 같은 근대화가 이뤄지지 못했나?'[3] 등의 의문에서 출발했다. 그의 의문은 1905년 내놓은 저서 『프로테스탄티즘의 윤리와 자본주의의 정신』(이하『윤리』)을 통해 하나의 독자적인 입론(立論)을 제기하게 되는데, 후대 연구자들은 이를 '막스 베버 테제'(이하 '테제')라고 부른다. '테제'를 따져보기 위해 먼저 『윤리』의 내용을 간단하게 살펴보기로 한다.

근세 초기 서유럽에서 경제적 발전을 담당한 사람들의 내면적(주체적)인 추동력, 심리적 기동력 또는 그 정신이 무엇이었는지를 찾아내는 데서 논의는 시작된다. 그 정신을 베버는 '자본주의정신'이라고 명명하고, 나아가 그의 입론(立論)은 '자본주의정신'을 만들어낸 것이 무엇인지를 규명하는 쪽으로 거슬러 올라간다. 마침내 그가 찾아낸 것은 바로 '세속내적 금욕'[4]이었다. 그는 또한 세속내적 금욕을 당시 사람들에게 추구하도록 한 것은 다름 아닌 프로테스탄티즘

---

3 マックス・ヴェーバー, 大塚久雄・生松敬三譯(1972), 『宗教社會學論集』の序論, 『宗教社會學論選』所收, いすず書房, p.5.

4 베버는 수도원에서 행해지는 수도사들의 금욕을 일상생활 바깥에서 벌어지는 '세속외적 금욕'이라 부르는 반면 프로테스탄트(퓨리턴)들이 일상생활 안에서 자발적으로 금욕적인 태도를 취하며 근면과 절약에 매진하는 것을 '세속내적 금욕'이라고 명명했다(マックス・ヴェーバー(1989), p.203).

의 윤리, 특히 캘비니즘의 윤리라고 보았다.

이 과정에서 베버는 일찍이 마르틴 루터가 제기한 천직(天職, Be-ruf) 개념에 기대어 금욕적 캘비니즘의 윤리적 특성을 찾아낸다. 루터가 말하는 '천직' 개념이란 개개인의 직업이 신(하나님)의 명령으로 주어진 것이기 때문에 최선을 다해 그 직업에 매진해야 한다는 뜻이다. 동시에 세상의 직업에 충성을 다하는 것은, 사람들이 세속 내적 금욕을 유지하는 기초가 되며 그들 자신들이 신으로부터 구원 받았음을 현세에서 직접 자신의 몸으로 겪으며 얻어낸 확신의 근거 이기도 하다.

다만 금욕적 직업관과 노동관은 모든 기독교 교파에서 공통되는 것은 아니라고 베버는 주장한다. 즉 당시 기존의 가톨릭이나 종교개혁 이후의 루터파에서는 그러한 징후가 보이지 않는다는 것이다. 캘빈파, 보다 정확하게는 17세기 전후의 영국의 퓨리터니즘과 유럽 대륙 각지에 분산된 캘비니즘의 여러 분파(Sekte, sect)에서만 확인된다고 베버는 강조한다.

한편 금욕적 프로테스탄티즘(캘비니스트, 퓨리턴)의 일상생활에서는 돈, 소위 이윤이 쌓여가고 또한 그들의 절약적인 태도는 자연스럽게 자본의 형성을 촉진하기에 이른다. 그들은 그렇게 쌓인 이윤에 대해 자신들에게 임한 하나님의 구원의 증좌라고 생각했다. 베버는 중세 가톨릭교회가 이윤 추구 자체를 죄악시했던 점을 감안한다면 금욕적 프로테스탄티즘의 이윤 인식은 급반전이 아닐 수 없다고 강조한다. 베버가 말하는 '자본주의정신'이란, 일상생활 즉 세속 내에서의 금욕적 생활태도가 신에 대한 구원의 확신을 상징하는 것으로 뿌리내리고 그 과정에서 자연스럽게 근면과 절약을 꾀하려는 심리적 추동력이라고 할 수 있다.

그러나 종교적인 신조(Ethos, 『윤리』에서는 세속내적인 금욕적 프로테스탄티즘)에 의한 내적인 추동력은 이윽고 외적인 강력한 힘에 의해 밀려나고 만다. 자본주의가 확립되어감에 따라 거듭 반복되는 이윤의 확장은 더 이상 종교적 신조 등에 의한 행동기반이 필요 없게 되었고, 심지어 돈 버는 데만 전념할 것을 요구하는 외부의 강력한 힘에 의해 종교적 신조는 압도된다고 베버는 지적한다. 이미 자본주의는 자신을 형성시킨 '자본주의정신'으로부터 떨어져나가 홀로 걷기를 시작하고 있다고 20세기 초 베버는 판단했다.

이상이 『윤리』의 대강의 흐름이다. 결국 '테제'는 특정 신조와 연계된 근대화를 향한 심리적 추진력에 대한 것이다. 구체적으로는 세속내적 금욕을 강조하는 프로테스탄티즘의 직업윤리와 경제와의 역사적인 상관성이 있다는 주장이다. 즉 근세 초기 금욕적 프로테스탄티즘의 윤리에서 발현된 자본주의정신이 근대자본주의를 잉태했다고 보는 것이다.

이러한 프로테스탄티즘과 경제적 진보와의 상관성에 대한 문제인식은 베버가 유일하지 않다. 베버 이전에도 프로테스탄티즘과 경제적 진보 사이에 상관관계가 있다는 주장은 존재했었다. 다만 베버의 경우는 '왜 프로테스탄티즘에서만 경제적 진보가 가능했는가'에 대한 구체적인 물음에서 출발해 그 원인을 찾아내려고 했다는 점이

다르기 때문에 주목을 받는 것이다. 이는 '테제'가『윤리』발표 이후 지금까지 꾸준히 논의되어 오고 있는 이유이기도 하다.

이념형으로서 '자본주의정신'

'테제'는 매우 논쟁적인 주제이다.『윤리』가 1905년 발표된 이래, 실로 무수한 연구자들이 '테제' 논쟁에 끼어들어『윤리』에 대해 비판을 이어왔다.『윤리』발표 직후부터 루요 브렌타노, 베르너 좀바르트, F. 라하파르 등이 다투어 비판했고[5] 베버는『윤리』의 1920년 최종판 각주를 통해 그들에 대한 반비판을 꾀했다.

'테제'에 대한 반향은 한편에서는 그에 대한 추종 내지 적극적인 수용, 다른 한편에서는 맹렬한 반대와 비판을 불러일으켰다. 다만 추종이든 비판이든 그 안에는 '테제'에 대한 오해가 적잖이 발견된다. 이는 베버가 이념형(理念型, Idealtypus)으로서 제기하고 있는 '테제'에 대한 비판자와 추종자들의 수용태도에 문제가 있기 때문인 것으로 보인다.

이념형은 베버가 흔히 활용한 사회과학방법론으로 특정 사회현

---

5 브렌타노 등은 근대자본주의 발생과 관련해 자본주의정신, 즉 자본주의적 경제행동은 중세 이후의 상업적인 발전과 더불어 발생했고 이후 일관성 있게 지속적으로 발전해 오늘에 이르렀다는 입장이다. 따라서 이들은 베버가 거론하는 바 '종교윤리와의 관계를 굳이 따지는 것은 논외'라고 보았다. 이와 관련해서는 다음을 참조하라. 梅津順一(1989),『近代經濟人の宗敎的根源: ヴェーバー・バクスター・スミス』, みすず書房, pp.11-57.

상에 대한 일종의 논리적인 해석 틀이다. 어떤 사회현상의 주요 특징적 요소를 분해, 분석함으로써 그 사회현상의 성격을 보다 명확하게 관찰해 내려는 방법적 접근방식이다. 이렇게 구현된 이념형으로는 사회현상의 구체적인 발전 연원과 내적 고리들을 추적하거나 장래 전망을 유추하고 예측할 수도 있다. 다만 보통 사회현상은 유일무이의 이념형으로만 규정되는 것이 아니라는 점을 유의할 필요가 있다. 이념형은 어디까지나 사회현상을 파악하기 위한 방법적인 개념이자 본질을 파악하기 위한 가상의 개념이므로 이념형 그 자체로서 사회현상의 본질을 모두 다 파악했다고 볼 수는 없다는 한계를 지닌다.

'테제'도 마찬가지로 가상개념이므로 그것이 규정하고 있는 범위는 제한적일 수밖에 없다. '테제'도 그 자체의 전제 또는 대상범위(특수성)와 관련해 대략 세 가지 사실을 유념해야 한다.[6]

첫째, 특정 시대 및 지역의 경제발전, 예컨대 자본주의화 또는 근대화를 이루기 위해서는 반드시 종교적 신조가 전제되어야 하는 것은 아니라는 사실이다. 근세 서유럽에서 '금욕적 프로테스탄티즘'이 존재했기에 '자본주의정신'이 생겨났다고 단언할 수는 없다는 것이다. '존재했다는 것'과 '존재해야 한다는 것'은 전혀 다른 의미이다. 특정 지역에서 금욕적 프로테스탄티즘이 존재했기에 경제적 발전

---

6 이 절의 논의는 다음을 참조하라. 趙容来(1996), 『初期ヘルンフート兄弟團の經濟と宗敎』, 慶應義塾大學大學院 經濟學硏究科 博士學位論文,「序章の1. M.ヴェーバー・テーゼにおける特殊性と一般性という問題意識に立って」, pp.4-10.

이 나타났다고 하는 선험적인 전제만을 앞세워 '테제'를 검증하려는 접근방법은 옳지 않다. 그 반대의 경우도 있을 수 있다. 즉 어느 지역에서는 금욕적 프로테스탄티즘이 존재하고 있음에도 불구하고 경제적 발전이 일어나지 않았다고 하는 사실을 들어 '테제'가 틀렸다고 비판하는 것도 '테제'가 말하려고 했던 것과는 무관한 주장일 뿐이다.

특정 지역에서 자본주의화가 진행되었다고 한다면 그곳에는 이른바 금욕적 프로테스탄티즘에 필적할 만한 무엇인가의 종교적 신조가 존재할 것이라고 예단하는 것도 '테제'의 본질은 아니다. 예컨대 비(非) 서구지역인 일본에서의 근대화를 단순히 종교적 신조로서만 파악하려고 하는 시도가 바로 그것이다. 나아가 아직 근대화가 이뤄지지 않은 지역에서 경제발전을 추구하기 위해서는 서유럽에서의 금욕적 프로테스탄티즘에 해당할 만한 새로운 에토스 또는 그와 유사한 신조를 찾아내야 하는 것도 아니다. 베버는 "근대문화를 창출함에 있어서 다른 여러 요소와의 관련 속에서 비로소 금욕적 프로테스탄티즘이 갖는 문화적 의의의 정도를 명확하게 할 수 있다"[7]고 지적한다. 이는 '테제'를 지나치게 단선론적으로 해석하거나 특수성을 무시한 채 일반화하려고 하는 태도를 경계해야 한다는 의미를 담고 있다.

---

7   マックス·ヴェーバー(1989), pp.368-369. 여기서 베버가 말하는 '다른 여러 요소'란 문화제조건의 영역(문화제영역·文化諸領域), 즉 사회, 정치, 경제, 문화 등 모든 부문을 의미한다.

둘째, 그렇다면 '금욕적 프로테스탄티즘'은 근세 서유럽에서 자본주의정신을 나타나게 한 유일한 변수가 아니라는 점도 명확하다. 이는 금욕적 프로테스탄티즘을 통해서만 근대 자본주의정신이 탄생한다고 하는 일방적인 인과관계가 아니라 경제와 종교라고 하는 상호관계의 문제를 유념해야 한다는 뜻이다. 물론 종교적인 신조와 경제활동 또는 그 내면적인 동기 사이에는 부인할 수 없는 관계가 존재한다. 다만 그것만이 유일무이의 인과관계는 아니라는 점에 '테제'가 갖는 또 하나의 특성이 있다. 베버는 "생활양식이 종교에 의해 규정되고 있다고 하는 측면은 경제윤리의 결정적 요인 중 하나일 뿐"이라고 강조하면서, 여러 요인 중 "단지 하나에 불과하다는 점에 주의할 필요가 있다"[8]고 강조한다.

이로써 '테제'가 주장하는 바는 더욱더 선명하게 드러난다. '테제'가 강조하는 것은 특정신조와 그 신조를 지지하고 있는 사람들 사이에 존재하는 '친화감 내지 친근감' 또는 '선택적 친화관계'이기 때문이다. 따라서 '테제'의 진정한 일반화는 '선택적 친화관계'로 수렴된다. 즉 특정신조와 그 신조를 지지하고 지키는 사람들 사이, 혹은 종교적 신조와 경제활동의 내면적 동기 사이에는 그것만이 유일한 관계라고는 말할 수 없지만 분명하게 상호 간 '선택적 친화관계'가 존재한다는 것이다.

셋째, '테제'가 문제로 삼고 있던 시기는 근대자본주의의 발생과

---

8 マックス・ヴェーバー(1972),「世界宗教の經濟倫理　序論」, p.35.

관련한 시기, 즉 17~18세기라는 점이다. 이른바 시기적 제약성이다. 이 시기는 크게 종교개혁 이후 칼비니즘이 서유럽 곳곳에 뿌리를 내리기 시작하던 제1기와 이미 자본주의가 홀로 걷기 시작하던 제2기로 나눠볼 수 있다.[9] 베버는 제2기에 드러나는 자본주의정신은 과연 어디에서 발현되었는지를 찾기 위해 제1기에 등장한 금욕적 프로테스탄티즘의 생활태도로까지 거슬러 올라갔던 것이다. 그 결과 그는 제2기에 나타나는 '자본주의정신', 즉 근면과 절약 등의 생활태도는 다름 아닌 제1기의 프로테스탄티즘(주로는 캘비니즘)의 윤리, 즉 세속내적 금욕에서 유래하는 것임을 발견했다.

그러나 동시에 베버는, 제2기의 상황에 대해 "종교적 기반이 이미 생명을 잃고 결여되어가고 있음"[10]을 지적하고 있다. 이렇게 보면 『윤리』는 베버가 이념형에 입각해 자본주의 탄생배경을 금욕적 프로테스탄티즘에서 발견해 냈다는 점 이상으로 오히려 앞으로 다가올 자본주의의 암울한 미래를 경고하는 것에 더 중요한 방점을 찍고 있는 것으로도 보인다.

이상을 정리해 보면 베버는 근세 서유럽에 특유의 자본주의적이며 합리적인 사회조직의 생성발전과 관련하여 독자적인 에토스(세속내적 금욕이란 프로테스탄티즘의 윤리, 즉 자본주의정신)에 큰 관심을

---

9 베버는 굳이 시기 구분을 하지 않았다. 이는 어디까지나 논의의 편의에 입각한 필자의 구분이다. 캘비니즘의 세속내적 금욕이라고 하는 생활태도가 사람들에게 내면적 추진력으로서 지속적으로 작용하고 있는 제1기와 이미 자본주의가 뿌리내린 제2기로 구분하는 것이 논의를 보다 선명하게 할 수 있다고 본다.

10 マックス·ヴェーバー(1989), p.364.

갖고 있었다. 반면, 비판자들은 그 에토스의 표면에 드러나는 모습, 즉 '영리욕'만을 보고 그와 같은 현상은 종교적 신조와 전혀 관계가 없다고 결론짓고 베버를 비판했다. 베버는 앞서 거론한 대로 신조와 경제활동의 선택적 친화관계에 주목하는 한편, 제1기와 제2기의 극적인 반전을 거론하고 있다. 반전은 바로 종교적 신조를 잃어버린 자본주의에 대한 실망감을 앞세워 사실상 자본주의의 종언을 예고하는 대목이다. 실제로『윤리』의 마지막 부분에서 베버는 그가 미국 여행에서 직접 보고 경험했던 바에 입각해 자본주의의 만가(挽歌)를 조심스럽게 거론하고 있다.[11]

일본자본주의정신과 '테제'

일본에서의 '테제' 수용

앞 절에서『윤리』의 '테제'가 갖는 한계 즉 적용 범주에 제약이 따

---

11   앞의 책, p.366. "가장 자유롭게 영리를 추구하는 지역인 미국에서는 영리활동은 종교적·윤리적인 의미가 제거되어 지금은 순수한 경쟁감정에만 결합되는 경향이 있으며 그 결과 스포츠의 성격을 띠는 경우도 흔하다. 장래에 그 '강철 우리' 안에 사는 것은 누구인가. 그리고 그 거대한 발전이 끝날 때 전혀 새로운 예언자들이 나타날 것인가. 아니면 과거의 사상이나 이상이 강력하게 부활할 것인가. 그 어떤 것도 아니라면 마치 병적인 존대(尊大)함으로 치장된 기계적 화석으로 변하는 것인지는 아무도 모른다. 이러한 문화발전의 마지막에 나타날 사람들에게는 다음과 같은 말이 진리가 될 것이다. '무(無) 정신의 전문인(專門人), 무 심정의 향락인(享樂人). 이들 무의 사람들은 과거 인류가 이르지 못했던 단계에까지 올라섰다며 스스로 도취하리라'."

른다는 점을 거론했다. 하지만 오늘날까지도 일반적으로 신조와 경제발전의 선택적 친화관계에 대한 논의를 넘어서 신조와 경제발전에 대한 숙명적 연결고리가 있다고 전제하는 시각이 적지 않다. 특히 비서구권에서 유일하게 자생적으로 자본주의로의 이행을 경험했던 일본자본주의에 대해서는 그러한 시각이 상대적으로 강하다. 예컨대 일본자본주의 등장의 배경에는 그에 상응하는 고유의 윤리관과 그 윤리관에 의해 촉발된 경제시스템 내지 사회제도가 존재할 것이라는 예단이 바로 그것이다.

문제는 실제로 일본자본주의의 맹아가 등장하는 시기에 다른 비서구권 국가들과 달리 절제된 생활태도를 중시하는 사람들이 존재하고 있었으며 그들의 일상화된 행동이 경제발전의 심리적 기동력으로 작용했다는 사실이다. 이를 두고 '테제'의 일본판으로 해석하려는 경향도 적지 않다. 더구나 전후 일본자본주의가 패전의 후유증으로부터 빠르게 회복하면서 이른바 고도성장을 통해 산업자본주의의 절정으로 치달아 가는 상황에서는 일본자본주의를 그토록 끌어올릴 수 있었던 정신적 지주가 과연 무엇인가를 묻는 것은 오히려 지극히 당연한 일이었다.

그만큼 일본에서의 '테제' 수용은 대단히 긍정적이었다. 그것은 '테제'로 국한된 것이 아니라 막스 베버에 대한 전반적인 관심이라고 포괄하는 편이 더 적절할 것이다. 일본의 사회과학 연구분야는 1930년대 초반까지 마르크스 연구가 우위를 차지했지만 이후 당대의 전근대적 천황제국가 일본은 마르크스주의를 강하게 억압함에 따라 상대적으로 베버 연구가 주목을 끌었다. 이는 결과적으로 마르크스주의의 역사의식, 즉 사적유물론이 갖는 일원론적인 전개방식과 함께 베버의 문화제유형에 대한 다양한 접근방법이 일본 연구자들에게 뿌리내리게 한 중요한 계기가 되었다. 이 점은 일본 사회과학계의 독특하고 역량 있는 연구풍토로 자리매김 되었고 그 전통은 전후로까지 면면히 이어졌다.

일본에서 '테제'에 대해 긍정적으로 수용하는 데에는 몇 가지 이유가 있다. 첫째, '테제'에서 주요 대상이었던 서유럽과 일본은 지리적으로 떨어져 있다는 점이다. 일본은 서유럽과 역사적·경험적으로 유사하지 않기 때문에 특정 가설에 대해 비판론을 취할 이유가 별로 없었다. 뿐만 아니라 일본은 기독교권 사회가 아니라서 금욕적 프로테스탄티즘이란 특정 신조를 중요하게 거론하는 '테제'에 대해 편견 없이 받아들일 수 있었을 것이다. 둘째, 일본의 서구에 대한 관심이 높다는 점도 빼놓을 수 없다. 후발 자본주의의 일본으로서는 서구자본주의의 모태가 된 것이 금욕적 프로테스탄티즘에서 발현한 자본주의정신이라는 '테제'의 명쾌한 주장에 대해서도 매우 호의적이었다. 그 선봉에 선 것이 바로 오쓰카 히사오[大塚久雄]와 그의 제자 그룹, 이른바 '오쓰카사학(大塚史學)'이다.

다만 일본에서는 '테제'에 대한 비판론보다 긍정론이 압도적인 상황이기 때문에 일본자본주의에 대한 적용, 즉 '테제'의 일반화 차원에서 일본자본주의에 있어서의 특정 신조와 자본주의정신의 선택적 친화관계라는 문제인식보다 특정신조가 곧 자본주의정신이었다는 단선론적인 이해가 적잖았다. 패전 직후 '테제'의 수용은 서구의 근대화 기원에 대한 하나의 중요한 시각으로서 주로 거론되었다. 또한 당시의 일본자본주의에 대한 해석문제[12]를 둘러싸고 베버의 다양한 역사적·사회과학방법론적 인식을 수용하는 것에만 초점이 맞춰졌다. 이렇듯 전후 일본에서 베버 연구는 만개하였지만 '테제'의 일반화 문제에 대해서는 소홀하게 다뤄졌다.

'테제'의 시각에서 일본인으로서 처음으로 일본자본주의의 탄생 배경에 관심을 나타낸 것은 출판업에 종사했던 재야학자 야마모토 시치헤이였다. 그는 1979년 저서 『일본자본주의의 정신 – 왜 일본인은 열심히 일하는가(이하 『정신』)』[13]에서 본격적으로 일본자본주의의 심리적 기동력에 대해 논했다. 야마모토는 기독교인 가정에서 태어난 크리스천으로서 '테제'에 대한 관심이 높았던 것으로 보인다.[14] 그의 이름 '시치헤이[七平]'도 성서 창세기의 천지창조 순서와 관련해 그가 천지창조 일곱 번째 날인 일요일(제7일, 즉 안식일)에서

---

12   강좌파(講座派)는 당시 두 주장이 대립하고 있었다. 우선 일본자본주의의 반봉건적인 특수성에 초점을 맞추면서 전후 일본자본주의의 재편성을 미 제국주의에 종속되는 것으로 볼 것인지, 또 하나는 일본제국주의의 부활 내지 자립으로 자리매김할 것인가로 대립했다. 반면 노농파(勞農派)의 경우는, 일본자본주의가 전전과 전혀 단절되지 않은 채 꾸준히 확장(독점강화)되고 있다는 주장을 폈다. 이와 관련해서는 다음을 참조하라. 조용래·김재익·김승욱·유원근(1994), 「일본마르크스주의 정치경제학의 흐름」, 『자본주의사회를 보는 두 시각』, 율곡출판사, pp.383-393.

13   山本七平(1979), 『日本資本主義の精神 – なぜ, 一生懸命働くのか』, 光文社[김승일·이근원 옮김(1998), 『일본자본주의의 정신』, 범우사]. 이 글에서는 『新装版 山本七平の日本資本主義の精神』(2015, ビジネス社.)을 인용함.

14   야마모토 시치헤이에 대해서는 이나가키 다케시[稲垣武]가 쓴 야마모토 평전을 참조하라. 稲垣武(1997), 『怒りを押さえし者, 「評傳」山本七平』, PHP研究所.

태어났다고 하여 붙여진 것이다.

일본자본주의정신의 근원 : 쇼산〔正三〕과 바이간〔梅岩〕, 그리고 시부사와〔澁澤〕

『정신』은 일본자본주의의 기초가 무엇인지를 밝히는 저술이자, 시종 서구와 다른 일본과 일본인, 일본 사회에서 노정되고 있는 일본적 특질을 제기하는 '일본론'으로 일관하고 있다. 야마모토는『정신』의 집필배경에 대해 일본인 스스로가 일본의 현실, 즉 일본자본주의에 대해 너무나 모르고 있다는 점을 먼저 거론한다. 그는 사람들이 "메이지 시대의 발전이든 전후의 경제적 성장이든 '왜 그렇게 되었는지'를 파악하고 있지 못하고 있다"[15]고 지적하고, 이러한 무지상태는 메이지 시대에도 마찬가지였다고 평가한다. 이어 "메이지 시대의 그러한 무자각 상태가 태평양전쟁으로 귀결됐다"며 두 번 다시 전쟁으로 가는 실패는 피해야 한다고 그는 강조한다. 무지의 속박에서 벗어나기 위해 필요한 것은 속박 자체에 대해 분석하고 재평가, 재파악함으로써 스스로 그것들을 제어하는 일이라고 봤다.

야마모토는, 전후 일본의 경제발전을 비롯해 메이지 전반에 걸친 경제적 도약은 에도 시대(도쿠가와 막부시대, 1603~1867)를 빼놓고는 설명하기 어렵다고 본다. 메이지 시대는 서구 모방에 초점을 맞

15　山本七平(2015), pp.2-3.

쳤고 전후 일본은 미국을 모방하는 데 전력을 기울였지만 에도 시대
는 "한마디로 말하면 '일본인 스스로가 만들어낸 질서'를 확립한 시
대… 가장 창조적인 시대"[16]라고 평가한다. 그가 에도 시대를 중시
하는 것은 당대의 사람들이 독자적으로 자신들의 정신구조와 그에
대응하는 사회구조를 마련하려고 했던 시대라고 봤기 때문이다. 아
울러 그는 에도 시대를 겐로쿠[元禄, 1688~1704] 연호기간과 교호[享
保, 1716~1733] 연호 기간 사이를 축으로 전기와 후기로 나눈다. 전
기는 도쿠가와 막부 탄생과 더불어 그간의 오랜 전란을 수습하면서
정치·경제체제를 확립하고 경제성장기로 들어선 시기이며, 후기는
성장세가 전기보다 주춤하게 되었으나 문화적인 안정기를 맞아 민
중의 생활수준도 향상되면서 다음 시대인 메이지 시대로 발전할 수
있는 에너지를 축적하고 있던 시기라고 평가한다.

『정신』은 에도 시대 일본사회의 정신구조 형성에 가장 큰 영향을
준 사람으로 이시다 바이간[石田梅岩, 1685~1744. 이하 '바이간']과 스
즈키 쇼산[鈴木正三, 1579~1655. 이하 '쇼산']을 꼽고 이들의 언행을 꼼
꼼하게 소개하고 있다.[17]

바이간은 중농의 차남 출신으로 특별한 교육을 받은 바도 없이 봉
공인(奉公人)[18]으로 종사하다가 꾸준한 독서를 통해 나름의 독자적

---

16 앞의 책, p.116.
17 이하 바이간과 쇼산에 관한 서술은 山本七平(2015)에 근거하고 있다. 앞의 책,
    pp.120-211.
18 봉공인은 봉건시대, 즉 에도 시대에 고용살이를 하는 직업인이다. 사·농·공·상의
    모든 분야에 봉공(奉公)이 이뤄졌는데 바이간의 경우는 11살 때부터 교토의 한 옷

인 사상을 구축하기에 이르렀다. 다만 "그의 사상의 골격은 어디까지나 당시 서민들의 것이었고 또한 그 자신의 것이었다."(p.138) 야마모토가 바이간을 '거리의 유학자'로 지칭하는 배경이다.

바이간이 옷감가게의 지배인이 된 후 강조한 것은 '경제적인 합리성'이었다. 그것은 다시 말하자면 자기 스스로가 추구하는 '내적 합리성'이었다. 당시의 모든 사람들이 바이간과 같았다고는 볼 수 없지만, 그러나 이러한 생활태도가 정당한 방식이라고 생각할 수 있는 사회적 규범이 이미 당대에 뿌리내려 있었음은 부인하기 어렵다. 바이간이 40대 초반 옷감가게의 지배인을 그만 두고 사숙(私塾)을 열고 스스로 강연을 이어가면서 이른바 '석문심학(石門心學)'[19]을 논할 수 있었던 것도 당대의 사람들과 바이간의 생활태도가 서로 쉽게 교감할 수 있었기 때문에 가능했다.

'에도 시대 이전의 전국(戰國) 시대만 하더라도 바이간과 같은 자율과 절제의 사상은 나타나지 않았다. 오히려 타인의 것도 내 것, 내 것도 내 것, 싸움에 진 무사에게 빼앗는 것이 당연하게 생각되는 그런 세상이었다. 바이간이 살던 그 시대의 사람들은 이미 이전과 확연하게 달라져 있었다. 과연 무엇이 바이간과 그 시대의 사람들을 그렇게 추동한 것일까.

감상점에 봉공을 나갔다. 이에 야마모토는 바이간이 오늘날로 치자면 '샐러리맨'이나 다름없다고 소개한다. 앞의 책, p.120.

19 '석문심학'은 에도 시대 후기에 만개한 서민을 위한 평이하고 실천적인 도덕론이다. 다음을 참조하라. 今井淳·山本真功(2006), 『石門心學の思想』, ペリカン社. ; 森田健司(2012), 『石門心學と近代』, ハチ代出版.

한편 바이간보다 앞서 에도 시대 전기에 활약했던 쇼산은 사무라이 출신으로 40대 초반에야, 즉 에도 시대 초기에 출가한 선종의 승려이다. 쇼산은 우주의 본질을 일불(一佛, 오직 한 분의 부처)이라고 보고 인간의 세 가지 번뇌인 탐욕·진에(瞋恚·분노)·우치(愚痴), 이른바 삼독(三毒)을 다스리는 것도 일불이라고 했다. 삼독에 병들지 않기 위해서는 늘 수행을 해야 한다. 그런데 일상생활에 매여 있는 서민들로서는 그러한 수행이 불가능하다. 날마다 맡겨진 책무가 있고 힘든 노동을 해야 하기 때문이다. 이에 쇼산은, 사농공상의 모든 지위에 있는 이들이 각자의 맡은 바 일에 열중하는 것이 곧 수행이라고 풀었다. 노동 그 자체가 수행이라는 뜻이다.

쇼산에게 절대신 개념은 존재하지 않았다. 그에게서 신앙이란 '오직 하나, 나를 믿어야 한다는 것'이었다. '나를 믿어야 한다는 것'은 스스로의 자부심을 강조하거나 오만해도 좋다는 의미가 결코 아니다. 이는 각각이 "믿어야 하는 것은 그 자신의 '내적인 부처'이고 자기 자신이 책임을 져야하는 대상도 곧 그것"이기 때문이라는 얘기이다. 따라서 "책임을 져야할 대상 — 그것이 내적인 부처든 '신'이든 — 을 상실한 인간은 어떤 사회에서도 그를 신용해주지 않을 것"(p.162)이라는 의미에서 '나를 믿어야 한다'고 주장했다.

이득에 대해서도 쇼산은 '반드시 나쁜 것이 아니다'고 전제한다. 다만 '먼저 이득을 취해야겠다고 하는 마음을 버리도록 수행해야 한다'고 주장했다. 이윤을 추구하지 않았음에도 이윤이 발생하면, 즉 결과로서 생겨난 이윤에 대해서는 결코 부정하지 않았다. 이것이 용인되기 위해서는 모든 일에 정직해야 한다는 것을 먼저 배워야 한다고 덧붙였다. 그렇듯 정직은 쇼산의 또 다른 원칙이었다. "정직함을 지키면서 하는 장사는 물이 낮은 곳으로 흐르는 것처럼, 하늘의 복을 받는 것과 같은 것으로, 모든 일은 마음에 달린 것"(p.165)이라고 강조하였다.

일상생활을 충실하고 정직하게 임하는 것, 즉 근면과 절제의 생활이 곧 수행이며 결과로서 생겨난 이윤은 정당한 것으로 본다는 내용은 고스란히 바이간의 주장과 일치한다. 이는 금욕적 프로테스탄티즘의 생활태도와도 유사한 측면이 적지 않다. 에도 시대의 경제발전과 문화적 향상은 쇼산에 이어 바이간에 의해 정착된 일상 속에서 정진하는 생활태도와 선택적 친화관계에 있다고 볼 수 있겠다. 바로 이것이 일본자본주의정신의 근원이다.

『정신』은 일본자본주의정신의 근원을 밝히면서 바이간 등이 중시하고 확산시킨 근면·절제라는 일상생활의 태도가 서구의 프로테스탄티즘과는 유사함이 있다고 했지만, 일본적 특성이 갖는 한계도 거론한다. 서구의 상인계급이 자신들의 손으로 의회를 만들고 정치에 뛰어들었던 것과 달리 바이간 등은 상인으로서의 임무에만 몰두할 뿐이었고, 그 때문에 상인으로서의 태도가 만연된 일본에서 결코 시민혁명이 일어날 수는 없었을 것이라고 지적한다.[20]

---

20 다나카 오사무(田中修)는 바이간의 한계에 대해 정치적 책임의식 결여와 더불어 역사의식의 결여돼있다고 비판한다. 특히 "[현재의] 인간의 마음이나 사회질서를 자연히 만들어진 질서로서 받아들이기 때문에 미래로부터 과거로 이어지는 '역사적 질서'의 하나의 단계에 불과하다고 생각하지 않는다"는 것이다. 田中修(2017), 『日本

그럼에도 불구하고 일본자본주의정신의 근원에 뿌리내린 쇼산과 바이간의 역할은 지대하다. 메이지 이후 이 계보를 잇는 이는, 메이지정부 초기의 대장성 관료였고 이후 관직에서 일찌감치 물러나 실업계에 뛰어들었던 시부사와 에이이치[澁澤榮一, 1840~1931. 이하 '시부사와']이다. 그는 경제적 합리성을 유교, 특히 『논어』에서 찾았고 "천도(天道)가 경제의 근원"이라고 강조하면서 "진정한 이윤추구는 인의도덕에 바탕을 둬야 한다" "무사도[士魂]란 곧 기업가 정신이다"[21] 등의 주장을 통해 메이지 시대의 일본자본주의의 정신 도야와 실천에 진력했다.

일본자본주의정신의 근원은 쇼산과 바이간이 주장한 바와 같이 '종교적인 노동론(노동이 곧 수행)'에 뿌리를 두고 있고 그 연장선에 경제적 합리성을 추구하는 일본자본주의의 길이 열려 있다고 볼 수 있다.[22] 그런데 『정신』의 야마모토는 합리성을 '자본윤리'라고 평가하고 이를 무시하는 것은 개인이든 회사든 국가조차도 존립하기 어렵다고 강조한다. 그것은 에도 시대의 경험이었고, 이후 메이지 시대에도 면면히 이어지는 인식이었다는 것이다.

다만 일본자본주의정신의 근원에 존재하는 것은 '테제'에서 거론

人と資本主義の精神』, ちくま新書, pp.114-115.

21 澁澤榮一, 안수경 옮김(2009), 『한손에는 논어를 한손에는 주판을』, 사과나무, pp.110-113, 224-229 참조.

22 일본자본주의의 미래에 대한 불안감이 가중되는 가운데 최근 들어 일본자본주의 정신에 대한 논의가 확산되고 있는데 역시 쇼산, 바이간, 시부사와 등의 사상과 그 사상에 대한 당대 서민들의 수용에 크게 주목하고 있다. 다음을 참조하라. 田中修(2017). ; 寺西重郎(2018), 『日本型資本主義 - その精神の源』, 中公新書.

되는 금욕적 프로테스탄티즘과는 또 다른 특징을 보인다. 우선, 금욕적 프로테스탄티즘은 구원에 대한 불안감을 해소하기 위해 끊임없이 세속내적 금욕이라는 자기성찰을 이어가면서 매일매일 불안을 이겨내는 메커니즘을 통해 자본주의정신을 실천하고 스스로 심리적 기동력을 확보한다. 반면 쇼산·바이간의 '종교적 노동론'은 일회적인 인식의 전환을 통해 바로 자신감을 얻는 것으로 보인다. 금욕적 프로테스탄티즘이 '구원여부 압박 → 불안 → 자기성찰 노력 → 일상생활 실천'이라고 하는 개별적인 심리적 흐름과 각오를 중층적이고 반복적으로 이어가는데,[23] 반면 일본의 경우는 일회적이고 단선적이다. 뿐만 아니라 금욕적 프로테스탄티즘은 자기성찰에 입각한 능동적 실천을 추구하는 데 반해 일본의 경우는 공동체의 통념(분위기 또는 '공기')에 자신을 반영함으로써, 예컨대 '노동이 곧 수행'이라는 공유된 인식에 의해 자신을 연계하여 실천을 꾀한다는 점에서 수동적으로 비친다.[24]

---

23 趙容來(1996), p.194.
24 일본에 장기간 체류한 바 있던 유대인 이사야 벤다산은 이러한 일본인들의 속성에 대해 '비논리적 정상인'이라고 명명하고 일본인들의 공통적인 인식을 통틀어 '일본교'라고 지적한다. イザヤ·ベンダサン, 山本七平譯(1972), 『日本教について』, 文藝春秋. 벤다산의 저작에 대해서는 야마모토 사후, 벤다산과 야마모토의 대화 내용을 중심으로 사실상 야마모토가 집필한 것으로 알려졌다[稻垣武(1997)]. 공동체의 통념(분위기 또는 '공기')와 관련해서는 다음을 참조하라. 山本七平(1983), 『空氣の硏究』, 文藝春秋.

한국에서의 일본자본주의정신에 대한 평가

한국에서의 '테제' 이해와 일본자본주의정신에 대한 수용

'NIES(Newly Industrialized Economies)'[25]라는 이름이 한참 등장하던 1970·80년대에 연구자들의 관심은 이들의 급속한 경제발전, 공업화의 배경이 무엇인가로 쏠렸었다. 이는 한국, 대만, 홍콩, 싱가포르 등 아시아 네 마리 용들의 갑작스런 부상을 감안한다면 원인 규명 차원에서라도 당연한 대응이었다. 세계은행은 이러한 아시아 NIES의 부상을 '동아시아의 기적'이라고 불렀다.[26] 그 결과, 거론되기 시작한 것이 '유교자본주의론'이었다. 아시아 신흥공업경제군(群)에서 공통적으로 확인되는 것, 즉 동양사회의 전통으로 뿌리내려 있던 유교가 관심의 초점으로 부상했던 셈이다.

이는 '테제'의 지나친 일반론적 적용이라고 할 수 있겠지만 한국 내에서도 한국자본주의의 근원을 점검한다는 차원에서 적잖은 관심이 모아졌다. 유교자본주의란 용어와 더불어 '아시아적 가치'가 등장하면서 이 둘은 거의 동의어처럼 활용되었다. 비서구권에서 일본을 예외로 한다면 전후 NIES를 비롯한 아시아 각국의 약진은 당

---

25 신흥공업경제군(群). 1970년대 들어 급격한 공업화로 도약하던 한국을 비롯한 대만, 홍콩, 싱가포르를 지칭하는 말이다. 당초엔 '아시아 NICS(Newly Industrialized Countries, 신흥공업국가)'로 쓰였으나 1988년 선진 7개국 정상회담(G7 서밋)부터는 중국의 부상과 더불어 홍콩, 대만과의 관계를 감안해 호칭을 NIES로 통칭하게 됐다.

26 A World Bank Research Report(1993), *East Asia Miracle: Economic Growth and Public Policy*, World Bank.

시 중심부와 주변부, 중심부에 의한 주변부의 정치·경제·사회·문화적 지배 등으로 요약되는 종속이론에 대한 중요한 비판재료로서도 관심이 모아지고 있었다. 즉 종속이론 비판자 입장에서는 주변부 지역인 아시아에서 NIES의 등장이 종속이론의 오류를 증명하는 실체가 되었고, 거꾸로 종속이론 입장에서는 아시아 NIES의 발전 자체보다 종속적 행태만을 문제 삼는 경향도 적지 않았다.

그러나 유교자본주의, 아시아적 가치 등이 거론되는 속에서도 '테제'를 논의의 중심으로 끌어올려 한국자본주의의 정신을 논하거나 그 정신의 근원에 대해 따져보는 노력은 거의 없었다. 자국 자본주의의 탄생배경을 둘러싼 사람들의 내면적 심리나 추동력에 대한 규명에도 소홀한 단계에서 하물며 이웃 일본자본주의정신에 대한 관심이 생겨날 수는 없었다. 오히려 일본자본주의의 성공적인 활약에 도취되어 그 이면에 있을 수 있는 심리적이고 내면적인 동향에까지는 관심을 기울이지 못했던 것이다.

더구나 1997년 아시아 외환위기를 계기로 한국자본주의가 위기에 직면하면서 유교자본주의나 아시아적 가치는 오히려 위기의 주범이 아닌가 하는 질시의 대상으로 변질되고 말았다. 서구 전문가들은 유교자본주의에 대해서 온정주의와 혈연주의를 치명적인 약점으로 꼽는 데 주저하지 않았다. 2008년 노벨경제학상 수상자인 폴 크루그만은 이미 외환위기 이전인 1994년 발표한 한 논문에서 아시아 NIES의 급성장은 생산성 향상에 기반한 것이 아니라 자본과 노동이라는 생산요소의 과잉투입으로 이뤄진 것일 뿐 기술적 변화에

충분히 대응하지 못한다면 성장세는 머잖아 멈추고 위기에 직면할 것이라는 비판을 쏟아냈다.[27]

따라서 한국의 개발연대와 그 이후를 돌아볼 때 '극히 일부의 연구'[28]를 제외하고는 일본자본주의정신의 수용은 사실상 없었다고 해도 과언이 아니다. 한국사회의 관심은 오로지 겉으로 드러난 일본자본주의의 성과에 큰 관심을 보여 왔을 뿐이다. 오늘날 한국경제의 발전경로가 일본의 그것을 따라왔던 결과, 특히 산업구조가 일본과 유사하여 수출시장에서 서로 경합하는 경우가 적지 않은 것이 그 구체적인 증좌이다. 이는 한국에서 일본자본주의정신의 수용은 고사하고 일본자본주의의 겉모양에 경도되면서 일본을 모방 내지 추격하는 데 초점을 둔 것이므로 처음부터 수용보다는 외형만을 중시하는 일그러진 변용으로 일관했다.

일본자본주의와 일본식 경영에 대한 관심

한국에서 일본자본주의의 성과에 주목하기 시작한 것은 1960년

---

27 Kurgman, Paul(1994), "The Myth of Asia's Miracle", *Foreign Affairs*, 73(6), pp.62-78.
28 '극히 일부의 연구'에 대해서는 다음을 참조하라. 김필동(2018), 「근세일본인의 정신문화 - 일본인의 직업윤리의 역사성」, 『일본학보』 117집. ; 김필동(2017), 「일본인의 의식구조 - 근대서민의 생활, 직업윤리를 중심으로」, 『비교일본학』 48집. ; 고영란(2017), 「이시다 바이간(石田梅岩)의 상업관에 대한 소고 - '도비문답(都鄙問答)'을 중심으로」, 『한문학논집』 V. 48. ; 정지욱(2015), 「문화비교철학: 이시다 바이간(石田梅岩)과 막스 베버의 경제윤리」, 『동양철학연구』 V.81. ; 김동기(2013), 「동아시아에서 근대인의 탄생 - 세키몽 심학(石門心學)과 아담 스미스」, 『역사와 세계』 V.43.

대 개발연대가 시작될 때부터이다. 특히 1965년 한·일 국교정상화를 계기로 마련된 유무상의 청구권 자금의 도입은 자본 부족시대의 한국경제에 적잖은 마중물 효과를 떠안겼다. 청구권협정이 그 이름과 달리 내용적으로는 사실상 한·일 경제협력을 위한 협정이었다는 한계는 분명하다. 하지만 오히려 역설적으로 그 때문에 경제개발 5개년 계획을 진행하던 한국경제는 자본조달에 숨통이 트였고, 이후의 경제성장 경로는 일본자본주의에 의존적으로 전개될 수밖에 없었다.

특히 60년대는 일본경제의 약진이 두드러질 때였다. 일본은 국민총생산(GNP) 규모에서 1968년 처음으로 독일을 추월해 미국에 이어 세계 2위로 올라섰다. 70년대는 전자입국 일본으로 특징 지어지던 시대였으며 그야말로 60~70년대 일본은 고도성장의 절정을 달리고 있었다. 미국의 사회학자 에즈라 보겔은 이러한 일본을 향해 '넘버 1'을 외쳤다.[29] 보겔의 그 책은 일본경제의 장단점을 거론하면서 미국이 일본으로부터 무엇을 배우고 무엇을 배우지 말아야 할 것인지에 대한 내용을 주로 다뤘다. 그렇지만 세계는 보겔이 쓴 책 제목 그대로 일본경제에 향한 경탄과 부러움으로 일관했다. 한국도 예외가 아니었다. 무엇보다 보겔이 강조한 '일본적경영'에 대한 높은 관심은 한국사회의 일본적경영 따라하기 노력에 물꼬를 터뜨린 계기가 되었다.

---

29 Ezra F. Vogel, 廣中和歌子·木本彰子譯(1979), 『ジャパン アズ ナンバーワン: アメリカへの教訓』, TBSブリタニカ(원제는 『Japan as Number One: Lessons for America』).

일본적경영은 종신고용, 연공서열, 기업별 노조 등을 특징으로 한다고 소개되었고, 한국사회에서는 80년대부터 90년대 중반에 이르는 거의 10여 년 동안 큰 관심을 받았다. 그럼에도 일본적경영이 구체적으로 한국사회에 이렇다 할 족적을 남기지는 못했다. 일본적경영에 대한 관심은 높았지만 실제로 한국사회에 수용 내지 변용되는 경우는 많지 않았다.

그 이유는 우선, 한국의 기업들도 정도의 차이는 있을지라도 종신고용, 연공서열에 따른 임금체계, 기업별노조가 뿌리내려 있었던 만큼 일본적경영에 따른 변화가 구체적으로 두드러질 수 있는 상황이 아니었기 때문이다. 게다가 60년대부터 압축성장의 성과를 내오던 한국경제는 80년대 초 저성장 기조로 돌아섰다가 중반 이후부터는 저(低)유가, 저달러(원화 약세 동반), 저금리 등 이른바 3저 효과로 다시 성장세를 보였던 만큼 고용사정도 매우 순조로워 기존의 종신고용, 연공서열 임금체계는 오히려 자연스럽게 강화되던 상황이었다. 다만 기업별노조에 대해서는 1987년 6월 민주항쟁 이후 강력한 산업별노조의 등장과 함께 노사관계에 대한 일본적경영의 유효성 측면에서만 관심이 고조되는 정도였다.

세 가지로 특징 지어진 일본적경영보다 오히려 더 관심을 끈 것은, 1985년 9월 플라자합의로 인한 급격한 엔고 파동에도 불구하고 여전히 성과를 내고 있는 일본기업들과 일본경제의 저력이었다. 엔고는 3저 효과의 하나인 저달러(원화 약세)와 맞물려 있었기에 덕분에 한국경제는 수출확대의 혜택을 누리게 되었지만 일본기업들이 비정상적인 엔고 행진을 묵묵히 버텨내는 상황은 경이롭기까지 했다. 엔화는 1985년 9월 1달러 당 240엔 수준에서 채 2년도 되지 않아 50% 이상의 엔고를 기록했다. 게다가 일본의 1인당 명목GDP는 1991년 2만 8700달러로 2만 4400달러를 기록한 미국을 처음으로 제치고 초경제대국의 위상을 유감없이 보여줬다. 물론 그 후유증으로 이후 일본경제가 버블로 치닫게 되었지만 적어도 80년대 말까지, 아니 버블이 무너져 내리기 이전까지는 일본자본주의는 한국에서 경외의 대상이었다. 그럼에도 일본적경영의 근원에 있는 이른바 일본자본주의정신의 밑바탕에 대한 관심은 미약했고 연구는 제대로 펼쳐지지 못했다.

일본적경영이 한국에 깊은 영향을 미치지 못한 두 번째 이유로는, 일본자본주의정신이나 일본적경영에 대한 깊은 이해가 이뤄지기도 전에 일본경제가 휘청거리기 시작했다는 점을 빼놓을 수 없다. 일본경제는 90년을 정점으로 곤두박질쳤다.[30] 바로 헤이세이불황의 시작이다. 이는 이른바 일본의 '잃어버린 20년'으로 이어졌다. 일본의 장기불황은 한국을 비롯한 주변국으로부터 일본경제에 대한 경외는 고사하고 관심조차도 급격하게 제거되는 전기가 되었다.[31] 그와

---

30 일본경제의 버블붕괴 시점을 언제로 할 것인지는 견해가 분분하다. 닛케이지수(日經平均株價)는 1989년 12월 29일 38,915엔 87전으로 마감하고 정점을 찍은 후 급락하기 시작해 시가총액은 1년 반 만에 50% 이하로 격감했다. 다만 GDP 증가율로 보면 1990년 6.2%를 기록한 이후 하락세를 이어갔다.

31 한국에서 일본적경영에 대한 관심이 현저히 떨어진 것은 사실이지만 메이지 일본의 대표적인 실업가 시부사와, 경영으로 신으로 추앙받는 마쓰시타 고노스케[松下幸之助]나 살아있는 경영의 신 이나모리 카즈오[稲盛和夫] 등의 전기나 어록을 담은

더불어 일본자본주의정신과 그 근원에 대한 관심 또한 논의대상에서 사라지고 말았다. 흔히 거론되어온 '일본의 잃어버린 20년'은 역설적으로 표현한다면 '한국에서 일본기업, 일본경제, 일본자본주의, 일본자본주의정신에 대한 관심을 잃게 만든 20년'이라고 해도 과언이 아니다.

나오는 말 – 자본주의는 영속 가능한가

한국자본주의의 정신에 대한 연구가 일천한 가운데 자본주의로의 이행과정에서 일본과 지배·피지배의 관계에 놓여있던 한국에서 일본자본주의정신의 수용과 변용을 주제로 삼아 글을 전개해 왔다. 이는 처음부터 두 가지 전제가 있었다. 즉 한국자본주의의 그 이면에 존재하는 정신이 무엇인지 (아니면 아예 그 존재조차 없는지) 정확하지 않다는 점, 그리고 적어도 일본자본주의의 근원에 '테제'에서 거론하고 있는 이른바 선택적 친화관계라고 할 수 있는 일상생활 내면의 추동력을 갖게 하는 생활태도가 있었다는 점이다. 하지만 양자간의 관계에서 이렇다 할 성과를 찾지는 못했다. 이는 결국 이 글의 다음 과제로 각각 이어질 수밖에 없다.

우선 한국자본주의에 대해 한 때 거론됐던 유교자본주의와 아시

책들은 베스트셀러로 꼽히는 경우도 적지 않다. 하지만 그들의 내면에 자리하고 있는 심리적 추동력의 근원에 대해서까지 관심이 모아지는 경우는 그리 많지 않은 것으로 보인다.

아적 가치에 조응하는 판단재료를 적극적으로 발굴 모색하는 일이다. 재벌 우위의 경제구조라는 특성 하에서 과연 유교의 주요 덕목인 '인의(仁義)'와 '대동(大同)'의 가치는 작동되고 있는지, 아니면 완전히 사장되고 말았는지 등도 살펴봐야 한다. 또한 조선 말 전국을 누비며 상업 활동에 종사했던 보부상이나 개성상인(松房·송방), 의주상인, 동래상인 등의 생활태도가 그들 자체의 규율이나 내적 추동력으로서 어떤 무엇이 작동하고 있던 것은 아닌지, 있었다면 그것은 무엇이었고 오늘날 단절된 이유는 무엇인지를 따져봐야 마땅하다.

다음으로, 일본자본주의 또한 자본주의의 위기적 상황에서 예외가 아니라는 점에서 일본의 초기자본주의를 살찌웠던 윤리와 서민들의 생활태도에 대한 재점검은 중요한 과제가 아닐 수 없다. 그 과제가 한·일의 공통항으로 자리 잡을 수 있을지는 확실치 않지만 양국이 왕성한 교류를 이어오고 있는 만큼 각각의 문제의식을 다듬어 상호 수용을 꾀하는 일도 당연히 필요할 것이다.

이즈음에서 합리와 비합리의 문제에 대해 다시 한번 생각해봐야한다. 『윤리』에서 베버가 만들어낸 이념형으로서의 '자본주의정신'이 갖는 가장 중요한 특징은 경제행위에 대해 윤리적 의미를 부여한 것이었다. 이 자본주의정신은 경제행위자들이 영리행위를 하나의 천직으로 인식하게 되었음을 의미하며, 자본주의의 운영자인 기업가 또는 자본가에게도 떳떳한 자신감을 부여해 주었다. 자본주의정신의 기능은 영리행위에 대해 일종의 면죄부를 부여한 것이라고도 볼 수 있으며, 또한 영리추구행위를 윤리적으로 승화시켰다고도 요약할 수 있다.

'테제'의 자본주의정신에 따르면 특히 초기 자본주의의 경우 이윤 추구는 단지 쾌락적인 탐욕과 고리대금업자가 추구하는 욕망과는 전혀 다른 것이었다. 말하자면 근면과 절제를 통해 일상생활을 영위하다보니 이윤이 쌓이게 되었고, 그 상황이 반복되면서 근면과 절제는 일종의 합리적인 목적, 즉 목적합리적인 성격을 띠게 된 것이다. 그러나 그렇다고 하여 자본의 증식 또는 자본의 확대를 꾀하는 것만을 합리적이라고는 말할 수 없다. 이러한 인식이야말로 『윤리』에서 베버가 제안하고 있는 합리적 자본주의정신의 근저에 놓여 있는 것이다. 바로 비합리성에 대한 재인식 문제이다.

이미 홀로 걷기 시작한 자본주의에 대해 자본주의정신의 목적합리성에 대립하는 목적비합리성 — 역으로 말하자면 가치합리성 — 을 추구하는 문제는 『윤리』의 매우 중요한 반전 포인트이다. 이는 마치 합리주의의 화신인 듯 행동하는 현대자본주의의 비합리성을 거론할 때 마찬가지로 중요하게 제기하지 않을 수 없는 문제의 원천이 된다는 점에서 더욱 그러하다. '테제'의 현재적 의미도 바로 그것이다.

문제는 '테제'의 범주와 한계를 충분히 감안한다고 하더라도 선택적 친화관계라는 고리를 과거의 역사적 사실에서만이 아니라 오늘에 있어서도 적용 가능하도록 하는 것은 쉬운 일이 아니라는 점이다. '테제'의 역설적인 반전(지나치게 합리성을 추종한 나머지 되레 '철의 우리'에 갇히게 되었다는 사실)을 너무 중시해서 자본주의정신을 돌이킬 수 없는 완고한 것으로 지레 규정하는 우를 범할 수도 있다. 실제로 연구자들을 비롯해 일반인들에게는, '테제'는 사실상 종말을 맞은 듯 보이고, 겨우 남아 있는 종교적 신조는 강력한 자본주의 앞에서 한갓 부차적인 위로자로서의 역할에 머무를 수밖에 없다며 자포자기에 빠지기도 쉽기 때문이다.

그러나 경제체제의 중심이 몰락의 길을 걷도록 방치할 수는 없는 일이다. 그간 경제체제의 두 기둥으로 역할을 맡아왔던 사회주의와 자본주의는 서로 경쟁하고 대립하다가 사회주의가 먼저 주저앉았고 이제 남은 것은 자본주의밖에 없다. 그런데 이 자본주의마저 흔들리며 위기적 상황에 직면한 지금, 자본주의의 탄생배경에서 작동했던 심리적 기동력을 다시금 불러내는 것은 결코 쉽지는 않을 것이다. 하지만 그것은 반드시 필요한 일이다.

자본주의정신에 대한 논의를 멈출 수 없는 까닭이 바로 그것이다. 선택적 친화관계라는 문제제기 차원에서 보면 이미 자본주의의 위기적 국면에 대해 적잖은 사람들이 고민하고 있는 상황이다. 경쟁을 제어할 것인지, 복지를 고양시킬 것인지, 공생의 길을 다시 깔 것인지를 따지며 그에 합당한 내면적 추동력을 함께 불러올리는 것은 시대적 사명이나 다를 바 없다. 자본주의의 영속 가능성은 그 사명의 구현 결과 여부에 달렸다고 해도 과언이 아닐 것이다.

참고문헌

고영란(2017), 「이시다 바이간(石田梅岩)의 상업관에 대한 소고 – '도비문답(都鄙問答)'을 중심으로」, 『한문학논집』 V. 48.

김동기(2013), 「동아시아에서 근대인의 탄생 – 세키몽 심학(石門心學)과 아담 스미스」, 『역사와 세계』 V.43.

김승일·이근원 옮김(1998), 『일본자본주의의 정신』, 범우사.

김필동(2018), 「근세일본인의 정신문화 – 일본인의 직업윤리의 역사성」, 『일본학보』 117집.

김필동(2017), 「일본인의 의식구조 – 근대서민의 생활, 직업윤리를 중심으로」, 『비교일본학』 48집.

나가타니 이와오, 이남규 옮김(2009), 『자본주의는 왜 무너졌는가』, 기파랑.

澁澤榮一, 안수경 옮김(2009), 『한손에는 논어를 한손에는 주판을』, 사과나무.

정지욱(2015), 「문화비교철학: 이시다 바이간(石田梅岩)과 막스 베버의 경제윤리」, 『동양철학연구』 V.81.

조용래·김재익·김승욱·유원근(1994), 「일본마르크스주의 정치경제학의 흐름」, 『자본주의사회를 보는 두 시각』, 율곡출판사.

イザヤ・ベンダサン, 山本七平譯(1972), 『日本教について』, 文藝春秋.

稲垣武(1997), 『怒りを押さえし者, 「評傳」山本七平』, PHP研究所.

今井淳·山本真功(2006), 『石門心學の思想』, ペリカン社.

Ezra F. Vogel, 廣中和歌子·木本彰子譯(1979), 『ジャパン アズ ナンバーワン: アメリカへの教訓』, TBSブリタニカ.

田中修(2017), 『日本人と資本主義の精神』, ちくま新書.

趙容来(1996), 『初期ヘルンフート兄弟團の經濟と宗教』, 慶應義塾大學大學院 經濟學研究科 博士學位論文.

寺西重郎(2018), 『日本型資本主義 – その精神の源』, 中公新書.

マックス・ヴェーバー, 大塚久雄・生松敬三譯(1972), 『宗教社會學論選』, いすず書房.

マックス・ヴェーバー, 大塚久雄譯(1989), 『プロテスタンティズムの倫理と資本主義の精神』, 岩波文庫.

森島通夫(1999), 『なぜ日本は没落するか』, 岩波書店.

森田健司(2012), 『石門心學と近代』, ハチ代出版.

山本七平(1979), 『日本資本主義の精神－なぜ, 一生懸命働くのか』, 光文社.

山本七平(1983), 『空氣の研究』, 文藝春秋.

山本七平(2015), 『新装版 山本七平の日本資本主義の精神』, ビジネス社.

A World Bank Research Report(1993), *East Asia Miracle: Economic Growth and Public Policy*, World Bank.

Kurgman, Paul(1994), "The Myth of Asia's Miracle", *Foreign Affairs*, 73(6).

일본인의 사유양식
- 근세일본의 직업윤리 -

김필동

들어가며

일본인들은 스스로를 근면한 민족으로 생각하고 있지만 국제사회 역시 일본인들의 근면성에 대해서는 비교적 높은 평가를 하고 있다. 일본인의 사유양식으로서 주목할 수 있는 근면, 검약, 정직, 예의, 인내, 등과 같은 덕목은 반일감정이 때때로 분출하고 있는 한국사회에서도 일본인의 장점으로 긍정하는 여론이 우세하다. 그러나 일본인의 사유양식에 대한 일반적인 평가에도 불구하고 한 가지 간과하고 있는 것이 있다. 세계에서 저축률이 가장 높은 국민성을 갖고 있다는 사실이다.

그럼 일본인은 왜 근면하고 저축률이 높은 민족일까. 이를 자본주의 정신이라는 관점에서 보면 매우 중요한 덕목이 아닐 수 없고, 그 역사성을 체계적으로 분석하는 것 또한 쉬운 일은 아니지만, '근면·저축'은 "실로 오랜 기간 일본인의 덕목이고 이것을 행하는 것이 미덕으로 간주"되어 왔고, '미덕(美德)'이 된 이유는 그것이 "하나의 독립된 가치, 소위 종교적이라고 할 수 있는 가치를 갖고 있기" 때문이며, 그것이 가치를 갖게 된 것은 "하나의 사상"[1]으로 귀결되었기 때문이다.

그럼 여기서 주목해야 할 것은 그러한 "종교적 가치"를 보유하고 있는 사상의 유통(사상의 형성과 사회적 파급과정, 그리고 그 결과의 역사성)과정에 대한 의문이고, 그 의문을 충족시킬 수 있는 역사적 인물이 일본사회에서 공인되고 있는가 하는 문제이다. 일본의 역사에서 그런 역사성을 갖고 있는 인물을 거론한다면 우선 스즈키 쇼산[鈴木正三]과 이시다 바이간[石田梅岩]을 주목할 수 있다.

실제 일본의 학계에서는 일본사회에서 일본인의 직업윤리를 최초로 설파했다고 할 수 있는 스즈키 쇼산을 근대적·합리적 사유양식의 소유자이자 근대적 자본주의 정신에 부합하는 '노동관'을 확립시킨 인물[2]로, 그의 사상을 계승하여 근세 중·후기 일본사회에 '상인의 도(道)'를 전파하면서 일본인의 직업윤리 확립과 전승에 커다란 공헌을 한 이시다 바이간을 오늘날 일본인의 미의식, 윤리관, 생활양식뿐만 아니라 일본의 '독특한 근로관을 결정'지은 인물로[3] 평가하고 있다.

필자 역시 '근면'과 '검약'이라는 일본인의 사유양식과 일본인의

---

1 山本七平(2008), 『勤勉の哲學』, 祥傳社, pp.3-4.
2 中村元(1942), 『鈴木正三の宗教改革的精神』, 三省堂. 이 대표적이다.
3 堺屋太一(2006), 『日本を創った12人』, PHP文庫, p.208.

노동윤리의 역사성을 형성하는 데 결정적인 기여를 한 인물로 두 사람의 사상을 중시하고 있다. 이에 본고에서는 일본인의 사유양식으로서 통속도덕의 실천을 통해 근세시대 일본인의 직업윤리를 설파하여 일본자본주의 정신을 잉태한 스즈키 쇼산과 이시다 바이간의 사상을 일본적 자본주의 정신의 역사성이라는 관점에서 분석하고자 한다.

일본인의 사유양식으로서의 통속도덕

일본인의 사유양식을 역사적으로 분석해 보면 근면, 검약, 정직의 가치를 중시하고, 이를 자신들의 전통적인 생활·직업윤리로 실천했다는 것을 확인할 수 있다. 이러한 실천윤리는 일본사회가 역사를 통해 축적해온 고유의 행동양식, 이른바 서민들의 생활규범으로서 뿌리를 내린 '통속도덕(通俗道德)'이라는 사실을 주지할 필요가 있다. 요컨대 서민들의 실천윤리라고 할 수 있는 통속도덕은 어떤 시기나 상황 속에서 만들어진 것이 아니라 생활문화 속에 존재하는 일본인의 전통적인 사유양식이었다는 것이다.

일반적인 풍습이나 습속으로서의 통속과 규범을 상징하는 도덕의 결합은 낯선 측면이 없지 않지만 일본어대사전(広辞苑)에 의하면 '통속(通俗)'의 개념은 "일반적이고 누구에게나 알기 쉬운 것", "고상하지 않다는 것", "세상 일반의 관습" 등으로 정의되어 있고, '도덕(道德)'은 "사람이 실천해야 할 행동규범"이라고 하면서, 구체적으로는 "어느 사회에서 그 성원의 사회에 대한 혹은 성원 상호 간의 행위를 규제하는 것이 아니라 일반적으로 승인되어 있는 규범의 총체"이고, 그것은 "법률과 같은 외면적 규제력을 동반하는 것이 아니라 개인의 내면적인 것"으로 정의하고 있다.

일반화된 관습이 통속이라면 도덕은 내면적 원리이자 규범이고, 인격의 도야(陶冶)를 촉진하는 바른 행위라는 것이다. 이에 근거하여 '통속도덕'의 개념을 정의하면 누구나 일반적으로 실천하고 사회적으로 승인되고 있는 내면화된 보편적인 생활규범의 총체라고 할 수 있다. 도덕은 윤리라는 의미와 일맥상통하는 점이 있고 그것을 자각하여 실천에 옮겨야 한다는 점에서 스스로의 정신적 단련을 필요로 하나 동시에 법이나 경제, 종교 등과 밀접한 관련성을 갖고 있어, 양심이나 규범에 따라 인간행위의 선악(善惡)이나 옳고 그름이 판명되기도 하고, 타자와의 관계를 규정하는 개인의 가치판단이나 제도·사상 등에 의해 공동체의 격이 결정되기도 한다.

따라서 도덕의 본질로서 '도덕성'을 상실하게 되면 정신문화의 피폐와 함께 모든 관계성의 문화가 붕괴될 가능성이 증대된다. 개인과 개인, 개인과 집단, 집단과 집단, 국민과 정부 등 사회질서를 유지해야 하는 시스템 자체가 상호불신의 가중에 의해 흔들릴 수 있다는 의미이다. 전통적인 일본문화의 특징으로 가족주의 정서나 강한 공동체주의가 자주 언급되는 것은 다른 각도에서 보면 통속도덕을 근간으로 하는 상호신뢰의 정신문화가 뒷받침되어 있다는 반증이다.

인간으로서의 의무와 도덕의 강조는 '설교'로서는 가능한 일이고 당연한 것일지 모르나 '실천'이라는 관점에서는 극히 어려운 일이다. 의식이 변해야 행동이 변하지만 의식의 단계에서 행동이라는 실천적 단계로 이행하려면 엄격한 자기규율의 확립이 필요하다. 근세 말기 일본을 방문한 많은 외국인들이 일본인의 통속도덕성, 이른바 정직하고 예의바름, 근면하고 성실함, 친절하고 청결함 등과 같은 생활규범을 높이 평가한 것은 우연이나 허상이 아닌 현실의 실체임을 스스로 체감했기 때문이다.

욕망에 순응하기 쉬운 인간이 법과 같은 외면적 규제가 아닌 내면화된 관습이나 사상에 의해 통속화(通俗化, 어떤 체계화된 사상이 민중의 일상적인 생활태도로서 일반화되어 간다는 의미)된 도덕성을 확보하고, 그것이 한 민족의 국민성을 규정할 수 있는 행동양식으로 전승되고 있다는 사실은 결코 가벼이 볼 일은 아니다. 일본인 스스로가 '근면한 일본인'에 긍지를 느끼고, 일부 지식인들이 일본인의 도덕성을 세계 최고수준으로 간주하며 '세계의 일본화'를 외치고 있는 형국('cool japan'의 세계화는 현실성을 높여가고 있다)이 다소 의아스럽게 여겨질수도 있으나, 이(異)문화의 바른 이해라는 관점에서 우리는 좀 더 주의 깊게 들여다 볼 필요가 있다.

학계의 주목

통속도덕적 사유양식이 일본의 학계나 사회에서 일본인의 전통적인 생활규범으로 주목받기 시작한 것은 전후 일본사상계를 풍미한 야스마루 요시오[安丸良夫, 1934~2016]에 의해 클로즈업 되면서부터이다. 그는 마루야마[丸山眞男, 1914~1996] 사상사로 대표되는 전후 일본사상사의 연구영역이 지나치게 지배사상이나 엘리트사상의 분석에 경도되어 민중사상이나 민중종교, 농민운동(百姓一揆)이나 자유민권운동과 같은 '민중의 제사상'이 평가 절하되어 있을 뿐만 아니라, 지배이데올로기나 일본사회의 전통적인 의식형태가 구체적으로 분석되어 있지 않다는 사실 등을 지적하면서, 사상사연구에 새로운 활력을 불어넣은 중추적인 인물로 평가받고 있다.

지식인의 전유물처럼 인식되고 있던 '사상(思想)'을 '민중'과 일체화시키는 획기적인 문제의식을 제기한 야스마루는 전후 일본사상사연구의 역작으로 평가받고 있는『일본의 근대화와 민중사상(日本の近代化と民衆思想)』을 필두로, 전후사상을 비판적으로 총괄하면서 역사학의 과제와 가능성을 전망한『현대일본사상론(現代日本思想論)』에 이르기까지 끊임없는 연구 성과를 제시했다. 그중에서도 "망치로 뒤통수를 얻어맞은 듯한 충격을 받았다"[4]는 평가와 함께 전후 역사학계에 신풍을 불어넣었던『일본의 근대화와 민중사상』이라는 저서를 주목할 필요가 있다.

여기서 그는 근세 중·후기부터 메이지[明治]에 걸쳐 광범한 민중들이 수미일관한 자기규율을 수립하려 한 구체적인 움직임, 소위 근면·검약·정직·효행·겸양·인종(忍從)이라고 하는 유교적인 덕목을

---

4   鹿野正直(1968),「'近代'批判の成立」,『歷史學研究』341號, p.48.

당위적인 규범으로 실천하는 생활태도를 '통속도덕(folk morality)'이란 개념으로 정의하여 집중적으로 조명했다. 근세중기 이후 가장 일상적인 생활규범이었다고 하는 통속도덕은 근대주의 이념과는 전혀 다른, 역사의 특정 발전단계에서 광범한 민중의 자기형성·자기해방의 노력이 담긴 자립적·자율적으로 형성된 구체적 의식 형태이고, 나아가 지배계급의 이데올로기인 유교도덕을 통속화하면서 촌락지배자층을 통해 일반 서민에까지 하강(下降)시켰다고 하는 규정성을 가지고 있다.

그로 인해 통속도덕은 사회적 규제나 습관, 혹은 무언가의 자발성에 의해 대부분의 일본인에게는 당연한 규범으로 인식되었고, 그런 사유양식은 상품경제의 발전과 함께 일본사회가 내포하고 있는 갖가지 곤란이나 모순을 주체적이고 능동적으로 처리하는 중요한 메커니즘으로 작용하였으며, 그 과정에서 분출된 비대한 사회적·인간적 에너지는 사회질서를 밑에서부터 재건하는 역할을 다하면서, 소위 일본근대화의 원동력이 되었다는 것이다.

그의 문제제기는 전후 일본사상사연구의 주요 관심이 주로 '근대주의'의 영향을 받아 저변에 있는 잠재적 제 사상의 가능성과 그 담당자인 민중의 세계상을 구체적으로 분석하려는 문제의식이 부족했던 점에 대한 비판적 출발이라는 전제가 있었다. 하지만 세부적으로 보면 과거 천황제 이데올로기의 기반으로 간주되어온 공동체가 역으로 천황제이데올로기의 반역의 기반(민중사상에 의해)으로 작용할 수 있다는 것(역사적 전환기에 다발한 민중운동이나 자유민권운동, 민중종교의 창성 등의 움직임이 여기에 해당된다)과, 공동체 속에서 형성된 민중의 토착적인 전통사상의 본질을 정체(停滯)적인 것으로 매도하기보다는 오히려 역사발전에 긍정적으로 작용할 수 있는 창조적인 민중사상으로 재조명하는 전기를 만들었다는 점은 평가할 필요가 있다.

특히 그는 후자의 문제의식하에 사상사의 영역에서 인간을 행동에 옮기는 갖가지 동기를 '가능의식'으로 파악하는 연구방법론을 제시함과 동시에, 역사의 발전단계에서 주체적인 삶을 살아가는 민중들의 자기단련·사상형성의 역사를 실증 구체적으로 분석함으로써 역사 속에 매몰되어 있던 민중사상(=통속도덕)을 재발견했다는 점은 무엇보다 주목하지 않을 수 없다. 그 과정에서 이시다 바이간[石田梅岩, 1685~1744]의 심학(心學)사상, 니노미야 손토쿠[二宮尊德, 1787~1856]의 보덕사상(報德思想), 오하라 유가쿠[大原幽學, 1797~1858]의 성학사상(性學思想), 나카무라 나오조[中村直三, 1819~1882]의 품종개량운동과 같은 민중지도자들의 사상을 중시했다.

그들이 전개한 사상적 특징은 통속도덕의 실천이 일상생활속의 인간상을 새롭게 창조하고 사회변혁과 일본의 근대화를 지탱하는 근간이 되었다는 사실이다. 그들은 하나같이 면학에 전념하여 스스로 확립한 실천적 사상을 전개하며 민중의식과 사회 변화를 선도해 갔고 민중들은 그들의 사상전개에 화답하며 자기혁신의 기반을 마련해 갔다. 일본인의 사유양식의 역사성과 일본경제의 저력을 분석할 때 빠트릴 수 없는 인물들이다. 필자는 그들을 역사에 위대한 사상가로 이름을 남긴 정점(頂点)적 지식인들과 대비하는 '민중사상가'로 간주하고, 그들의 실천철학을 일본적 자본주의 정신을 만들어간 일본적 가치라는 관점에서 재평가하고자 한다.

스즈키 쇼산[鈴木正三]의 직업윤리

'자본주의 정신'을 언급하면 우리는 당연히 서구의 사상으로 받아들이는 데 익숙해져 있다. 근대자본주의가 탄생한 역사적 기원을 언급한 막스 베버의 공적이 있기 때문이다. 우리는 베버의 논리를 통해 자본주의에 적합한 생활태도(ethos)를 보유하지 않으면 합리적 자본주의문화가 성립할 수 없다는 사실을 확인했다. 베버는 자본주의 발달에 프로테스탄트 정신이 중요한 역할을 했다고 하면서 "프로테스탄티즘의 세속적 금욕은 분별없는 소유의 향락에 전력으로 반대하고 소비 특히 사치적인 소비를 압살했다. 그 반면 금욕은 심리적 효과로서의 재화의 획득을 전통주의적 윤리의 장애로부터 해방하여 이윤의 추구를 합법화했을 뿐만 아니라 이것을 직접 신(神)의 의지에 따른 것으로 생각하게 함으로써 윤리의 질곡(桎梏)을 타파해 버렸다"[5]고 했다.

베버는 게으름을 타파하고 금욕적 생활에 근거한 노동이야말로 부의 축적을 가능하게 하는 근본이고 그렇게 금욕적인 자세로 자신

---

5   Max Weber, 梶山力·大塚久雄譯(1962), 『プロテスタンティズムと資本主義の精神』下卷, 岩波文庫, p.222.

의 직업에 충실한 사람을 "종교적 사명=신의 명령을 따르는 사람"으로 간주하면서, 정당한 노동에 의한 이윤추구행위를 합리화했다. 그는 자본주의를 '문화적 관점'에서 고찰하여 "기독교의 개념이 다양한 '종파의 정신' 속에 다원적인 의미관련을 포함하듯 자본주의도 역시 다원적인 구조내용을 갖고 있다고 판단하여 이 두 개의 복잡한 문화현상을 상호 관련지음으로써 16세기 이래의 프로테스탄티즘과 '자본주의 정신'과의 변용과정을 묘사하여 '근대화'의 의미"[6]를 추구했다.

프로테스탄티즘이 생성해 낸 근면적 '정신'이나 '윤리'가 근대적·합리적 자본주의 '정신'에 부합한다는 베버의 사상은 자본주의 경제에 종교적 영향을 주목함으로써 자본주의가 번성한 지역에 특유의 자본주의 정신이 존재한다는 것을 증명했다. 근대자본주의의 기원을 밝힌 그의 성과에서 평가할 부분은 바로 그의 문제의식의 전환이다.

그는 기존의 역사학파의 방법론이나 이론적 조잡함을 비판하면서 독자적인 연구방법과 연구영역을 개척했다. 이 학문적 태도의 발전이 그로 하여금 기존의 "국민국가의 권력관심"에서 "문화관심"으로 이동하게 만들었고, 그의 관심도 이론과 역사와 혼동, 인식과 "가치판단"과의 혼합을 엄격히 경계하면서 "가치자유"의 입장을 확립하게 했다.[7] 마키야벨리적인 권력리얼리즘에 의한 환상에서 벗어나

---

6   中野泰雄(1977), 『マックス·ウェーバー研究』, 新光閣書店, p.117.
7   中野泰雄, 위의 책 『マックス·ウェーバー研究』, pp.17-18.

문화적 관심 속에 "가치자유"를 지향한 것이다.

마르크스 사상이 지배적 영향력을 행사하고 있던 당시 독일학계의 풍토에서 마르크스 사상과 일선을 그은 그의 학문적 '자유'노선은 평가받아 마땅하지만, 베버의 근대자본주의 정신의 분석은 일본적 자본주의 정신의 분석에도 유효하다. 반드시 그 연관성에 구애받을 필요는 없지만 근세일본의 스즈키 쇼산[鈴木正三]의 사상을 분석해 보면 합리적 금욕의 관념이 절제의 강제에 의한 자본주의를 형성했다는 베버의 문제의식과 연구방법론을 떠올리게 된다.

근세시대의 승려이자 일본사회에서 최초로 직업윤리를 설명한 스즈키 쇼산은 현재의 아이치현 도요타시[愛知県豊田市]에서 태어났다. 처음에는 부모의 대를 이어 무사로서 도쿠가와 이에야스[德川家康]의 휘하에서 활약했고, 세키가하라전투(関ヶ原ノ戦い)에서도 전공을 세워 하타모토[旗本]의 지위를 획득하기도 했다. 그러나 불교의 경전에 심취한 이후 무사로서의 삶을 접고 42세에 출가하여 선승(禪僧)이 된 인물이다. 그는 자신의 가르침을 '아법(我法)'이라 하면서 다른 '불법(佛法)'과 구별하여 자신의 사상적 입장을 유지한 특이한 인물이자 소위 명확한 사상적인 '개(個)'의 의식을 가진 일본인이었다.[8]

그로 인해 쇼산은 일본의 역사에서 "일본적인 주체화의 사상가"[9]로 평가받고 있을 뿐만 아니라, "불교사상가"로서 공동체의 윤

---

8   山本七平, 앞의 책 『勤勉の哲學』, p.28.
9   島田煙子(1990), 『日本人の職業倫理』, 有斐閣, p.47.

리를 설파한 이상주의자이자, 시대감각에 예민한 사회평론가, 서민 대중에 설파한 언론인, 세계무대에 우뚝 선 사상가[10]였고, 근세시대의 불교사적인 관점에서 보면 "세속적 직업윤리의 불교적 기초부여와 구도자로서의 실천면에 있어 날카로운 비판적 정신을 발휘"[11]한 인물이었다. 쇼산에 대한 일본사회의 높은 평가에서 확인할 수 있듯이 실제 승려로서 그는 계몽사상의 전도사처럼 불교의 대중화를 통해 서민들에게 직업생활과 종교생활, 물질생활과 정신생활의 일체화를 강조했다.

쇼산은 "불법(佛法)이란 인간의 나쁜 마음을 제거하는 가르침"이라고 하면서 "최근 불의(佛意)에 이르러야 할 수행을 게을리하고 명예나 이익 추구에 열중함으로써 사도(邪道)에 빠지는 자가 있다. 불제자(佛弟子)가 진실한 불도(佛道)에 들어가 방황하는 중생을 인도"[12]하는 것이 수행의 염원이라고 했다. 불법과 세법(世法)의 도리를 바르게 하여 세상의 정도(正道)를 구현해야 한다는 것이다. 그 과정에서 쇼산은 "용맹정진의 깨달음(勇猛精進之佛)"을 중시했다. 의미는 "부단하고 과감하게 끊임없이 정진하는 것을 특징으로 하는 깨달음"이라는 것으로, "수행의 결과 완성된 것으로서 독립된 것이 아니라 행하고 있는 바로 그 자리에 나타나 있는 형태로서만 생성하

---

10 神谷満雄(2001), 『鈴木正三—現代に生きる勤勉の精神』의 「第2章鈴木正三はマルチタレント」참조, PHP文庫, pp.28-93.

11 藤吉慈海(1983), 『浄土教思想の研究』, 平楽寺書庄, p.669.

12 鈴木正三, 加藤みちこ編譯(2015), 『鈴木正三著作集・Ⅰ』, 中公クラシックス, p.31.

는 것"[13]으로 인식했다.

그것을 일상의 직분 속에서 실천하며 스스로 깨우치는 것, 소위
일상생활에서 사심이 없는 정직한 마음으로 자신의 직업 활동을 행
하는 것이 "인간으로서 완성"되어 가는 길이라고 설파했다. 사·농·
공·상의 일상적인 생활에 주목하여 불도수행(佛道修行)과 세속적 직
업생활을 일체화한 쇼산은 자신의 철학을 담은 저서를 『반민도쿠
요[万民德用]』[14]라는 이름으로 후세에 남겼다. 일본사회에서 일본인
의 '근로철학'과 '직업윤리'를 확립한 것으로 평가받고 있는 이 책에
서 쇼산은 에도시대 신분제에 따른 무사·농민·직인(職人)·상인의
직업윤리를 구체적으로 제시했다. 바로 '사민일용(四民日用)'이라는
사상이다.

'일용(日用)'이란 '일상적으로 이용할 수 있는 것, 매일 사용할 수
있는 것'이라는, 각 직분의 삶의 양식을 의미하는 것으로 쇼산은 '무
사일용(武士日用)', '농민일용(農民日用)', '직인일용(職人日用)', '상인
일용(商人日用)'을 중시했다. 세상 일반적인 이치가 불법(佛法)에서
설명하는 이치와 다르지 않다는 '세법즉불법(世法即佛法)'의 논리를
사민(四民)에 적용하여 설명한 그의 사상은 당시로서는 사회적 통념
을 타파하는 혁신적인 사상이었다고 할 수 있다. 야마모토 시치헤이
[山本七平]에 의하면 가마쿠라(鎌倉)시대부터 선종(禪宗)은 무사의

---

13 加藤みちこ(2010), 『勇猛精進の聖―鈴木正三の佛敎思想』, 勤誠出版, p.60.
14 스즈키 쇼산(鈴木正三)의 대표작이라고 할 수 있는 『万民德用』는 「就業之念願」,
    「三寶之德用」, 「四民日用」으로 구성되어 있다.

종교, 일연종(日蓮宗)은 상인의 종교, 신종(真宗)은 농민의 종교라는 통념이 있었으나 쇼산은 그러한 통념을 사민의 '일용(日用)'으로 통일했다[15]고 한다.

실제 쇼산은 "부처님은 모든 덕을 원만히 겸비하고 있기에", "불제자들이 부처님의 본의에 따라 해탈의 길을 추구한다면 … 국토가 밝아지고 중생은 안심할 수 있다"[16]고 하면서, 종파가 아닌 자신의 직무에 충실하면 그것이 바로 불행(佛行, 승려가 행하는 종교적 행사가 아니라 각자가 자신의 일에 충실하면 그 일상생활 속에 수행이 있다는 의미)이라는 논리를 제시하며 세속적 행위가 종교적 행위임을 강조했고, 그 과정에서 스스로 깨달음에 이르면 이상적인 사회를 이루는 기본이 될 수 있다고 주창했다. 종교나 염불에 구애받지 않고 세속적인 직업에 충실하는 삶이 수행(修行)이라는 쇼산의 논리는 '직분불행설(職分佛行說)'로 인식되고 있다.

그 내용을 구체적으로 보면 지배층인 무사에 대해서는 "불도수행(佛道修行)을 하는 자는 우선 용맹한 마음이 없으면 수행을 성취할 수 없다. 겁약(怯弱)한 마음으로는 불도에 입문할 수도 없다. 굳건한 마음으로 수행하지 않으면 번뇌에 휘둘리며 고통을 받게 될 것이다. 요컨대 건고한 마음으로 만사를 헤쳐가는 사람을 도인(道人)이라 하고, 자태(姿形)에 집착하는 마음으로 만사에 굴복하여 번뇌하는 자를 범부(凡夫)라고 한다. 따라서 번뇌의 마음으로 혈기를 앞세운 사

15　山本七平, 앞의 책, 『勤勉の哲學』, p.142.
16　鈴木正三, 앞의 책, 『鈴木正三著作集 I』, p.36.

람은 철벽을 깨트릴 위엄이 있어도 혈기가 사라지면 변하게 된다. 이에 비해 장부(丈夫)의 마음은 쉽게 변하지 않는다. 무사인 자는 이를 수행하여 장부의 마음에 이르러야 한다. … 도리와 도의를 겸비한 자라면 용맹견고(勇猛堅固)한 마음이라고 하는 검(劍)을 갖고 생사의 적을 처단하여 태평하게 살아야 한다"[17]고 했다.

그러기에 무사는 "모든 것을 던져 용맹정진(勇猛精進)의 신념으로 신체와 생명을 던져 절실하게 열심히 깨우침의 길"로 나아가야 하고, 이러한 마음은 "밤낮없이 몸을 통해 꿈속에서라도 지켜야 한다"[18]고 했다. 세상을 통치하는 지위를 보유하고 있는 무사로서의 정신자세를 강조함과 동시에 사심을 버리고 몸을 던져 수행에 전념함으로써 문무양도(文武兩道)의 단련을 통해 평화로운 세상을 구현해야 할 책무를 짊어져야 한다는 것이다. 무사에게 생사를 초월한 평상심으로 불도수행의 길을 설파했다면 농민에 대해서는 농업이 불행(農業卽佛行)임을 강조했다.

그는 농민이 계절마다 해야 할 일이 있어 수행을 할 여력이 없다고 하자 "농민이 해야 할 일이 바로 불도수행"이라고 하면서 "마음 가짐이 나쁠 때에는 천한 업이고, 신심이 깊을 때는 보살의 수행이다. 일이 없을 때 성불을 바라는 것은 잘못된 것이다. 성불을 이루고 싶은 사람은 심신을 단련해야 한다. 욕(欲)을 즐기는 마음으로 후생을 바란다면 오랜 시간이 흘러도 성불할 수 없다. 농인(農人)은 추울

---

17   鈴木正三, 앞의 책, pp.38-39.
18   鈴木正三, 앞의 책, pp.44-45.

때나 더울 때나 힘든 일을 해야 하고 농기구를 사용하여 번뇌의 마음을 물리치면서 마음을 모아 오로지 경작에 임해야 한다. 마음에 틈이 있으면 번뇌하게 되나 심신을 다스려 힘든 일을 하게 되면 잡념이 사라지게 된다. 이렇게 사계절 항상 불도수행을 하고 있는데 농민이 어찌하여 별도의 수행을 할 필요가 있겠는가"[19]라고 주창했다. 농업을 천직으로 자각하여 직분을 다하면 성불(成佛)하는 것이기에 특별히 수행을 해야 할 필요가 없다는 논리이다.

쇼산은 성불과 지옥은 '행위'의 문제이 아닌 '마음'의 문제이기에 농민에게 있어 가장 중요한 것은 정직한 마음으로 인간의 도리를 지키는 것, 이른바 "농민이 해야 할 일을 충실히 하는 자는 의도하지 않아도 공덕(功德)이 따라온다"[20]는 것이고, 그 농부의 덕이 국토만민(國土萬民)의 근간이 된다는 주장이다. 또 지위는 낮았지만 근세시대에 급격하게 성장한 직인(職人)에 대해서는 "모든 인간의 행위는 모두 세상을 위한 것이라는 사실을 알아야 한다. 부처님의 신체를 받아 부처님의 본성을 갖추고 있는 인간이 나쁜 마음가짐으로 악의 길로 들어가서는 안된다"고 하면서 "대장장이나 목수를 비롯해 많은 직인이 없으면 세상의 중요한 부분이 채워지지 않는다"[21]고 했다. 모든 직업은 세상을 이롭게 하기에 어떤 직업도 존중받아 마땅하다는 주장이다. 주야로 돈벌이에 매달려 수행할 여가가 없다는 상

---

19 鈴木正三, 앞의 책, pp.45-46.

20 鈴木正三, 앞의 책, p.46.

21 鈴木正三, 앞의 책, p.48.

인에 대해서는 다음과 같이 언급했다.[22]

"매매를 하는 자는 이익을 추구하는 마음을 수행해야
한다. … 신체와 생명을 천도에 맡겨 오로지 정직을 배워
야 한다. 정직한 사람은 하늘의 은혜도 깊고, 부처님이나
신의 가호도 있고, 재난을 피하고, 자연스럽게 복을 증대
하여, 많은 사람으로부터 친애(親愛)와 경의(敬意)심도 깊
어지고, 만사가 생각대로 이루어진다. 사욕에 빠져 자신과
타인을 구별하고, 타자를 나락에 빠트려 자신의 이익만을
추구하는 사람은, 하늘의 재앙을 입어 화(禍)를 증대시켜,
만인의 미움을 받고, 사람들의 친애나 경의도 사라지고,
만사가 뜻대로 이루어지지 않는다."

사욕을 버리고 정직한 마음으로 거래를 한다면 그것이야말로 국
가를 위하고 만인을 위하는 것이라고 했다. 상인들이 정직한 마음으
로 매매를 하면 사람도 기쁘게 하면서 자신도 이익을 취할 수 있는
만큼 항상 정직한 마음으로 이익을 추구하는 자세를 강조했다. 신분
적으로 최하위에 놓여 있는 상인들에게 상품경제의 발전 속에서 이
윤추구를 적극 용인함으로써 서민들의 이익 증진을 정당화했다. 그
의 직업철학을 통해 확인할 수 있는 것은 직업에 귀천이 없다는 것,

---

22   鈴木正三, 앞의 책, p.50.

사심을 버리고 자신의 직분에 최선을 다하면 성불한다는 것, 근로는 아집을 버리고 본래의 불신을 가다듬는 수행의 의미를 갖고 있다는 것 등이다. 세속의 업무는 종교적 행위이고 그것을 일심불란의 마음으로 행하면 성불할 수 있다는 것, 그리고 그 결과로서 동반하는 이익은 정당하다는 것이 쇼산의 논리이다.

쇼산이 사·농·공·상의 신분제타파를 전제로 한 것은 아니었지만 "백억의 신분이 세상의 이익을 가져다준다. 무사가 없으면 세상을 다스릴 수 없고, 농민이 없으면 세상의 음식물이 없고, 상인이 없으면 세상의 자유를 이룰 수 없다. 그 외 모든 직업은 세상을 위해 존재한다"[23]고 하며, 그 어떤 직업도 세상을 위해 일을 하는 것이고 그것이 바로 직업인으로서의 사명이라는 점을 강조했다는 것, 특히 무사. 농민, 상인의 존재의미를 질서유지, 식량, 세상의 자유(이것은 상품의 유통을 의미한다고 볼 수 있다)로 정의함으로써, 피지배계급의 직분을 국가와 사회를 지탱하는 핵심적인 역할로 재정립했다는 점은 상기할 필요가 있다.

무사층의 보호하에 수행과 깨달음을 중시했던 선종(禪宗)의 입장에서 보면 쇼산은 이단자라고 할 수 있으나, 각자의 직분에 충실한 일상성 속에서 불도(佛道) 실현을 강조한 것은 당시의 사회구조 하에서는 혁신적이었다고 할 수 있다. 에도시대의 유학자이자 『요조쿤[養生訓]』 저자로 알려진 가이바라 에키켄[貝原益軒]이 사민에 대

---

23   鈴木鐵心校訂·編(1988), 『鈴木正三道人全集』, 山喜房佛書林, p.70.

한 직분윤리사상[24]을 강조한 것처럼, 쇼산은 봉건적 직분(職分)을 불행(佛行)과 연결시킴으로써 신분제하에서 불가분의 관계에 있는 각 직분의 의미를 수직적 관계가 아닌 병렬적 관계로 재정립하는 한편, 각 직분의 윤리의식이 만인의 행복과 국가의 안녕을 가져온다는 논리를 확산시키며 직업윤리의 역사성을 확보했다.

시마다 아키코[島田燁子]는 이렇게 형성된 직업윤리는 기본적으로 일본인의 의식 속에 살아있는[25] 전통적인 사유양식이라고 했다. 오늘날 사회를 되돌아보면 인간들의 끝없는 물질적 욕망이 사회 전반에 걸쳐 도덕성을 붕괴시키며 사회경제적 정의나 가치를 무너뜨리는 현상이 날로 심화되고 있다. 작금의 자본주의경제의 병폐와 비교하여 쇼산의 사상을 상대적으로 평가하기는 어렵지만 그가 중시한 '정직한 마음'이나 '직분(職分)' 같은 사상이 일본인의 전통적인 정서로 전승되어 일본 근대화의 동력[26]으로 작용했다는 점, 그리고 그러한 가치와 사상이 사회적으로 전승되어 오늘날 일본자본주의의 원형을 형성하는 데 기여했다는 점은 음미할 만하다.

24　이 부분에 대해서는 若尾政希(2014),「貝原益軒の家職」,『岩波講座 日本歴史11 近世2』, 岩波書店, 참조.
25　島田燁子, 앞의 책『日本人の職業倫理』, p.66.
26　이점은 전후 일본의 민중사·민중사상사 연구성과를 통해 확인되었다. 구체적으로 졸저(J&C, 2005)『근대일본의 민중운동과 사상』의「제1장 전후일본의 '민중사' 연구」참조바람.

이시다 바이간의 상인철학

근세시대 중반으로 접어들면 지배층으로부터 억압적 지위에 놓여있던 상인들은 개인적 능력을 발휘하여 이윤추구를 정당화하기 시작했다. 그러나 당시의 지배층은 중농천상(中農賤商)정책을 취하고 있던 터라 이러한 상인들의 움직임을 매우 경계하는 상황이었다. 그런 흐름이 변하기 시작한 것은 교호기[享保期, 1716~1736]무렵이었다.

이때부터 일본사회는 "인간을 상하관계의 신분질서로 규정하여 도덕적 가치를 신분질서에 의해 달리하는 무사층의 사상에 반항하여 인간의 평등을 적극적으로 자각하고, 인정을 자연적인 움직임으로 적극적인 가치를 부여하며, 영리추구와 향락욕망에 의해 발생하는 반윤리적인 생활을 반성"[27]하는 움직임이 상인계급에 형성되고, 그 토대위에 근면, 검약, 신용을 중시하는 상인들의 정신이 사회적 흐름으로 나타나면서, 일본식 경영의 출발이라고 할 수 있는 상가(商家)나 점포의 가훈(家訓)이 잇따라 제정되고, 신·유·불의 삼교합일(三敎合一)설에 근거한 석문심학(石門心學)사상도 주목받기 시작한다.

이시다 바이간과 문하생들의 노력에 의해 근세후기의 서민들에게 상당한 영향을 미친 '석문심학'[28]은 도시와 농촌은 물론이고 무사

---

27 今井淳(1965), 『近世日本庶民社會の倫理思想』, 思想社, p.23-24.
28 「석문심학」으로 명명되고 있는 것은 이시다 바이간과 그 문하생들에 의한 학문이라는 의미로 중국 양명학의 심학과 구분하기 위함이다.

계급에까지 영향력을 행사하며 전국적으로 확산되었다. 그 이유는 "사회과학적임과 동시에 매일 하는 일에 커다란 의미를 부여"한 논리였기 때문이다. 실제 바이간의 사상을 흡수한 많은 사람들은 "도덕성을 높이고 감정과 행위에 자신감을 갖고 인간관계를 부드럽게 하는 데 노력"[29]했고, 그 결과 일의 성과도 향상되었을 뿐만 아니라 예상치도 못한 재산이 형성되어, 일국의 경제발전에 기여할 수 있는 주체가 될 수 있었다. '경제사상가'로서 바이간 사상의 사적의미를 주목해야 하는 이유이다. 특히 경제와 도덕의 상관관계를 추적하여 상인의 도덕관을 강조하고 그에 의한 부의 축적을 정당화함으로써 근세국가체제의 근간을 지탱하고 있던 농민에 비해 이익만을 추구하는 존재로 멸시받고 있던 천상(賤商)관을 극복하는 전기를 마련했다는 점은 사회문화사적인 관점에서도 평가하지 않을 수 없다.

　오늘날의 관점에서 보면 바이간의 사상은 당시 서민들의 사회교화운동으로도 이해할 수 있지만 그의 사상형성과정은 다소 특이하다. 그는 정식으로 학문을 배운 학자라기보다는 스스로의 독학에 의해 자신의 사상을 구축한 인물이다. 상가의 점원으로 근무하면서 독학으로 유학에 심취하며 '마음(心)'의 이해에 몰두했으나 스스로의 미숙함도 있어 어떤 학자를 만나 토론을 해도 쉽게 납득하기 어려웠다고 한다. 그러던 어느 날 재야의 불교사상가 오구리 료운[小栗了雲]의 가르침을 접하면서 자신만의 사상체계를 구축하기 시작했

29　森田健司(2015), 『なぜ各經營者は石田梅岩に學ぶのか』, 三省堂, p.8.

다. 바이간에 있어 료운는 "내가 한마디만 하더라도 그 사람은 바로 이해"[30]하는 사람이었고, 료운은 바이간에게 "마음을 이해하지 않고 성인의 서적을 탐독하는 것은 예기에 나오는 '극히 작은 차이가 커다란 오류로 이어진다'는 것과 같은 것"[31]이라는 사실을 인식하게 만든 스승이었다.

　그의 가르침은 바이간이 20여 년간 품고 있던 의문을 해소할 수 있는 전기가 되었고, 그 깨달음에 이르는 과정을 바이간은 "서적의 문자가 가르쳐 준 것이 아니라 수행의 성과"[32]라고 했다. 바이간은 수행과정에서 리(理)·성(性)·심(心)을 주목했다. 그는 자신이 학문을 하는 이유는 성현들의 가르침을 받아 사람들의 모범이 되는 것이라고 하면서, 학문의 목적을 "학문의 지극(至極)은 마음(心)을 다해 이치(性)를 아는 것이고 이치를 알면 하늘(天)의 뜻을 알게 된다. 하늘의 뜻을 알게 되면 그것이 바로 공맹(孔孟)의 마음"[33]이라고 했다. 마음을 다해 이치를 깨우치면 자연의 이치와 통하게 되고 공자나 맹자의 마음과도 하나가 된다는 것으로, 사람의 심성과 천지는 본질적으로 하나라는 논리이다. 이것을 깨우치는 이치를 바이간은 '수행(修行)'이라고 하면서, 그것은 속세를 등진 수도승 같은 생활이 아니라 일상성에서 부단한 자기단련과 실천에 의해 이루어지는 것이라

30　城島明彦(2016), 『石田梅岩「都鄙問答」』, 致知出版社, p.32.
31　城島明彦, 위의 책, p.33.
32　城島明彦, 위의 책, p.35.
33　石田梅岩, 「石田先生語錄」, 『石門心學』(柴田實(1971), 『日本思想大系 42』, 岩波書店) 所收, p.76.

고 설파했다. 스즈키 쇼산이 수행의 의미를 직업 활동이나 윤리 속에
서 찾는 것과 같은 맥락의 논리이지만 바이간의 삶 자체도 그러했다.

'학문의 길'에 대한 바이간의 정의가 이를 대변하고 있다. 그는
"우선 자기 자신의 행동을 근신하고, 의로운 마음으로 주군을 섬기
고, 인애(仁愛)의 마음으로 부모님을 모시고, 신심(信心)으로 친구와
교유하고, 사람을 구별하지 않고, 빈궁한 사람은 동정하고, 공덕이
있어도 결코 자랑하지 않으며, 가계는 수입을 맞추어 지출을 세우
고, 법을 반드시 지켜 가정을 잘 다스"[34]리는 것이라 했다. 인간들의
실천도덕이 바로 학문의 길이고 그것은 마음(心)이나 심성(心性)의
철학에 의거해야만 비로소 독자적인 의미를 띠게 된다는 논리이다.

자기단련에 의한 실천논리를 강조한 그의 철학은 심학(心學)사상
으로 정립되었고, 이 사상을 바탕으로 그는 "상인이 추구하는 이익
은 무사의 봉록과 같다"고 하면서 상인 활동의 도덕적 정당성과 사
민평등사상을 강조했다. 따라서 바이간의 사상을 '상인철학(商人
道)'으로 간주하기도 하나, 전체적으로 보면 '사람의 도(人道)'를 강
조한 것으로 서민일반을 위한 생활철학이자 직업윤리사상이었다
고 할 수 있다. 바이간은 그런 자신의 철학을 정리하여 『도히몬도우
[都鄙問答]』, 『겐야쿠세이카론[儉約齋家論]』이라는 이름으로 후세에
남겼고, 여기서 그는 심학사상의 핵심적 실천도덕이라고 할 수 있는
'정직' '근면' '검약'이라는 3덕의 실천을 강조했다. 그 개념부터 살

34　城島明彦, 앞의 책, p.68.

펴보면,

　　"사농공상의 직분이 다르지만 이치를 깨우치면 무사의
　　길은 농·공·상에 통하고 농·공·상의 길은 무사의 길로 통
　　한다. 어찌 사민의 검약을 별개로 설명하겠느냐. 검약이란
　　다른 뜻에 있지 않고 천성의 정직함에 있다. 하늘이 인민
　　을 내린다면 만민은 모두 하느님의 자식이다. 따라서 사람
　　은 하나의 소우주이고, 소천지이기에 원래 사욕이 없는 것
　　이다. 그런 까닭에 나의 것은 나의 것, 사람의 것은 사람의
　　것, 빌려준 것은 받고, 빌린 것은 갚고, 털끝만큼의 사심도
　　없이 있는 그대로의 정직함이다. 이 정직을 실천하면 세상
　　모두가 화합하게 되고 모두가 형제처럼 된다. 내가 원하는
　　바는 사람들이 여기에 이르게 하는 것이다."[35]

　　바이간의 사상을 명쾌하게 요약했다고 할 수 있다. 우선 사민(四
民)을 신분적 질서가 아닌 직분별 관점에서 각자의 역할을 강조했
고, 그 역할 속에서 검약의 의미를 '천성의 정직함'으로 귀결시켰다.
달리 보면 정직[36]은 인간의 천성이고, 검약은 타고난 천성으로서의

35　石田梅岩, 앞의 책,「儉約齋家論 下」,『石門心學』, pp.27-28.
36　바이간의 제자 데지마 토안(手島堵庵)은 '정직'의 개념을 보다 구체적으로 언급했
　　다. 그는 "인간의 본성은 정직함을 갖고 태어났다"고 하면서 그런 까닭에 사람들이
　　조금이라도 거짓말을 하거나 거짓된 짓을 하게 되면 바로 우리 마음은 기분이 나빠
　　진다는 것을 느끼게 되며, 그러기에 그것은 "부끄럽고 무서운 것"이라고 했다. 특히

정직을 근본으로 하기에 사민이 정직함을 성실히 실천하면 세상 모두가 화합하고 하나가 될 수 있다는 논리이다. 본래 인간이 갖고 있는 정직한 마음을 회복하는 실천적인 방법이 검약이라는 것이다.

자신과 사회의 질서를 유지하기 위해 더없이 중요한 가치로 검약을 정의한 바이간은, 나아가 "검약은 재물을 적절히 사용하여 내 분수에 맞게 과하지 않게 소비하는 것"[37]이나, 한편으로 "검약이란 내 자신을 위해 일체의 사물을 인색하게 하는 것이 아니라 세상을 위해 필요한 것들을 줄이는 것"이라고 했다. 그 일례로 "만약 기근이 발생하여 5석(石)을 수확할 수 있는 농지에 3석밖에 수확하지 못했다면 2석만 연공으로 내고 나머지 1석을 기아 해소에 활용한다면 위도 족할 것이고 아랫사람들도 생명을 유지할 수 있으니 이런 것이야 말로 검약이 아니냐"[38]고 했다. 검약정신을 실천할 수 있는 구체적인 사례를 제시한 것이다.

바이간은 인간은 욕망의 덩어리이지만 마음의 수양(心學)을 통해 최대한 자신의 욕망을 다스릴 필요가 있고, 그러기 위해서는 만약 3개가 필요하면 2개로 만족하고 나머지 하나는 어려운 사람에게

그는 나쁜 짓을 하고도 다른 사람들이 모를 것이라고 생각할지 모르지만 내 마음속의 나는 잘 알고 있다고 하면서 "이것을 아는 마음이 바로 하느님이나 부처님과 일체가 되는 것이고, 그렇게 되면 해서는 안 될 일이나 말해서는 안 될 일을 하거나 말하는 것을 부처님이나 하느님도 싫어한다는 것"을 깨우치게 된다고 했다. 모든 것이 마음가짐만 바르게 하면 행복을 얻을 수 있다는 논리가 강조되고 있다. 手島堵庵, 「前訓」, 앞의 책, 『石門心學』 所收, p.164.

37 石田梅岩, 앞의 책, 所收, p.24.
38 石田梅岩, 앞의 책, 所收, p.34.

나누어 주는 것이 검약을 실천하는 것이라 했다. 그의 검약의 개념과 목적을 보면 전통적으로 일본인이 중시해온 청빈의 사상을 강조하고 있는 듯 하지만, 한발 더 나아가 물건의 성질에 따라 그것을 바르게 사용하면 자신은 물론이고 사회도 함께 만족할 수 있는 해답을 찾을 수 있다는 방법론적 측면을 언급하고 있기도 하다. 개인의 사리사욕과 연계하거나 맹목적인 절제만을 요구하기보다 공존·공생을 모색하는 사회질서 유지를 전제로 공공성을 강조하는 방향으로 실천적 논리를 전개했다는 점이다.

정직함을 바탕으로 한 검약의 성실한 실천은 타인을 위해 도움이 되는 것이고 나아가 사회평화와 화합의 근본이 된다는 의식을 일본인의 보편적 가치로 확산시키기 위한, 일종의 '정신적 지침'을 일본사회에 제시했다고 할 수 있다. 그 연장선상에서 상인이 취해야 할 바른길도 언급했다. 상인의 도(道)에 대해,

"상인은 계산에 밝아야 한다. … 일전이라도 가볍게 여기지 말고 중히 여겨 부를 이루는 것이 상인의 길이다. 부의 주인은 천하의 사람들이다. 주인의 마음도 나의 마음과 같은 것이다. 내가 일전을 아깝게 여기는 마음으로 매매에 공을 들이면 … 사는 사람도 처음에는 아깝다고 생각하지만 물건을 보면 아깝다는 마음이 사라진다. 아깝다는 마음을 기쁜 마음으로 바꾸는 것, 그런 바탕위에 천하에 재물을 통용시켜 만민의 마음을 편안하게 한다면 … 천하도 검

약에 의거하여 복을 얻게 되고, 복을 얻어 만민의 마음을
편안하게 하면 천하의 백성도 항상 천하태평을 기원하는
것과 같다."[39]

상인의 경영철학을 명쾌하게 정의했다고 할 수 있다. 우선 상인은
일전(1錢)이라도 소중하다는 마음으로 매매에 임해야 하고, 고객에
대해서는 항상 성실하고 친절한 마음으로 마음을 헤아려야 하며, 고
객이 매매를 할 때 아깝다는 마음이 들지 않게 성심으로 대해야 하
며, 그런 정신으로 이익을 취해야 정당하고, 그 정당성은 오로지 '상
인의 정직함'에 근거해야 한다고 주장했다. 상도의를 지켜야만 천하
가 평안해진다는 논리이다.

특히 무사가 자신에게 녹(祿)을 부여하는 주군에게 충성을 다하
듯 상인 역시 "이 사실을 인지하면 상인의 길"[40]은 명확해진다고 했
다. 상인들에 있어 주군은 다름 아닌 매수자라는 사실을 상기하여
'진실'과 '검약'정신으로 이윤을 최소화하는 자세를 보이면 매수자
의 마음(買先ノ心)을 살 수 있다는 것이다. 그런데 만약 상인이 사람
으로서 바른길을 외면한 채 불의의 돈벌이에 집착하려 한다면 "이

---

39 石田梅岩,「都鄙問答」,『近世思想家文集』(家永三郎外編(1966),『日本古典文學大系 97』, 岩
    波書店) 所收, p.391.
40 바이간은 "무사인 자는 주군을 위해 목숨을 두려워하지 않은 자이다. 상인도 이 사
    실을 안다면 상인의 길은 분명히 보인다"고 하면서 "내 몸을 잘 다스려 진실한 마음
    으로 하면 10에 8은 매수자의 마음에 부합할 것이다"고 했다.
    石田梅岩「都鄙問答」, 위의 책,『近世思想家文集』, p.432.

옥고 자손이 끊어지는 결과를 초래할지 모르고, 따라서 마음 깊이 자자손손 사랑하는 마음이 있다면 우선 사람으로서의 바른길을 배우고 가업이 번영할 수 있도록 해야 한다"[41]고 주장했다. 상인으로서 바른 행동과 마음가짐이 얼마나 중요한지를 역설했다.

바이간의 사상을 간략히 정리해 보면 정직·근면·검약의 가치는 사람이 기본적으로 지켜야 할 도리이고, 그 연장선상에서 상도(商道), 소위 상인정신의 근간으로서 정직함, 철저한 검약정신에 근거한 최소한의 이윤추구의 정당성, 상도덕 확립을 통한 상인의 사회적 역할과 책임 등의 실천적 사상을 역설했다. 부당한 부를 축적하고자 하면 자손이 단절된다는 천륜의 예를 들면서까지 상인들의 검약정신을 강조했고, 그러한 실천만이 부당한 이익 추구를 근원적으로 차단할 수 있을 뿐만 아니라 장사도 번창하고 사회도 번영할 수 있는 기반이라고 했다. 스즈키 쇼산이나 이시다 바이간처럼 근세시대의 생활·직업윤리를 강조한 주체적 실천자들의 사상을 들여다보면 충심, 친절, 정직한 마음으로 직분에 최선을 다하면서 사리사욕을 억제하며 주체적이고 능동적인 삶을 살아가야 한다는 논리를 일관되게 주장한 논자들을 전국에서 발견할 수 있다.

그들은 신분제라는 한계에도 불구하고 인륜과 사람의 바른길(人の道)을 중시하며 지역 사회와 국가의 발전을 도모하는 사상을 전개했고, 사회 속에서 파생하는 다양한 문제들을 보편적 진리에 근거하

---

41   城島明彦, 앞의 책, 『石田梅岩「都鄙問答」』, p.65.

여 현실생활 속에서 생각하고 실천하여 해결하는 방안을 제시했다. 심학사상이 전국적으로 확산되는 시기만 하더라도 바쿠한(幕藩)권력이 추진한 각종 사회개혁정책과 맞물려 민중들을 위한 사회교화 운동의 성격을 띠기도 했지만, 무엇보다 중요하게 생각해야 하는 것은 민간신앙이든 불교나 유교사상이든 모든 종교사상적 가치가 서민들의 생활 속에 파고 들어갈 경우 추상적인 관념론에 머무르지 않고 실천적인 생활 윤리로 전이되었다는 점, 그런 윤리사상이 후대에도 전승되어 일본인의 전통적인 사유양식으로 역사성을 확보했다는 점이다.

직업윤리의 역사성

일본인들이 지금 이 순간에도 긍지로 생각하고 있는 것이 바로 근면성이다. 야마모토 시치헤이[山本七平]가 일본자본주의를 지탱하는 것은 일본인의 근면정신이라고 하면서 그 원류를 만든 사상가로 스즈키 쇼산을 지목한 것이나[42], 호리데 이치로[堀出一郎]가 쇼산의 직업윤리를 일본형 근면사상의 원류로 세계에 자랑할 만한 사상[43]이라고 평가한 것은 단순한 허세가 아니다.

일본적 자본주의 정신의 원류와 실체를 일본사를 통해 발견하고자 하는 일본사회와 학계의 의지를 과소평가할 필요는 없지만, 양자

---

42   山本七平(1979), 『日本資本主義の精神』, 光文社, 참조.
43   堀出一郎(1999), 『鈴木正三ー日本型勤勉思想の源流』, 筬澤大學出版會, 참조.

의 평가에 공통하는 부분은 일본인의 긍지로 간주되고 있는 '근면성'의 역사가 이미 근세시대에 성립되었다는 주장이다. 필자 역시 같은 생각이다. 특히 야마모토는 스즈키 쇼산과 이시다 바이간을 일본을 만든 사상가 두 사람으로 거명하면서 직업윤리와 관련하여 그들이 만들어 낸 일본인의 독창적인 사상을 다음과 같이 평가했다.[44]

> "각자가 스스로의 업무를 불행(佛行)으로 믿고 오로지 그것을 행하는 것이다. 그리고 그것을 행하는 기본적인 태도는 '정직'이다. 각자가 그런 마음가짐에 따라 세속의 업무라고 하는 불행(佛行)에 힘쓰면 각자의 집합인 사회도 부처(佛)가 되고, 동시에 그에 의해 만들어지는 것은 사회의 이익이고 … 최종적으로는 그에 의해 각자의 내심의 질서와 사회의 질서와 우주의 질서는 일치하고 각자는 정신적 충족을 지키며 동시에 전국(戰國)과 같은 혼란은 사라지고 사회질서가 확립된다."

여기서 확인할 수 있는 것은 각자가 일상의 직무를 성실히 수행하는 것은 세속적인 생활 속에서 불법(佛法)을 깨닫는 것이고, 그것이 바탕이 되면 사회의 안정과 이익이 자연스럽게 따라오고 궁극적으로는 사회질서가 안정된다는 논리이다. 정직한 마음으로 공공성을

---

44 山本七平, 앞의 책, pp.139-140.

추구하면 모두에게 이익이 되며 사회안정의 초석이 된다는 주장은 쇼산이나 바이간의 사상을 통해 확인한 바이고, 그들의 사상은 당시 서민들의 윤리의식이자 일본적 자본주의 윤리형성의 토대가 되었다. 특히 상업문화가 발전하기 시작한 근세중후기부터 도시의 서민생활 일반에 발달하기 시작한 윤리의식으로서 '장사의 길(商賣の道)'이나 '정직한 상거래(正道の商)'와 같은 의식의 일반화, 여기에 '경영자의 길(親方の道)'이나 '자비(慈悲)'를 통한 서민들의 "경험적 합리주의의 발전"[45] 등은 근·현대를 거치며 일본기업의 성장과 발전을 담보하는 기업문화로 작용하기도 했다.

쇼산이 사민(四民)에게 설파한 직업인으로서의 사명과 윤리를 주목하는 것은 "스스로 자신을 표현할 수 없는 일본문화를 표현"[46]했기 때문이기도 하나, 보다 근본적으로는 그의 사상이 그 후 이시다 바이간을 비롯해, 니노미야 손토쿠, 오하라 유가쿠, 나카무라 나오조와 같은 상인이나 농업지도자들의 실천적 사상과 일본인의 직업윤리로 계승되었다는 측면[47]과, 궁극적으로는 "세속적인 직업 활동을 종교

---

45 당시 서민들의 근로의 윤리의식은 '창의노력'과 같은 특수한 덕목에까지 형성되면서 「경영자의 길(親方の道)」이나 「자비(慈悲)」와 같은 자본주의적 윤리의식을 낳기 시작했다고 한다. 그리고 그런 의식은 단지 돈벌이의 윤리에 머무르지 않고 보다 넓은 인간이해의 성장, 특히 윤리적 성장에 힘입은 바 크다고 한다. 따라서 「장사의 길(商賣の道)」이나 「정직한 상거래(正道の商)」와 같은 서민적인 자신감이나 주장이 형성될 수 있었고, 이러한 의식일반이 이하라 사이카쿠나 치카마츠 몬자에몬의 문예작품의 배경이 될 수 있었다고 한다. 高尾一彦(1968), 『近世の庶民文化』, 岩波書店, p.102.

46 山本七平, 앞의 책, 『日本資本主義の精神』, p.117.

47 二宮尊德, 大原幽學, 中村直三와 같은 농업지도자의 사상형성과정 등은 별고를 통해 분석하고자 한다.

적으로 합리화하여 상인에 의한 이윤추구를 적극적으로 시인함과 동시에, 이윤을 … 자본축적으로 돌려야 한다는 것을 시사함으로써 일본에 있어서 자본주의 정신의 기저(基底)를 구축하는 역할"[48]을 다했기 때문이다. 이른바 근세시대부터 직업이나 일과 관련된 자세나 도덕성을 강조하는 식자들의 노력이 있었고 동시에 그들은 실천자로서 서민들의 마음을 사로잡았던 주체들이었다.

프로테스탄티즘의 인간상을 특징지우는 직업 관념을 언급할 때 "생산노동에 관여하는 중산적 생산자 층은 스스로 이마에 땀을 흘리는 노동을 적극적인 가치를 갖는 것으로 인식하고, 생산노동이야말로 자신의 인격을 연마하고 이웃과 실질적인 연대를 실현하는 것이라는 확신을 갖고 있다"[49]고 한다. 실질적인 연대를 통해 생산적인 노동가치를 실현해가는 것이 프로테스탄티즘의 인간상이라는 것이다. 그러나 자신을 단련하고 노동에 적극적인 가치를 부여하여 공동체의 발전을 도모하는 경향은 역사 문화적인 관점에서 보면 오히려 일본이 강하다는 느낌을 지울 수 없다. 수전 농업의 전통과 생활공동체에 근거하는 집단주의 정서가 이를 반증하고 있다.

근세시대만 하더라도 상공업의 발전과 농업생산성이 확대되어가는 시대에 어떤 학파에도 소속되지 않은 채 스스로의 노력과 실천적 사고로 민중들의 생활·직업윤리에 커다란 영향을 미치면서 사회질서와 일본적 자본주의 정신의 원형을 구축한 인물들과 문화가 존재

48　大野信三(1956), 『佛教社會·經濟學說の研究』, 有斐閣, p.330.
49　城塚登(1960), 『近代社會思想史』, 東京大學出版會, p.64.

하고 있었다. 일본인과 일본사회는 정점(頂點)적 사상가가 아닌 민중과 함께 한 그들의 사상과 업적을 끊임없이 전승하고 발굴하면서 일본인의 전통적인 정신문화로 계승 발전시키고 있다. 본고에서 주목한 인물이 바로 그들이다.

그들에 의한 지행합일(知行合一)의 선구적 사상이 오늘날 일본의 기업문화나 일본인의 노동윤리 구축에 기여한 점을 고려하면 우리는 이문화(異文化) 이해라는 관점에서 일본인의 '정신문화'의 특질을 꾸준히 고찰할 필요가 있다. 그와 동시에 실천적 삶을 통해 시대를 선도해 간 혁신적 사상가와 사상을 지속적으로 발굴하고 계승하여 실천윤리로 체화하는 노력을 기울여야 한다. '전통은 예로부터 계승되는 것이 아니라 만들어 진다(Invention of Tradition)'는 논리에 필자는 동의를 표한다. 우리도 새로운 정신문화의 창조를 통해 우리만의 전통문화를 만들어 가는 노력을 해야 한다.

참고문헌

김필동(2005), 『근대일본의 민중운동과 사상』, J&C.

家永三郎外編(1996), 『日本古典文學大系 97』(石田梅岩, 「都鄙問答」, 『近世思想家文集』), 岩
　　　　波書店.

今井淳(1965), 『近世日本庶民社會の倫理思想』, 思想社.

大野信三(1956), 『佛教社會・經濟學説の研究』, 有斐閣.

加藤みちこ(2010), 『勇猛精進の聖―鈴木正三の佛教思想』, 勤誠出版.

神谷満雄(2001), 『鈴木正三―現代に生きる勤勉の精神』, 「第2章 鈴木正三はマルチタレント」,
　　　　PHP文庫.

堺屋太一(2006), 『日本を創った12人』, PHP文庫.

柴田實(1971), 『日本思想大系 42』(石田梅岩, 『石田先生語録』『石門心學』), 岩波書店.

＿＿＿＿(1971), 『日本思想大系 42』(石田梅岩, 『儉約齋家論 下』『石門心學』), 岩波書店.

＿＿＿＿(1971), 『日本思想大系 42』(手島堵庵, 『前訓』『石門心學』), 岩波書店.

島田煙子(1990), 『日本人の職業倫理』, 有斐閣.

城塚登(1960), 『近代社會思想史』, 東京大學出版會.

鈴木正三, 加藤みちこ編譯(2015), 『鈴木正三著作集・Ⅰ』, 中公クラシックス.

鈴木鐵心校訂・編(1988), 『鈴木正三道人全集』, 山喜房佛書林.

城島明彦(2016), 『石田梅岩「都鄙問答」』, 致知出版社.

高尾一彦(1968), 『近世の庶民文化』, 岩波書店.

中野泰雄(1977), 『マックス・ウェーバー研究』, 新光閣書店.

中村元(1949), 『鈴木正三の宗教改革的精神』, 三省堂.

藤吉慈海(1983), 『浄土教思想の研究』, 平楽寺書庄.

堀出一郎(1999), 『鈴木正三―日本型勤勉思想の源流』, 筺澤大學出版會.

Max Weber, 梶山力・大塚久雄譯(1962), 『プロテスタンティズムと資本主義の精神』下券, 岩波
　　　　文庫.

森田健司(2015),『なぜ各經營者は石田梅岩に學ぶのか』, 三省堂.

山本七平(1979),『日本資本主義の精神』, 光文社.

＿＿＿＿＿(2008),『勤勉の哲學』, 祥傳社.

若尾政希(2014),「貝原益軒の家職」,『岩波講座 日本歴史11 近世2』, 岩波書店.

신내림·통속도덕·자본주의 정신
– 야스마루 요시오의 민중사상사로 본 일본의 근대와 현대 –

이소마에 준이치

베버의 「자본주의 정신」론과 그 후의 전개

야스마루 요시오[安丸良夫]의 통속도덕론은 막스 베버(Max Weber)의 『프로테스탄티즘의 윤리와 자본주의 정신』(1904~1905)을 일본의 근대화 역사에서 다시 읽는 시도였다. 베버와 야스마루의 공통점은 하부구조뿐 아니라 상부구조의 움직임에서, 자본주의 경제 그 자체의 성립이 아닌 그 '정신'의 성립을 파악한 점이다. 참고로 '정신'은 그 주체의 '정신적 태도' 또는 '생활 태도'를 의미한다.

우선 베버가 역설적으로 이야기한 자본주의 정신이란 부(富)의 많고 적음이 인간의 행복을 보증한다는 세속적인 논리를 의미한다. 거기에는 이미 종교적인 구제론의 색채는 거의 남아있지 않다. 자신의 직업을 신이 내린 소명이라 생각하며 '세속에서의 금욕'을 주장하는 프로테스탄트 윤리를 대신하여 '공리적 현세주의'에 기반을 둔

'경제적 합리주의'가 성립해 있던 것이다.[1]

본래 프로테스탄티즘 윤리하에서는 인간의 구제가 신의 은총이기 때문에 인간이 짐작할 수 없는 것으로 여겨졌었다. 때문에 인간은 신 앞에서 겸허해질 수밖에 없으며 경건한 생활을 하려고 한다는 것이다. 이것이 프로테스탄티즘의 '윤리', 다시 말해 베버가 '에토스'라고 칭한 인간의 행동을 규정하는 사상적·종교적인 동기이다.

한편, 자본주의 정신하에서는 신에 의한 구제관념이 유명무실해지고 부의 많고 적음에 따라서 내세의 구제가 확보된다고 믿게 된다. 베버는 서구 자본주의 정신을, 선행하는 시대의 종교적 윤리에 기원을 두고 있으면서도 그것을 부정하는 형태로 형성된 역설적인 이념으로 이해한 것이다. 그 과정에서 베버는 유명무실해진 구제를 자본에 대한 인간의 복종, 다시 말해 노동을 상품화하는 노동자라는 주체의 탄생과 연결 지었다. 프로테스탄티즘 윤리가 자본주의 정신으로 제도화되어, 은총사상에 기반을 두었던 신의 재판이 다수에게 합리적인 것으로 평준화된 것이다.

그 대신에 인간은 '노동자(labor)'라는 주체로 재편되어, 주체와 객체가 미분화된 본원적 생(生) ─ 아감벤(Giorgio Agamben)이 이야기하는 '통일된 생의 형식(a form of life)' ─ 이라는 상태에서 '소외(alienation)'받게 되었다. 여기서 이야기하는 '소외'는 노동자가 자신

---

1   マックス・ウェーバー(1904~1905),『プロテスタンティズムの倫理と資本主義の精神』(본고에서의 인용은 大塚久雄譯(1989), 岩波文庫). 그 이해에 관해서는 다음 서적이 간략하게 요약하고 있다. 安藤英治(1977),『プロテスタンティズムの倫理と資本主義の精神』, 有斐閣新書.

의 노동을 소유할 수 없는 상태를 의미한다. 그들은 자본주의의 형성과 더불어 노동자라는 주체를 형성했지만, 동시에 노동의 성과를 취득하는 자본가라는 주체로부터 소외 즉, 노동자가 자본가에게 예속될 수밖에 없는 생산관계 속에 편입되는 것을 의미하기도 하는 것이었다.

이러한 구제관념이 반드시 실제의 구제로 연결되지 않는다는 것은 마르크스가 소외론에서 이데올로기 비판을 통해 간파한 대로이다. 흔히 말하는 허위의식으로서의 이데올로기에 대한 비평이며, 자신의 사회적·경제적인 위치를 현실과 다르게 인식함으로써 현실에서 일어나는 일을 은폐하려는 구조를 밝힌 것이었다.

중국 사상가의 비유에 있는 것처럼 노예는 꿈꾸기를 좋아한다. 왜냐하면, 그때만큼은 그들이 노예라는 현실로부터 도망칠 수 있기 때문이다. 하지만 도망치는 것으로 자신이 노예라는 현실을 부정하고, 꿈과 현실을 혼동하며, 꿈속으로의 도피로 이어진 경우도 적지 않았다고 한다. 집단 따돌림을 당하고 있는 사람에게 일어날 수 있는 가장 심각한 문제는 집단 따돌림이라는 현실을 인식하지 못하는 심리규제가 가해자와 함께 발동하는 것이다.

현실에 대해 비판적 개입을 하는 것, 이것이야말로 학문의 역할이라 할 수 있다. 하지만 이런 물음을 일으키는 것이 가장 어렵다. 자신이 현실에서 소외되었다는 것, 즉 자연권이나 사회권을 박탈당해서 주체가 아님에도 불구하고 주체화 과정에 휘말리게 된 것. 이것이 주체가 현실인식을 하게 만드는 주체화 과정의 진행을 어렵게 만들고 있는 것이다.

이러한 주체에게서 일어나는 인식의 불성립은 능동적인 주체의 생기(生起)를 막는 요인이 되어, 자신의 신체로 하여금 거절의 대가를 지불하도록 만든다. 신체에 현재화(顯在化)한 '증상(symptom)'이 주체의 기능부전을 초래하는 것이다. 의식이 존재를 규정하는 것이 아니라 존재가 의식을 규정한다는 마르크스의 사고방식은 폐쇄된 인식에 틈을 만들어 주체 본연의 상태에 변화를 이끌어내기 위한 제안이기도 했다.

그런데 베버의 역설적인 해석이 미국에서는 탤컷 파슨스(Talcott Parsons)를 거쳐 하버드학파의 로버트 벨라(Robert N. Bellah)로 계승되었다. 그 과정에서 미국의 일본연구 분야에서는 자본주의 정신을 긍정적으로 평가하게 되었다. 이른바 근대화론, 미국에서 자본주의 정신이 구현되었다고 보는 냉전기의 제국주의 사상이 출현한 것이다. 거기에서 말하는 자본주의란 자본이라는 가치교환에 의해 이전에 비해 평등하고 효율이 좋아진 생산 시스템을 의미한다. 생산관계의 주체는 어디까지나 자본의 운동이며, 개인이나 계급은 노동자뿐만 아니라 자본가 또한 자본의 자기증식과정의 일부에 지나지 않는다.

자본주의 정신이란 이러한 경제 시스템을 긍정하는 이데올로기를 가리키지만, 벨라의 주장에 따르면 자본주의와 그 정신이야말로 '근대'의 가치를 구체적으로 드러낸 것이 된다. 경제적인 풍요를 전제로 한 자유민주주의와 여타 모든 가치관을 제시한 후, 현실의 계급격차는 있을지라도 자본주의야말로 사회전체에 평등한 균질화(均質化)를 가져다주는 민주주의적인 시스템이라고 여긴 것이다.

거기에서는 서양적인 자본주의 정신이 보편적인 가치규범이며, 이에서 벗어나는 모델은 특수한 것으로 여긴다. 다만, 일본은 프로테스탄트적인 내면의 윤리를 확립하지 못한 집단주의라는 한계를 가진 '특수(particular)'한 문화이지만 자본주의화를 추진했다는 점에서 어느 정도는 평가할 가치가 있는 사회로 여겨졌다. 일본이라는 극동(極東)의 특수한 사회까지도 종주국이 구현한 보편적인 가치관을 지향함으로써 아메리카 제국의 일부로서 그 역할을 담당하게 된 것이다.

일본 사회학자인 나이토 간지[內藤莞爾]는 오우미[近江] 상인의 경제윤리를 분석하고 그 바탕에 정토진종(淨土眞宗)의 에토스가 있다고 분석하였다. 이는 막스 베버의 자본주의 정신과 프로테스탄티즘 윤리의 역설적 관계를 정토진종을 통해 읽어낸 것이다. 나이토의 연구논문 「종교와 경제윤리 - 정토진종과 오우미 상인(宗敎と經濟倫理 - 淨土眞宗と近江商人)」(1941년)을 벨라가 『도쿠가와 시대의 종교(德川時代の宗敎)』(원저 1957년)에서 받아들인 것은 잘 알려진 사실이다. 다만, 해학적인 오우미 그림 〈도깨비의 염불(鬼の念佛)〉이나 〈대흑천 님의 『도깨비는 밖으로(大黑さまの『鬼は外』)』〉와 같은 작품에서 볼 수 있는 것과 같이 현실세계에서 오우미 상인의 정신세계는 자기의 욕망을 즉각적으로 긍정하는 행위에 대해 비판적인 시각을 수반한다는 것을 빠트려서는 안 될 것이다.

야스마루 요시오의 「자본주의 정신」론과 민중사상

이 근대주의에 대해 탈랄 아사드(Talal Asad)나 사카이 나오키[酒井直樹]와 같은 포스트콜로니얼즘(Postcolonialism) 연구자들은, 근대라는 것은 본래 '복수의 다양한 근대(pluralized modernities)'라는 뜻을 포함하는 것으로 자본주의 세계에 내재되어 그것을 비판하는 반자본주의 정신도 역시 가능하다는 견해를 제시하였다.[2] 예를 들자면, 야스마루의 민중사상사에서는 프로테스탄티즘 자본주의를 유일한 보편으로 보는 서양의 근대화론에 극단적으로 대치되는 견해를 제시한다.

야스마루에게는 서양적인 자본주의 정신과는 다른 행보가 특수한 일탈이 아닌 '특이한(singular)' 것으로 인식되었다. 이것은 1920년대에 시작된 아시아적 생산양식 논쟁에 대한 하나의 귀결이기도 했다. 서유럽형을 보편적인 것으로 보았을 때 발생하는 아시아 근대화 과정의 '정체(backward)'를 일본의 마르크스주의를 통해서 '특이한' 고유성으로 재해석한 것이다.[3]

야스마루가 제시한 인식은 다음과 같았다. 그 특징은 엘리트의 특질로서가 아니라 민중 차원에서 자본주의 정신의 성립을 파악한 점이다. 민중 중에서도 애매한 범위가 아니라 글을 읽고 쓸 수 있는 부농층(富農層)에 특화된 움직임으로 파악했다. 그 결과 벨라 역시 주

---

2 タラル・アサド(1996),「近代の權力と宗教的諸傳統の再編成」, (인용은 中村圭志譯(2004), 『みすず』第五一九號, みすず書房, pp.10-31).

3 磯前順一(2019),「內在化する「アジア」という眼差し − アジア的生産樣式論爭と石母田正」, 『石母田正と戰後マルクス主義史學 − アジア的生産樣式論爭を中心に』, 三元社, pp.196-204.

목했던 석문심학(石門心學)과 보덕사상(報德思想) 등의 유교사상을 축으로 하는 무가사상(武家思想)이 농촌의 지배계층이나 상인 사이에서 '통속화(popularized)'되어 자본주의를 뒷받침하는 사상이 되었다고 보았다.[4]

그것은 종교적 요소가 제거되어 세속화된 사상이라는 점에서도 '종교'의 개념범주에 속한 프로테스탄티즘에 기원을 둔 서양의 자본주의 정신과는 구별되는 것이었다. 이런 대범한 방법이 있었기에, 프로테스탄티즘과 같은 근대서양적인 종교개념에 속박되지 않는 근대이전의 사상·종교적 전통에 기층을 둔 민중사상과 접촉할 수 있었다고 여겨진다.

또 하나의 차이는 프로테스탄티즘이라는 하나의 종교나 종파는 물론이고 이종혼효적(異種混淆的)인 민중사상을 분석대상으로 삼은 점이다. 단, 자본주의 정신을 순종적으로 따르지 않고 이를 비판해 간다. 금광교(金光敎) 등에서 볼 수 있듯이, 주체의 욕망에 대한 비판도 있다. 또 천리교(天理敎)나 대본교(大本敎)와 같은 개혁형 종교에서는 자본주의사회의 착취구조에 대한 비판도 있다. 모두 근면으로 세상을 풍족하게 만들면서 동시에 그 풍요로움이 특정계층에게 편향되는 것에 대해 의문을 품는 윤리적인 동기에서 나온 것이었다.

간과할 수 없는 야스마루 주장의 특색은 자본주의 정신을 뒷받침하는 민중사상의 특징을 세상에 대한 주체 중심화 과잉으로 파악한

---

4   安丸良夫(1999), 『日本の近代化と民衆思想』, 平凡社ライブラリー, pp.85-91.(원저는 1974년).

점이다.[5] 자기책임으로 문제를 귀결시켜서 사회의 구조적 문제를 묵인하는 이데올로기적인 문제이다. 야스마루는 베버를 모방해서 그 원인이 '주술의 정원으로부터의 해방'이 불충분하다고 지적했다. 스스로가 노력하면 주체를 둘러싼 생활상황은 개선되지만, 이것을 거꾸로 뒤집으면 좋지 않은 생활상황 역시 모두 주체의 책임으로 돌아간다고 하는 논리이다.

민중종교에서는 자본의 담당자가 주객의 미분화(未分化)에 의해 책임주체로서 성립하는 자기 자신이다. 이런 이유로 주체로 중심이 이행되어도 세상과의 분리가 이루어지지 않기 때문에 세상에서 일어나는 일의 책임이 모두 자신에게서 기인한다고 간주해 버리게 된다. 그래서 자기중심화는 가능해지지만 그 책임이 전부 자기에게 돌아오고 만다. 자기긍정감을 동반하는 프로테스탄티즘과 비교하면 자기죄책감만이 더해질 뿐이다. 이렇게 되면 체제비판은 어려워지고, 개혁을 시작하고자 하는 비판적 행위나 비평적 사고가 힘들어진다.

야스마루의 역사이해에 있어서는 엘리트가 아니라 민중이 자본주의 정신의 담당자이자 동시에 한계를 결정짓는 양의적(兩義的)인 존재였다.[6] 민중의 통속도덕은 엘리트 신앙이 영락한 것이 아니라, 발족했을 때부터 자본주의 정신과 표리일체를 이룬다고 파악하는

---

5 安丸의 앞의 책, pp.66-80.

6 安丸良夫(2010), 「回顧と自問」, 『安丸思想史への對論 - 文明化·民衆·兩義性』, ぺりかん社, pp.27-31.

견해는 야스마루와 베버의 자본주의 정신 논의를 구분 짓는 큰 특징이라 할 수 있다.

앞서 이야기한 것처럼 통속도덕은, 유학(儒學)을 축으로 하는 엘리트층의 사상이 부농을 중심으로 한 상류 민중에게 스며든 산물이다. 야스마루는 이 침투과정을 '통속화'라고 명명했다. 이런 사상의 침투과정에야말로 '민중'이라는 주체가 일어서는 계기가 존재한다고 생각한 것이다. 자본주의 정신과 그 시발점이 되는 종교·사상의 관계는, 베버의 경우에는 역설적인 관계였다. 하지만 야스마루의 경우에는 미분화된 양의적인 관계로 이해되었던 것이다.

야스마루에게 민중은 역사 변혁의 주체이지만, 동시에 그 변혁을 방해하는 존재이기도 했다. 주객의 미분화로 인해 세상을 객관적으로 대상화(對象化)할 수 없다. 그 결과, 사회의 전체구조를 인식하지 못하고 주체의 노력만이 유일한 선택지가 된다. 프로테스탄티즘과는 다른 경로를 통해서 노동력을 상품화한 산물인 노동자라는 주체가 근세일본사회에 탄생한 것이다. 그것은 일본에서 노동자라는 주체를 자본주의 시스템에 가둬두는 '철의 우리'에 지나지 않는 것이었다.

야스마루에 의하면 그것을 타파할 수 있는 것은 신내림이나 민중봉기[一揆]와 같은 비일상적인 사건이었다. 균질화된 주체의 내부에 비일상적인 요소로서 이질성이 깃든 사태의 도래이다. 야스마루는 "신내림은 미지의 신이 나오(なお) 안에 살면서, 나오라는 신체를 통해서 스스로를 드러내 보인다"[7]고 하며 다음과 같이 설명한다.

---

7   安丸良夫(1987), 『出口なお』, 朝日選書, p.82.(원저는 朝日新聞社 1977년 발행).

나오와 나오 내부에서 활동하는 것은 전혀 다른 존재로 지각된다. 나오에게 있어서 이 활동하는 것의 실재감은 대단히 명확하지만, 그것은 외부에서 나오의 안으로 멋대로 들어간 것이다. 때문에 신내림이 나오에게는 외부의 작용에 의해서 휘말리게 된 하나의 우발적인 사건이며, 그 활동하는 것이 스스로를 위대한 신이라고 칭했다고 해서 쉽게 믿을 수는 없는 것이었다.[8]

일상을 규율하는 통속도덕에 의해 균질화된 주체에게 신내림이나 고양된 의식상태로 인해서 이화(異化)작용이 일어나고 주체의 상태가 변용한다. 신이나 부처 등, 수수께끼와도 같은 타자의 부름에 의해서 일상화된 자본주의 정신을 자기비판할 수 있게 되는 것이다. 그것이야말로 시마조노 스스무[島薗進]가 언뜻 언급한 '재주술화(再呪術化)'가 갖는 가능성이며, 헨트 드 브리즈(Hent de Vreis)가 '종교적인 것의 회기'라고 이야기한 것이었다.[9]

예를 들면 시마조노는 세속화를 거부한 주술에 의해서만 사회비평이나 주체의 개편이 가능하다고 보았다. 자본주의 자체가 세속화를 만들어내기 때문이다. 그러나 필자는 세속화라던지 주술화라는 의문 제기는 결정적인 것이 아니라고 생각한다. 오히려 어떤 형태로

8　安丸의 앞의 책,『出口なお』, p.84.

9　島薗進(2019),「宗敎の近代化 - 赤澤文治と日柄方位信仰」,『民衆宗敎論 - 宗敎的主體化とは何か』, 東京大學出版會, pp.313-329.(논문의 초출은 1980년).

세속화 또는 주술화를 실현시킬 것인지 그 내실을 물어야 할 것이다. 즉, 합리성과 종교성을 정확히 정의하면서 한편으로 주체의 재편에 그 요소를 어떤 식으로 활용할 것인지, 그 과정에 관해 구체적인 의문을 품어야 할 것이다.[10]

이를 통해서 주체는 '전체적인' 인식을 획득하여 사회를 비판적으로 부감(俯瞰)할 수 있게 된다. 자본주의적인 정신에 동화되면서도 그 공간 내부에서 그것을 새롭게 해석할 수 있는 가능성이 발생한다. 비평이란, 내부에 존재하면서도 그 내부와 외부를 양분하는 이분법을 탈구(脫臼)할 여백(餘白)을 거점으로 삼는 행위와 다르지 않다. 거기에서 주체가 역사적으로 구속된 균질한 상태로부터 주체에 상응하는 이질적(異質的)인 강도(強度)를 획득한 주체로의 도약이 발생한 것이다.

그것은 교주나 지도자의 탁월한 주체성에 이끌려 집단적인 규모로 주체를 형성하는 것이다. 주체란 개인이나 동일계급에 한정되지 않는, 그것을 초월한 이종혼효적인 존재이다. 모든 개인이 동일한 주체성의 강도를 구비(具備)하는 일은 현실적으로는 불가능하다. 다양한 개인이 만드는 전체로서의 조화와 이종혼교성(異種混交性). 그것이 자본주의 정신의 내부에서 발생하는 저항주체의 내실일 것이다. 이것이 야스마루가 말하는 민중봉기와 민중종교가 가져다준 것이다. 통속도덕이 일상적인 자본주의 정신이라면, 신내림이나 민중

---

10 磯前順一(2019),「謎めいた他者と宗教的主體化」,『民衆宗教論──宗教的主體化とは何か』, 東京大學出版會, pp.60−62.

봉기 등의 개혁 또한 같은 자본주의가 낳은 '또 하나의' 자본주의 정신이 되는 것이다. 이는 종교적 정열과 개인이나 집단에 의한 자각화(自覺化)라는 계기를 포함한다는 점에서 오히려 '윤리'라고 불러야할지도 모른다.

그러나 근세일본의 종교탄압, 가톨릭봉기의 탄압과 금교(禁教), 불교봉기의 탄압과 장례양식의 불교화, 유교체제의 이념화, 나아가서는 근대초기의 민간신앙 금지는 종교에서 그러한 실천행동의 윤리를 탈색시키는 결과를 초래했다. 막번(幕藩)체제 내부에서는 종교가 갖는 현세비판의 가능성, 달리 이야기하자면 초월론적 주체가 발생할 가능성은 거의 소멸되고 말았다. 그럼에도 기존의 사상이나 종교가 사회 주변부에 위치한 민중세계에 침투해가는 과정에서 기존의 이데올로기를 전복시킬 가능성을 지닌 민중사상이, 민중이라는 노동주체가 발생한 것과 더불어 위태로운 양의성을 품은 채 형성되어 온 것이다.

현대 동아시아의 「자본주의 정신」과 자유민주주의

베버의 논의는 노동자라는 주체가 철의 우리에 들어가는 것으로 끝나지만, 야스마루의 경우는 자본주의의 내부에 저항의 여백(餘白)이 잉태되어있다.[11] 이러한 이중성이야말로 야스마루의 논의가 가

---

11   エドワード・サイード(2004), 『人文學と批評の使命』(인용은 村山敏勝ほか譯(2013), 岩波現代文庫, p.27).

진 최대 매력일 것이다. 그러나 한편으로 현재의 동아시아 사회를 보면, 서양사회보다도 훨씬 자본주의 윤리에 동화되어 있어서 그러한 저항의 논리를 발견하는 것이 현실적으로 쉽지 않게 되었다.

> '정신이 없는 전문가, 가슴이 없는 향락가(享樂家). 이러한 무(無)의 존재는 인간성이 일찍이 도달한 적 없는 단계까지 이미 올라왔다고 자만할 것이다.'[12]

이처럼 베버가 그린 자본주의 정신의 말로(末路)는 오히려 현대 동아시아에서 맹위를 떨치는 소비주의에 기반을 둔 글로벌자본주의에 맞아떨어지는 것이 아닐까? 거기에는 개인으로서의 주체 용모가 완벽할 정도로 소거되어, '주체성 없는 주체'[13]가 그 신체적 욕망을 통해서 관리되는 생체정치학이 성황을 누리고 있다.

필자는 소비주의적인 자본주의 정신을 구현하는 것이 현대 자유민주주의라는 이념이라고 생각한다. 그 이념은 무제약적인 욕망의 긍정이 최종적으로 타자의 욕망과 충돌을 지양하는 변증법적인 전개를 초래하는 신념, 극단적으로 이야기하자면 이데올로기 항쟁의 종언을 초래하는 신념을 내실로 갖는다. 거기에서는 자기 욕망의 긍정이 '자유'이며 '인권'의 중추를 이루는 것으로 여겨진다. 서로의

---

12 ウェーバーの前の書、『プロテスタンティズムの倫理と資本主義の精神』, p.366.

13 立木康介(2013), 『露出せよ、と現代文明は言う −「心の闇」の喪失と精神分析』, 河出書房新社, p.230.

욕망을 긍정함으로써 자신들의 사회가 확대되어 무한히 번영한다. 그것이 '소비주의'의 실체이자 '타자'의 욕망과 공존을 가능하게 만드는 다양한 사회라는 이데올로기의 내실이다.

그러나 이미 비판이 있듯이 그 다양성은 자신과 공존 불가능한 참된 타자를 배척한 곳에서밖에 성립할 수 없는 것이다. 배제를 위해 경계선을 긋고 그 내부자에게만 권리와 자유를 부여하는 곳에서는, 탈랄 아사드 등이 비판한 것처럼 자유주의의 공공권(公共圈)은 성립할 수 없다.[14]

아니, 자유주의뿐만 아니라 주권이나 인권과 같은 법적으로 승인된 주체성은 자신과 서로 용인할 수 없는 타자를 배제하는 방법으로밖에 자신을 존립시킬 수 없다고 해도 좋을 것이다. 그것을 배제 없는 '자유로운 사회' 또는 '평등한 사회'라고 자화자찬하는 모습에서 자유민주주의의 허위(虛僞)가 드러나는 것이다.[15]

자신의 사회나 개인적인 아이덴티티의 배제적인 성질이 주체화 과정에서 본질적으로 수반된다는 것을 인식한 뒤에야 그 배제를 새롭게 읽어낼 수 있는 가능성이 열리게 되는 것은 아닐까? 자유민주주의를 일방적으로 자유의 언표(言表)로써 긍정하는 자세로는 자신의 욕망이나 나르시스틱한 주체형성의 본질적인 태도를 반성할 수 없기 때문에 자유주의의 근간을 이루는 자신의 욕망에 대한 추종상

---

14   タラル・アサド(2003),『世俗の形成 – キリスト教、イスラム、近代』(인용은 中村圭志譯 (2006), みすず書房, pp.3-7).

15   磯前順一(2019),『昭和・平成精神史 –「終わりない戰後」と「幸せな日本人」』, 講談社, 第5章.

태에 대한 단절행위로 이어지지 못하는 것이다.

거기에서는 공(公)과 사(私)의 두 영역이 겹쳐지고, 아감벤이 이야기하는 '불분명 지대(indistinctive zone)'나 윤해동(尹海東)이 이야기한 '그레이 존'은 사적영역이 공적영역을 몰아내는 형태가 되어 일그러진 '사회적인 것(the social)'으로 성립하고 만다.[16] 하버마스(Jürgen Habermas)는 공적인 영역이 사적인 영역으로도 확장되어서 빛이 어둠을 비춰내는 형태로 '사회적인 것'이 성립한다고 지적하고, 거기에 근대 민주주의의 공공공간(公共空間)이 성립한다고 생각했다.

그 점에서 현실 사회에 성립된 '사회적인 공간'은 하버마스가 이야기하는 충분한 사고와 의논이 가능한 공간과는 정반대되는 것으로서, 아감벤은 아우슈비츠의 역사로부터 윤해동은 피식민지화의 경험으로부터 생각해낸 것이다. 그렇기 때문에 아감벤은 공적공간과 사적공간은 사회적인 영역에서 명확히 분리된 뒤에 개개인 안에서 중첩시킬 필요가 있다고 생각했던 것이다. 하지만 자유민주주의의 동향에 비춰보는 한, 주체는 사회적 권리를 상실 또는 포기한 '주체성 없는 주체'로 전락하여 그것이 공공권을 구성하기 위한 공공성은 실질적으로 기능장애를 일으킨다. 윤해동 등이 이야기한 공공성을 상실한 '사회적인 영역'의 성립, 그것이 자본의 자기증식운동 혹은 그에 수반되는 국민국가의 아이덴티티가 빙의된 '주체성 없는 주

---

16 ジョルジョ・アガンベン(1995), 『ホモ・サケル－主權權力と剝き出しの生』(인용은 高桑和巳 譯, 以文社, pp.18-19); 尹海東(2014), 「植民地近代と公共性－變容する公共性の地平」, 『宗敎と公共空間－見直される宗敎の役割』, 東京大學出版會, p.193.

체'의 모습이다.

이러한 자기중심적인 자세가 동아시아와 일본에서 어떠한 종교·사상적 특질 혹은 역사적 경위에서 유래하게 된 것일까? 다시금 베버나 야스마루의 논의를 재검토하며 큰 틀을 제시할 필요가 있을 것이다. 어쨌든 자유주의에 기반을 둔 '구제' 사상은 개인이나 사회의 소박한 욕망을 비판적인 시점으로 새로이 파악하지 못하고, 오히려 욕망을 추종하는 것으로 그 이데올로기에 순종적인 '주체성 없는 주체(subject without subjectivity)'를 만들어내는 데에 멈춰있는 것이 현재의 상황이다.

필자의 견해로는 그것이야말로 현대의 '자본주의 정신'—이는 소비주의와 자유민주주의로 구성된 것—으로, 그 점에서는 야스마루가 지적한 과잉된 자기중심주의가 현대 일본사회에서도 여전히 극복되지 않았다고 할 수 있다. 그러나 그에 대한 비판적인 활동 또한, 민중봉기나 살아있는 신이라는 사상에 기반을 둔 민중종교 등, 근세에서 근대초기에 걸쳐 일본사회의 민중사상에 내포된 이종혼효적인 풍부함으로부터 출현했다는 것도 간과해서는 안 될 것이다.

'일본 민중사상사'라는 명칭이 이야기하고 있듯이 그 사상이 이야기하는 방식은 근대서양의 국민국가를 이식한 공간의 내부에서 성립한 것에 지나지 않는다. 하지만 중요한 것은 그 모듈화의 과정으로, 단순한 모방에서 끝나지 않는 '유용(appropriation)' 또한 탄생하게 된 것이다. 이것을 어떻게 전개해나갈지는 현대사회를 살아가는 주체성을 짊어진 우리들의 몫이 될 것이다.

참고문헌

安藤英治(1977), 『プロテスタンティズムの倫理と資本主義の精神』, 有斐閣新書.

磯前順一(2019), 『昭和・平成精神史 － 「終わりない戰後」と「幸せな日本人」』, 講談社.

エドワード・サイード(2004), 村山敏勝ほか譯(2013), 『人文學と批評の使命』, 岩波現代文庫.

島薗進・磯前順一編(2014), 『宗教と公共空間 － 見直される宗教の役割』, 東京大學出版會.

島薗進・安丸良夫・磯前順一編(2019), 『民衆宗教論 － 宗教的主體化とは何か』, 東京大學出版會.

ジョルジョ・アガンベン(1995), 高桑和巳譯(2003), 『ホモ・サケル － 主權權力と剥き出しの生』, 以文社.

立木康介(2013), 『露出せよ、と現代文明は言う － 「心の闇」の喪失と精神分析』, 河出書房新社.

タラル・アサド(1996), 中村圭志譯(2004), 「近代の權力と宗教的諸傳統の再編成」 『みすず』 第五一九號, みすず書房.

タラル・アサド(2003), 中村圭志譯(2006), 『世俗の形成 － キリスト敎、イスラム、近代』, みすず書房.

原秀三郎述, 磯前順一・磯前禮子編(2019), 『石母田正と戰後マルクス主義史學 － アジア的生産様式論爭を中心に』, 三元社.

マックス・ウェーバー(1904~1905), 大塚久雄譯(1989), 『プロテスタンティズムの倫理と資本主義の精神』, 岩波文庫.

安丸良夫(1987), 『出口なお』, 朝日選書.

安丸良夫(1999), 『日本の近代化と民衆思想』, 平凡社ライブラリー.

安丸良夫・磯前順一編(2010), 『安丸思想史への對論──文明化・民衆・兩義性』, ぺりかん社.

근대의 차질과 계몽이라는 이야기
— 근세 '실학'의 해석을 중심으로 —

히라노 가쓰야

들어가며

야스마루 요시오[安丸良夫]는 1962년에「일본 근대화에 대한 제국주의적 역사관」이라는 아주 중요한 근대화론 비판 논고를 집필했다.[1] 일본의 근대화를 '창의와 노력'의 결실로 평가한 미일 근대화론자들을 향해, 이 논고는 근대화론이 국민국가의 형성이나 자본주의 제도의 성립이 초래한 '폭력과 비극'을 무시한 입장에 서 있다고 비판한다. 근대화론은 농촌사회의 착취나 해체를 무시하고, 민중봉기에 대한 억압을 변호하며, 제국주의 전쟁이나 식민주의를 통해 벌어진 수탈과 예속화를 불가피한 희생이라고 용인하는 태도에 다름없다는 것이다.[2] 민중, 특히 빈곤이나 착취에 신음하는 민중을 주체로

---

1   安丸良夫(1996),「日本の近代化についての帝國主義的歷史觀」,『〈方法〉としての思想史』, 校倉書房.
2   위의 책, p.232.

한 새로운 문화사와 사상사를 구상한 야스마루의 근대화론 비판은 1920년대 이래 전개되어 온 근대 일본 비판의 흐름을 이은 것이었다. 야스마루의 최대의 공헌은 근대를 제국주의 생성 문제와의 관계성 속에서 새롭게 파악함으로써 근대화론이 미국제국주의를 변호하기 위한 이론임을 지적한 것이겠다. 즉 근대화론이란 자본주의의 생성과 확장에 동반되는 식민지지배, 전통사회(비자본주의사회)의 폭력적 해체, 노동자 착취 등의 역사적 과정을 못 본 체하고, 마치 자유와 민주주의의 복음을 만인에게 전하는 듯한 몸짓을 취하는 교활한 이데올로기임을 지적한 것에 야스마루의 독자성이 있었다.

　이러한 야스마루의 근대화론 비판을 계보학적으로 따라가면 노로 에이타로[野呂榮太郎]나 야마다 모리타로[山田盛太郎]로 대표되는 강좌파 마르크스주의부터 마루야마 마사오[丸山眞男]나 오쓰카 히사오[大塚久雄] 등의 근대주의에 이르는 광범위한 근대 일본 비판의 여러 언설에 도달할 것이다. 입장 차이는 있지만, 그들의 주장은 일본의 근대는 서양과 비교해서 불완전하고 왜곡된 것이라는 견해를 공유하고 있다. 마르크스주의자가 반농노적·반봉건적인 지주제(기생지주제)와 그 상징인 천황제에서 근대의 왜곡을 간파했다면, 근대주의자들은 농촌사회의 '정서적'이고 '전통적인 인간관계'(권위에 대해 순종적인 관계) 속에서 봉건적 정신의 온존과 천황제 절대주의의 근원을 찾으려고 했다. 특히 마루야마 마사오나 오쓰카 히사오는 이 봉건적 정신이 근대적 주체의 건전한 생성(내면적 자발성의 발전)을 가로막은 주요 원인이고 일본 파시즘을 낳은 이데올로기의 사회적 온상이었다고 논한 것이다. 한편 그들은 근대적 주체성의 발전적 가능성을 오규 소라이[荻生徂徠], 후쿠자와 유키치[福澤諭吉], 자유민권운동가 등 근대적 사유 혹은 그 맹아를 체현했다고 하는 사상가나 운동가들에게서 보고 있다. 그러나 마루야마에 따르면, 이 사상가들은 일본의 독특한 비합리적 센티멘털리즘과 가부장적 권위주의의 압도적 힘에 패배하고 망각되어 가는 운명을 맞이했다. 바꿔 말하면, 일본의 계몽사상과 운동은 자립적·비판적인 개인을 만들어 내지 못했고, '인민주권이나 개인주의·자유민주주의라는 사상적·정치적 여러 원리의 침투'는 최소한으로 억제되었던 것이다.[3] 이리하여 자유로운 이성에 근거한 건전한 민주주의와 국민주의(내셔널리즘)의 발전은 저해되었고, 일본의 근대는 국가주의, 초국가주의의 길을 걷게 되었다고 마루야마는 결론지었다.

이렇게 근대 서양의 경험을 이념적·보편적 규범으로 세우는 시점은 스튜어트 홀이 서양중심주의의 인식적 구조를 비판하고 '서양과 나머지(the West and the Rest)'라고 부른 근대 세계의 지정학적 이항대립구도를 그대로 내면화한 것이라고 말할 수 있을 것이다.[4] 근대주의자들은 근대가 서양에서도 불완전했으며 여러 왜곡이나 모순을 품고 있다는 사실과 정면으로 대결하는 일은 없었다. 세계체제론이나 불균등발전론을 비롯하여 최근의 흑인연구(black studies)

---

3 丸山眞男(1953), 『日本のナショナリズム』, 河出書房.
4 Stuart Hall(1992), "The West and the Rest: Discourse and Power," in Bram Gieben and Stuart Hall eds., *The Formation of Modernity*, Polity Press.

나 선주민 연구(indigenous studies)가 제시하듯이 서양의 이념화는 근대서양의 탄생과 깊이 관련된 식민주의나 농노제, 인종차별이나 선주민학살에서 보이는 여러 폭력의 구조와 경험을 망각하고 은폐함으로써 비로소 가능해진다. 헤겔에서 시작하여 전기 마르크스, 베버, 파슨즈에 의해 논의되어진 '이성의 자기개시', '합리와', '세속화' 과정으로서의 진보사관은 서양을 특권화하면서 비서양을 '야만' 혹은 '정체된 문명'이라고 위치짓고, '서양=선진' 대 '비서양=후진'이라는 계층적 인식구조를 보편화해 갔다. 일본의 전통적 마르크스주의자도 포함하여, 근대주의자들은 이 인식구조를 일본사회의 비판적 검증을 위한 전제로 받아들이고, 일본의 정신적 혹은 물질적 '뒤처짐'을 분석하고 지적하는 일에 많은 시간을 소비해온 것이라고 할 수 있다. 이시모다 쇼[石母田正]가 1950년대에 이미 지적했듯, '뒤처짐'을 상징하는 '아시아적 생산관계'라는 '주문과도 같은 말'이 '전후 일본 근대주의의 커다란 이론적 심리적 지주가 되어' 지식인들의 사고를 속박해간 것이다.[5] 이 일본 지식인들이 취한 보편주의적 입장을 내면화된 '서양의 시선(western gaze)' 혹은 '코스모폴리탄의 시선(cosmopolitan gaze)'이라고 부르기로 하자.

코스모폴리탄의 보편주의는 일본을 특수화한다는 의미에서 실은 내셔널리즘의 정동적(情動的) 기반인 '토착주의(nativism)'와 표리일체의 관계에 있음을 지적해두고 싶다. 토착주의는 코스모폴리타

---

5 石母田正(2003), 『歷史と民族の發見—歷史學の課題と方法』, 平凡社ライブラリー, p.67.

니즘이 '후진성'의 드러남이라 규탄한 일본의 반봉건성이라는 '특수성'(특히 천황제)을 일본민족이 자랑스러워 해야 할 문화사회적 '독자성'이라고 바꾸어 부르는 것에 지나지 않는다. 바꿔 말하면, 내셔널리즘은 코스모폴리타니즘의 억압적 시선에 대한 반동적 정동(reactionary affect) 혹은 보복적 정동(retaliatory affect) 위에 성립해왔다. 일본의 국체론이나 황국사관은 토착주의가 가장 현저하게 나타난 것이고, 대동아공영권은 자민족의 특수성을 타국에 대한 우월성으로 바꾸어 읽은 일본제국의 보편주의를 정당화하는 이론이었다. 이리하여 일본의 근대사상은 보편주의인가 특수주의인가, 국제주의인가 민족주의인가, 근대인가 전통인가라는 이항대립, 또는 그 변증법적 융합(대동아공영권이나 '근대의 초극론')을 축으로 전개되어 왔다. 사상 형성의 중심에 있던 것은 일본의 계몽사상을 어떻게 평가하는가 하는 물음일 것이다. 일본은 근대 서양과 비교할 만한 계몽사상을 창출했던가? 만약 그렇다면 그 사상은 사회에 침투할 수 있었던가? 혹은 계몽운동은 미완인 채 유산되어 버렸는가? 혹은 계몽은 어디까지나 근대 서양의 산물로 일본의 사상적 문화적 전통과는 무관했던가? 이러한 물음이 많은 논자나 역사가의 사색에서 중심을 차지해왔다.

이미 보았듯이 마루야마와 오쓰카로 대표되는 근대주의의 입장은 일본의 계몽사상은 미완인 채 실패로 끝나고 왜곡된 근대를 만들어 갔다고 논했다. 이 글에서 내가 다루고자 하는 가토 슈이치[加藤週一]와 데쓰오 나지타는 근대주의자들에 대한 비판적 응답으로 근대 계몽사상의 재해석, 특히 '실학'이라고 불린 경험주의적 지(知)를 새롭게 평가하고 있다. 가토 슈이치의 미우라 바이엔[三浦梅園]론과 야마가타 반토[山片蟠桃]론, 데쓰오 나지타의 야마가타 반토론과 니노미야 손토쿠[二宮尊德]론에 초점을 맞추면서, 아래와 같은 물음에 답하고 싶다. 두 논자의 근세 계몽 이야기는 코스모폴리타니즘 대 토착주의(보편주의와 특수주의)라는 이항대립의 교착에서 자유로웠는가? 만약 그렇다면 새롭게 계몽 이야기를 시작하는 것은 '지금'이라는 역사 상황에 어떤 물음을 던지게 되는 것일까? 바꿔 말하자면, 포스트구조주의, 오리엔탈리즘 비판, 포스트콜로니얼리즘 이후의 지적(知的) 상황에 있는 현재, 여전히 '계몽'을 언급한다는 것은 어떤 의의를 가지고 있는 것일까?

가토 슈이치

도쿠가와[德川] 시대의 '실학'에 대한 가토의 해석은 마루야마의 도쿠가와 사상사와 근대주의에 대한 대안(alternative)으로 파악할 수 있다. 마루야마는 오규 소라이(작위적 주체)에서 모토오리 노리나가[本居宣長](모노노아와레)에 이르는 사상의 흐름을 부감함으로써 근대적 주체형성이 좌절된 궤적을 그리려고 했는데, 가토는 미우라 바이엔, 도미나가 나카모토[富永仲基], 야마가타 반토 등 서민사회를 기반으로 했던 사상가들의 유물론적 사고에서 근대적 세계관의 맹아를 찾고자 했다. 가령 마루야마가 유럽의 부르주아 혁명을 염두에

두면서도 근대의 건전한 형성을 '자의(恣意)' 행위(행위수행주체라는 자각을 갖고 역사에 작용하는 인간의 탄생)와 관련지어 생각했다면, 가토는 합리적 자의구조, 혹은 이성의 작용 그 자체에서 근대의 탄생을 찾으려고 한 것이다.

예를 들어 가토는 미우라 바이엔이 서양의 천문, 지리, 의학에 영향을 받으면서도 주자학의 '음양'변증법에 기초하여 자연의 물질적 세계관을 만들어낸 철학자라고 묘사한다. 그는 음양의 대립적 운동에서 기(氣)가 생기고, 기는 천·지(天·地)의 세계구조를 중심으로 '움직임과 유지[轉·持]', '통함과 막힘[通·塞]', '상승과 하강[昇·降]', '백과 흑[白·黑]'이라는 이항대립의 관계성을 낳았다며, 이를 '반관합일(反觀合一)'의 원리라고 불렀다. 즉 상반된 물질이 만나 하나의 고급개념을 만드는 셈이다. 예를 들면 '천·지'가 합쳐져 하나의 우주를 구성한다는 식으로 가토는 바이엔의 이론을 헤겔의 변증법과 일치시키면서 아래와 같이 설명한다.

> '반관합일'이라는 관점에는 주어진 대상을 대상개념으로 분해해서 생각하는 과정(분석적 과정)과 대립하는 성질을 합쳐서 하나의 대상을 고찰하는 과정(종합적 과정)이 포함되어 있어, 대체로 헤겔의 변증법을 떠올리게 한다.[6]

6　加藤週一(1980), 『加藤週一著作集 日本文學史序說下』, 平凡社, p.160.

그리고 가토는 바이엔의 사고가 여러 구체적 예로부터 귀납적으로 명제를 도출하는 방법이 아니라 비교적 소수의 사실에서 직감(直感)한 근본적 명제로부터 반관합일이라는 변증법을 통해 연역(演繹)한 것이라고 설명하며 바이엔은 실증주의적이라기보다 철학적이었다고 결론짓는다.[7] 가토는 유물적 관념의 사고와 그것을 이끌어낸 변증법에서야말로 도쿠가와 시대의 근대적 맹아를 본 것이다. 이런 시선에서 가토가 연역적, 즉 근대적 사고의 보편법칙이나 논리를 전제로 계몽 이야기를 풀어냈다는 것을 알 수 있다. 가토의 해석에서 역사적 판단이 작용하는 부분은, 바이엔이 농촌에 근거지를 두고 농민의 일상생활을 무대로하여 스스로의 사고를 단련했다는 사실, 그리고 그런 사실이 그를 빈곤으로 고통받는 농민의 구제로 향하게 했음을 높이 평가할 때이다. 바이엔이 반관합일이라는 보편적 조리(條理)가 농촌사회 현실의 특수성과 구체성을 이끌고 있다고 보았듯, 가토도 또한 합리적 자의구조라는 보편적인 근대적 사고가 도쿠가와 일본이라는 특수한 사회에 현재화(顯在化)했다는 관점에서 사상사를 파악했다.

이처럼 가토의 계몽의 사상사에 보이는 보편주의와 특수주의의 인식적 구조는 야마가타 반토론에서도 찾아볼 수 있다. 가토는 반토가 신의 세계와 사후의 세계를 철저하게 부정한 유물론이 난학의 실증적 정신을 관철한 결과라고 단언하면서, 이는 서양문화의 모방이

---

7 앞의 책, p.161.

아니라 서양의 과학(천문, 지리, 의학)에 나타난 실증적 방법, 합리적 사고를 일본적 문맥에 독창적으로 적용시킨 결과라고 평가한다. 가토는 반토의 유명한 '신·불·유령이란 존재하지 않으며, 세상에 기묘하고 이상한 일 또한 없다'[8]라는 노래를 인용한다. 반토가 신관(神官)이 말하는 '신의 영험함과 영혼의 위엄[神驗靈威]'이라는 언설은 그들이 '우민을 속여 가족을 부양하고 부채를 갚고, 매일을 살아가기 위한 방편'이라고 생각했던 점을 언급하며, 가토는 이야말로 반토의 유물론을 가장 확실히 대변하는 것이라고 논한다.[9] 이런 방식으로 가토는 난학이라는 서양의 합리적·실증적 지(知)의 존재방식이 일본이라는 특수한 사회사정에 자리잡아 가는 과정을 그려간다. 그의 사상사는 헤겔적 변증법이든 난학의 합리주의든 서양 근대의 유물론(세속화)과 '이성'의 작용을 보편적 기준으로 조정(措定)하고 있음에 틀림없다. 그러한 보편·근대적 사고가 일본이라는 특수한 사회에 어떻게 뿌리내려 갔는가? 이 점이 가토가 계몽 이야기를 이끌어가는 시점이었다. 이는 다양한 근대의 시작을 찾아냈다는 의미에서 마루야마의 봉건유제론(封建遺制論)에 근거한 근대의 좌절과는 다른 관점(perspective)을 제공해 주었지만, 서양과 비서양, 보편과 특수라는 인식구조 자체를 갈아치우는 것은 아니었다. 가토는 마루야마와는 다른 의미에서 코스모폴리타니즘을 재생산하는 근대주의를 체현하고 있었다.

---

8   역주: 원문은 神佛化け物なし世の中に奇妙な不思議のことは猶なし.
9   加藤週一, 같은 책, pp.168-171.

데쓰오 나지타

가토와 마찬가지로 나지타도 근세사상사를 해석하는 데에 있어 근대주의와 마르크스주의가 공유하는 '봉건유제론'으로부터 비판적 거리를 유지했다. 그러나 가토와의 결정적 차이는 나지타가 '봉건유제론'에 숨겨진 근대 서양의 이상화라는 지극히 위험한 역사인식상의 결함을 감지하고 있었다는 점이다. 그 위험이란 '봉건유제론=일본의 특수한 왜곡'이라는 발상이 근대는 서양에서도 불완전했고 여러 모순과 왜곡을 낳았다는 사실을 간과하는 데 있었다. 나지타는 서양을 이상화하는 것으로 근대 일본의 왜곡을 특수화하는 것은 서양의 근대에 내재한 여러 폭력(인종주의, 성차별, 식민주의, 제국주의 등)의 구조와 경험을 은폐함으로써 비로소 가능하다고 지적한다. 한편 나지타는 서양중심주의에 의한 코스모폴리타니즘으로의 반동, 보복으로서 토착주의(nativism) 혹은 내셔널리즘에 대한 경고도 잊지 않는다. 부정의 부정이라는 변증법(즉 코스모폴리타니즘이라는 보편주의가 이른바 비서양사회를 부정한 것에 대한 부정으로 부상한 내셔널리즘)은 사실 보편주의와 특수주의의 상하관계를 전도시킨 것에 불과하고, 그 내용이나 의미를 근본적으로 탈구축하는 데에 이르지는 못했다고 나지타는 생각했다. 역사학이 근대가 낳은 고경(苦境)과 대치하고 그것을 극복하기 위한 비판적·창조적 가능성을 과거의 경험에서 발굴하기 위해서도 이 부정의 부정이 초래한 이항대립 구조로 부터 자유로워져야한다고 나지타는 주장한다.[10]

---

10 テツオ・ナジタ(2008), 『Doing思想史』, みすず書房, pp.193-195.

예를 들어 나지타가 계몽사상의 중심적 명제였던 휴머니즘을 재검토해야 한다고 할 때, 그것은 반휴머니즘이나 반근대주의, 또는 전통으로의 회귀를 시사하는 것은 아니다. 왜 휴머니즘은 인간이나 생명, 인권의 존엄을 부르짖으며 인간의 창조적 가능성이나 자립적·주체적 삶의 방식을 소외시키고 만물의 생명의 근원인 자연을 착취·파괴하는 데에 이르렀는가? 어째서 휴머니즘은 권리라는 명목하에 차별이나 억압을 당연시하는 것으로 하는 코스모폴리타니즘(서양중심주의), 배타적·독선적 의식을 부추기는 내셔널리즘, 사람들의 도덕적·윤리적 존재방식을 교활하게 조정하는 국가, 절대적 불균등이나 계급적 격차를 당연시하는 자본주의를 만들어 내고, 혹은 지지하는 결과를 낳게 되어버렸는가?

이런 물음에 대한 응답으로 나지타는 도쿠가와 시대에 생겨났지만 근대에 들어 이기적 합리주의(타자와 자연을 자신의 이익을 위해 목적화·수단화하는 것)나 그 제도적 표현인 시장주의적 사회 모델에 묻혀버린, 혹은 주변화[周緣化] 되어버린 휴머니즘의 계보를 찾아내려고 한다. 그가 그려낸 야마가타 반토는 모든 인간은 이성의 힘을 가지고 있다고 하면서도 지성의 유한성, 상대성, 다원성을 제창하는, 어떤 특정한 개인이 다른 인간보다 절대적으로 우월하다는 사태는 있을 수 없다고 주장하는 사상가였다. 또한 실증적으로 알 수 없는 것을 믿는 행위를 미신(혹은 불교, 신도비판)이라 하고, 그러한 것에 대한 과도한 커미트먼트(commitment)를 광신적 태도(예를 들면 국학 비판)라며 물리치고 타자에 대한 지배나 차별(식민주의)을 정당화하는 사상을 준엄하게 비판하는 사상가이기도 했다.

어떤 문화나 사회를 특권화하는 보편주의나 특수주의의 부정은 절대군주주의라는 입장에 대한 비판과도 연결되어 있었다. 반토는 하늘이 있어 왕이 있고, 왕이 있어 민중이 있고, 민중이 있어 나라가 있다는 유교가 제창한 권위주의적인 종적관계를 부자연스럽다고 보았고, 또한 신으로부터 천황이 태어나고, 천황이 국가를 만들고 일본인이 탄생했다는 모토오리 노리나가의 국학이 취한 역사관은 역사적 근거를 결여한 거짓이라고 논파했다. 반토는 먼저 자연의 은혜가 있고, 거기서 사람들이 사회와 문화를 만들어 내며, 그 과정에서 질서가 필요해지면서 왕도 만들어진 것이라고 생각했다. 자연(태양)이 모든 인간에게 평등하게 그 은혜를 베풀면서도, 상대적이고 지리적인 공간에 다양한 역사적·문화적 영위를 낳는 조건을 성립시키고, 사람들이 모이는 사회를 만들고, 정치질서를 형성하는 것이라고. 따라서 유교나 국학이 천 → 왕 → 제도 → 민(사회)이라는 흐름을 역사의 법칙으로 보았다면, 반토는 자연(천) → 민·사회 → 제도 → 왕이라는 social monarch, 혹은 입헌군주제(constitutional monarch) 같은 발상을 하고 있다고 할 수 있다.[11]

나지타에 의하면 이러한 태양설에 기초한 자연론, 그리고 인간 지성과 문화 상대주의는 인간이 자연 앞에서 완전히 평등하며, 자연으로부터 계속해서 배움으로써 이성적이고 윤리적인 삶의 방식을 획

---

11 Tetsuo Najita(1987), *Visions of Virtue in Tokugawa Japan*, University of Chicago Press, pp.259-261.

득할 수 있다는 입장으로 반토를 이끌었다.

　나지타는 마찬가지의 자연관을 니노미야 손토쿠에게서도 찾아낸다. 손토쿠는 자연이 있어 민(民)이 있고, 민이 있어 노동이 있고, 노동이 있어 조직이 있다는 순서로 유교의 권위주의를 비판한다. 그리고 인간의 본질은 노동하는 것이라며, 육체적 노동을 경시하는 신도, 유교, 불교를 거절했다. 특히 불교에 대한 비판은 엄격하다. 불교는 자연(自然)이라는 한자를 '지넨(ジネン)'이라 해석하며 사물이 저절로 흘러가는 것이라는 사고방식을 중시하고, 스스로 지성을 갖고 무엇인가에 주체적으로 개입하는 일을 경시한다. 인과율에 입각하여 자신의 깨달음이라든지, 다음 세계로 옮겨간다든지, 생명이 다한 후에 인간의 영혼이 어떻게 되는지 등에 관심을 두며, 결과적으로 사후세계를 중시한다. 그러니 일생 동안 육체적인 일을 높이 평가하지 않는다는 것이 손토쿠의 불교비판이었다. 나지타에 의하면 손토쿠의 노동이란 인간에게 생명을 허락한 자연에 대한 보은이고, 노동이야말로 생명을 길러내는 존엄한 행위였다. 손토쿠는 자연의 '법칙'을 가능한 한 경험적·실증적으로 파악하면서 합리적인 농촌부흥운동을 실행해가는 것이 자연의 은혜에 보답하는 유일한 길이라고 주장한 것이다.[12]

　나지타가 이른바 '실학'이라고 불려온 과거의 텍스트에서 읽어내는 이러한 '합리주의'에는 지적탐구, 윤리적 목적(타자의 존중과 구

12　テツオ·ナジタ, 『Doing思想史』, pp.108-121.

제), 감성·감수성의 융합이 존재한다. 이는 하버마스의 계몽사상에 대한 견해(본래 계몽사상의 이상은 지, 도덕, 감성이 상호 저해되는 일 없이 융합되고 있는 것인데 지, 도덕, 감성이 과학, 도덕, 예술이라는 전문영역으로 분화하고 서로를 저해할 때, 이기적이고 합목적적인 교활한 이성이 사회를 지배하기 시작한다는 견해)와 거의 일치한다고 할 수 있을 것이다. 그러한 계몽사상의 가능성이 근대에 들어 좌절되어 간 것을 하버마스가 '미완의 프로젝트'라고 불렀듯이 나지타 또한 잊혀진 계몽의 또 하나의 가능성을 '근대=미완의 프로젝트'로서 발굴해 내려고 한다. 나지타가 야마가타 반토로 대표되는 회덕당(懷德堂)[13]의 사상을 논하면서, 도쿠가와 시대 후기 후쿠자와 유키치로 대표되는 메이지[明治] 계몽사상과는 다른 가능성을 품은 계몽운동이었다고 주장하는 것도 이런 이유에서일 것이다. 1980년대·90년대에 포스트모던이 하나의 사상적 조류가 되고, 저명한 지식인이나 언론인들이 계몽사상에 근대의 죄과의 책임을 지우고 그 전면적 부정을 시도할 즈음, 나지타가 주의깊게 그 움직임에 귀를 기울이면서도 안이하게 동조하지 않은 것은 위와 같은 문맥에서 나온 것이겠다. 1995년『사상(思想)』2월호 '사상의 언어' 특집에 실은 「네이션·스테이트 재고」속에서 그는 다음과 같이 계몽사상의 유산에 대해 말한다.

20세기에 네이션·스테이트가 행한 잔학행위의 책임은

---

13   역주: 1724년에 오사카[大阪]에서 창설된 사숙(私塾)으로 서민교육을 중요시한 학교이다. 반토는 여기서 공부했다.

계몽주의라는 이름으로 알려진 과거의 권위적인 인식론적 체계에 있다. 사회과학이나 자연과학은 권력의 하수인이었음이 지적되고 있는 것이다. (…중략…) (그러나) 계몽주의는 정치적 휴머니즘이나 사회적 약자, 혹은 학대당하고 주변화된 사람들의 요구에 응답할 비전도 품고 있다. 현대사회는 다시금 그 사상사와 공명해야 하고 계몽주의의 모든 것을 버려서는 안 된다. 계몽주의는 진실된 의미에서 다성적(多聲的)인 것이므로.[14]

계몽주의는 분명히 이기적 합리주의의 이성 혹은 도구적 이성(instrumental reason)을 우선시하며, 말로 표현할 수 없는 야만행위(식민지지배나 홀로코스트), 그리고 시장이나 테크놀로지에 의한 인간 지배를 낳는 결과를 초래한 부분이 있다. 그러나 나지타는 그렇다고 해서 과거에 계몽이 품고 있던 풍부한 가능성마저 부정할 수는 없다고 말한다. 계몽이 낳은 야만은 계몽에 내재된 적극적 가능성에 의해 극복되어야 하며, 그 노력을 회피한 채 계몽사상 자체를 버려서는 안 된다는 것이다. 계몽사상 자체의 부정은 현대의 고경을 극복하기 위한 사상이나 가치의 전면적 부정으로 이어지고, 살아가는 존재로서 사회적 책임을 회피한 채 새로운 보수반동으로의 길을 열게 된다는 것이다. 이 점 역시 근대적 가치의 완전부정은 전통을 복

14　テツオ・ナジタ(1995),「ネイション・ステート再考」,『思想』二月號, 岩波書店.

고적으로 각성시키고자 하는 전(前)·반(反)근대주의=반동주의로의 길로 이어진다는 하버마스의 경고와 공명하는 지점일 것이다. 이러한 사상적 입장은 나지타나 하버마스에 한정된 것은 아니다. 예를 들자면 홀로코스트, 아메리카 대륙 정복 등의 연구로 알려진 츠베탕 토도로프도의 『Imperfect Garden – The Legacy of Humanism』(2002년)가 있다. 그 역시 프랑스 계몽사상가의 말 속에서 이기적, 합목적적 합리주의를 내파(內破)할 휴머니즘의 유산을 발굴하고 근대의 차질이 빚어낸 현대의 고경을 극복할 열쇠를 찾고 있다.[15] 자연, 역사, 미래를 제 것인 양 컨트롤하는 근대인의 교만과 자기과신이 현대의 비극과 대참사를 낳았다고 논하면서, 토도로프는 인간의 자립성, 자연까지 포함한 타자에 대한 존귀(尊貴)야말로 휴머니즘의 역사가 후세에 남긴, 지켜져야 할 유산이라고 말한다. 나지타가 '실학'을 독해하는 일관된 자세란, 이렇게 계몽운동에서 태어난 휴머니즘이 갖는 가능성을 복안적으로 끈기 있게 사고하고 비판적으로 계승해 나가는 와중에 근대의 차질을 극복할 힌트가 보일 것이라는 태도다.

이성이 자기이익이나 타자의 이용과 착취가 아닌 차별없는 세계의 창조를 위해 사용되어야 한다는 나지타의 비전은 그의 사상사가 새로운 휴머니즘의 계보학이 됨을 알려준다. 그가 그려낸 미우라 바이엔, 니노미야 손토쿠, 지히무진코[16], 그리고 근대의 협동조합으로

---

15 Tzvetan Todorov(2009), *Imperfect Garden: The Legacy of Humanism*, Princeton University Press.
16 역주: 지히무진코란 경제적 상호구제 조직이다. 코[講]는 일종의 계(契)의 형식으로 일정기간 회원들이 모은 적립금을 한 명씩 돌아가며 받게 된다.

이어지는 역사는 이성을 최대한 활용하면서도, 자연을 착취하는 것이 아니라 자연과 함께 자연 속에서 그 혜택에 감사하면서 살아가는 사람들의 사상이나 실천으로 가득 차 있다. 이는 최근 30여 년 사이 제3세계에서 많은 지지를 얻으며 급속도로 퍼져가고 있는 월경(越境)적 시민·노동운동과 연결되는 사상사라고 말할 수 있을지도 모른다. 나지타가 그리는 다노모시코[頼母子講][17], 지히무진코의 조직 원리와 사상적 입장은 세계화와 세계자본의 유동이 초래한 경제적 불균등과 사회적 부정의를 극복하기 위해 시작된 시민운동과 호응하는 점이 많다.[18] 예를 들어 토지를 소유하지 못한 1200만 명 이상의 브라질 농민으로 조직된 Movimento Sem Terra(movement of landless rural workers)는 경제적 이권을 독점하는 대지주와 그들을 배후에서 지지하는 세계은행, 세계무역기구의 간섭에 저항하며, 경작지 소유권의 획득을 위해 들고 일어나 어느 정도 성공을 거두고있다.[19] 여기서 중요한 점은 MST 운동이 만인의 평등과 행복을 추구할 권리를 국민국가의 법적권위나 그 이데올로기적 기반인 소유적 개인주의가 아니라, 공정무사(公正無私)한 자연의 권위에서 찾고 '상호부

---

17 역주: 다노모시코란 일본 중세에서 근세에 걸쳐 금융조합의 형태로 운용된 민간조직이다. 주로 농민들과 상인들로 구성되었고 상호구제를 목적으로 했다.

18 Tetsuo Najita(1996), "Traditional Co-operatives in Modern Japan – Rethinking Alternatives to Cosmopolitanism and Nativism," in Cynthia Hewitt de Alcantara ed., *From Social Futures, Global Visions*, Blackwell Publishers.

19 Miguel Carter(2015), *Challenging Social Inequality: The Landless Rural Workers Movement and Agrarian Reform in Brazil*, Duke University Press.

조'를 조직원리로 하여 자타의 공생공존을 지향하는 것이다.[20]

　이러한 새로운 휴머니즘의 비전은 근대 계몽주의가 인간(서구)의 이성을 신적 예정조화의 발현이라고 간주함으로써 인류(인종적으로 '백인'을 의미한다)의 보편적 총의(總意)의 가능성을 전제로 하는 입장에 대한 거절임을 확인해두고 싶다. 나지타가 말하는 계몽주의의 다성성(multi-vocality)은 마틴 제이(Martin Jay)가 역사적 해석에 관해 논한 바 있는, '타자와의 관계성에서 간주관적(間主觀的)인 대화로부터 생겨나는 〈진실〉'이라는 인식과 대응하고 있다.[21] 여기서 말하는 진실이란 보편적 이성에서 도출된 궁극적 진리와는 본질적으로 다르며 다양하고 잡다한 목소리를 아우르며 잠정적으로 느슨하게 형성된 합의와 같은 것이다. 따라서 진실은 늘 상대적이고 지속적으로 복수성을 지니며 논의, 논쟁, 투쟁 그리고 유용(流用)의 현장이기도 하다.

결론을 대신하여

　현대 정치상황을 생각해보면 이러한 계몽의 유산, 휴머니즘을 어떻게 다시 생각할 것인가라는 물음이 이전보다도 더욱 중요해진 듯하다. 예를 들어 미국이나 영국에서 포스트콜러니얼리즘이라는 입

20　나지타가 말한 "자연은 인권의 근원이다. 그러나 자연은 권리를 갖지 않는다"도 참조할 것. テツオ・ナジタ, 『Doing思想史』, pp.211-218.

21　Martin Jay(1992), "Of Plots, Witnesses, and Judgments," in Saul Friedlander eds., *Probing the Limits of Representation*, Harvard University Press, p.105.

장을 취하는 연구자들이 프란츠 파농(Frantz Fanon)이나 에메 세제르(Aimé Césaire), 호치민(Hồ Chí Minh)이나 체 게바라(Che Guevara)에게서 발견하는 것은, 유럽 계몽주의가 식민주의와 깊게 묶어져 있음을 날카롭게 비판하면서도 계몽주의에서 중요한 평등이나 자유, 자치나 독립이라는 개념을 급진적으로 재해석하고 탈식민지화를 위한 투쟁에 유용하는 지점이다. 이런 계몽사상의 탈구축과 유용행위에서 생겨난 새로운 휴머니즘의 비전을 프란츠 파농을 모방하여 new humanism 혹은 radical humanism이라고 부르도록 하자.[22] 한국의 식민지지배와 독재체제에 대한 오랜 레지스탕스의 역사가 보여주듯, 계몽사상이 처음에 약속했던 평등이나 자유의 원리를 이기적 이성(도구적 이성)의 지배로부터 구제하기 위해 투쟁해 온 것은 거의 모든 탈식민지화 운동에서 찾아볼 수 있다. 나지타가 '계몽주의는 정치적 휴머니즘이나 사회적 약자, 혹은 학대당하고 주변화된 사람들의 요구에 응답할 비전도 품고 있다'고 썼을 때, 그는 아마 이 투쟁의 역사를 계몽사상 속에서 보고 있던 것이겠다. 지금 우리들 눈앞에서 벌어지고 있는 홍콩, 타이완, 필리핀, 카슈미르에서의 투쟁이나, 미국이나 유럽에서 대두한 인종주의에 대한 저항을 이끄는 것 역시 radical humanism이 재정의하는 자유, 평등, 자립, 자치라는 말들이다. 근대의 차질의 역사를 돌아봄으로써, 다시 한번 근대가 망각했던 자연까지도 포함하여 모든 타자와의 공생공존의 비전을 제

22　Frantz Fanon(1967), "Introduction" and "Conclusion" in *Black Skin, White Masks*, Grove Press.

시하는 radical humanistic reasons의 가능성을 미래를 위해 확보하고
구출할 때가 온 것일지도 모른다.

참고문헌

丸山眞男(1953), 『日本のナショナリズム』, 河出書房.

加藤週一(1980), 『加藤週一著作集 日本文學史序說下』, 平凡社.

テツオ・ナジタ(1995), 「ネイション・ステート再考」, 『思想』二月號, 岩波書店.

安丸良夫(1996), 「日本の近代化についての帝國主義的歷史觀」, 『〈方法〉としての思想史』, 校倉書房.

石母田正(2003), 『歷史と民族の發見-歷史學の課題と方法』, 平凡社ライブラリー.

テツオ・ナジタ(2008), 『Doing思想史』, みすず書房.

Frantz Fanon(1967), "Introduction" and "Conclusion," in *Black Skin, White Masks,* Grove Press.

Stuart Hall(1992), "The West and the Rest: Discourse and Power," in Gieben B and Hall S eds., *The Formations of Modernity*, Polity Press.

Martin Jay(1992), "Of Plots, Witnesses, and Judgments," in Saul Friedlander eds., *Probing the Limits of Representation*, Harvard University Press.

Tetsuo Najita(1987), *Visions of Virtue in Tokugawa Japan,* University of Chicago Press.

Tetsuo Najita(1996), "Traditional Co-operatives in Modern Japan - RethinkingAlternatives to Cosmopolitanism and Nativism," in Cynthia Hewitt de Alcantara ed., *From Social Futures, Global Visions*, Blackwell Publishers.

Tzvetan Todorov(2009), *Imperfect Garden: The Legacy of Humanism,* Princeton University Press.

Miguel Carter(2015), *Challenging Social Inequality: The Landless Rural Workers Movement and Agrarian Reform in Brazil*, Duke University Press.

일본양명학의 시時·처處·위位 론의 특징

- 일본자본주의와 관련한 시론 -

최재목

서언

이 글은 일본양명학 그 가운데서도 시(時)·처(處)·위(位) 론이 일본 자본주의(資本主義. capitalism)와 어떤 연관을 갖는가를 다루는 것이다. 이 주제는 실증을 토대로 한 것이 아니라 특정 영역의 전통적 사유방식이 근현대의 사회와 어떻게 연결되는지를 살펴보는 이른바 시론적(試論的)인 것이다.

일본양명학은 일본의 자본주의에 직접 연결된 것은 아니다. 하지만 양명학의 시(時)·처(處)·위(位) 론이 '일본적'인 '자본주의' 성립과 전개라는 근저에 있는 사유의 형식이나 마인드와 통하는 점이 있을 것이라는 가정을 해보고, 이것을 전제로 논의를 해보려는 것이다.

우선 이 글에서 말하려는 자본주의는 16세기경 유럽에서 시작한, 이윤추구를 목적으로 하는 자본 지배의 경제체제를 말한다. 일본 자본주의에 '일본적'이란 말을 붙인 것은, 앞서 말한 대로, 일본이라는 지역이 갖는 '사유의 형식이나 마인드'를 가정한 것인데, 필자는 이 대목에서 스코틀랜드 도덕철학자이자 경제학자인 애덤 스미스(1723~1790)가 시장의 자기 통제를 강조한 이른바 '보이지 않는 손(invisible hand)'[1]이란 말을 염두에 두었다. 어떤 '보이지 않는 손'에 의해 일본의 자본주의는 〈일본 '답게/스럽게/적인 것으로서' 된 것〉으로 필자는 보고자 한 것이다.

애덤 스미스는 스코틀랜드 계몽주의(Scottish Enlightenment)의 아버지라 불리는 철학자 프랜시스 허치슨, 근대 경험주의 철학을 완성한 데이비드 흄과 긴밀한 교우 관계를 유지하며 서로 지적 자극을 주고받는다. 그는 인간은 이기적 존재이지만 본능적으로 타인의 행복과 불행에도 반응하는 이타적 '도덕 감각(moral sense)'이 구비되어 있다고 본다. 다만 그것은 여러 가지 가능성이 열려 있으며, 성선, 성악 어느 쪽으로 고정된 것이 아니기에(마치 존 로크가 말한 인간 白紙說처럼), 자연적 사회적 환경이 매우 중요하다고 본다. 인간의 이기심은 환경을 개선하려는 욕구를 낳아 노력을 하게 하지만, 이 노력이 제도적 조건과 만나 사회적 해악을 초래하기도 한다고 보았다.[2]

이러한 '도덕 감각'이라는 문제를 과거의 일본 자본주의에 적용

1　이 말은 애덤 스미스의 『국부론』 제4편 「정치경제학 여러 체계에 대하여」 속의 제2장 「국내에서 생산할 수 있는 재화 수입제한에 대하여」, 『도덕감정론』 제4부 「시인의 감정에 미치는 효용의 효과」 속의 제1장 「효용이 모든 기예품에 부여하는 미」 부분에 나온다[애덤 스미스, 유인호 옮김(2018), 『국부론 · I』, 동서문화사, 465면; 애덤 스미스, 박세일 · 민경국 공역(2018), 『도덕감정론』(개역판), 비봉출판사, 346면].

2　유인호, 「애덤 스미스의 사상과 학문 · II」[애덤 스미스, 유인호 옮김(2018), 『국부론』 II, 동서문화사], 1047-1051면. 참조.

해 볼수도 있는데, 일본적 경영을 주도하며 일본자본주의를 형성하던 '보이지 않는 손으로'서의 에토스는, 멸사봉공(滅私奉公)을 추구하던 '회사주의', 그리고 '생활을 공동으로 하는 경영체'라는 개념의 '이에[家. イエ]' 개념[3]을 기반으로 한다. '나의 회사' 발전에 자신의 장래를 맡기는 회사주의에는 종신고용제(정년까지의 고용보장 관행)·연공서열형 임금체계 같은 이에[家]형 공동체 집단문화를 튼튼한 기반으로 하며 국제경쟁력을 갖는다.[4] 그 기본 특성은 ①초혈연성, ②계보성, ③기능적 계통성, ④자립성 등이다.[5] 여기에다 일본 특유의 심성(국민성으로도 표현됨)인 '근면성, 성실성'[6]을 추가할 수 있을 것이다. 종신고용제-연공서열형 임금체계로 대표되는 이에[家]형 공동체 집단문화는 기계-기술 우위가 아니라 '인간' 우위를 살리면서 효율성과 전문화를 지속할 수 있는 장점을 갖는다.

　물론 자본주의 자체의 본질을 이해하기에 앞서, 그것을 가능하게 한 그 나라의 특수성을 지나치게 부각시키는 것은, 경제와 역사라는

3　이덕훈(2009), 『일본의 경제발전과 무사도』, 비엔엠북스, 153면, 참조. 물론 이에 개념은 고정된 것이 아니고 시기와 환경에 따라 변모하는 것이다. 박동석(2016), 「일본 '이에(家)'의 연구사적 고찰: 가족사회학을 중심으로」, 『일본어문학』75호, 일본어문학회. 참조.

4　미와 료이치, 권혁기 옮김(2005), 『일본 경제사 – 근대와 현재』, 보고사, 307-309면, 참조.

5　이덕훈, 『일본의 경제발전과 무사도』, 154-155면, 참조. 이 분석은, 村上泰亮·公文俊平·佐藤誠三郎(1979), 『文明としてのイエ社會』, 中央公論社. 의 논의를 기초로 하고 있다.

6　이에 대한 분석은 '速水融, 조성원·정안기 옮김(2006), 『근세 일본의 경제발전과 근면혁명』, 혜안'을 참고 바람. 하야미 아키라는 국민성 대신 '심성'이라는 말로 바꾸고 있다(같은 책, 307면).

보편적 관점을 간과할 가능성이 있음[7]을 부정할 수는 없다. 하지만 일본자본주의의 특성 가운데, 예컨대 과거 한국에서 도요타 생산방식과 같은 '일본적 생산방식'의 도입을 시도한 바 있지만, 노사관계 등 한국적 노동환경으로 변형 수정되었음을 확인할 수 있다.[8] 이 점은 자본주의가 보편적 특성을 갖는다고는 하나, '일본적', '일본화'와 같은 지역적 특수성을 무시할 수 없음을 잘 보여주는 대목으로 평가할 수 있다.

어쨌든 과거 경제대국 일본자본주의를 근저에서 움직이던 '보이지 않는 손'은 일단 '회사주의-이에'와 같은 일본적 도덕감각이 큰 역할을 했다고 본다. '잃어버린 10년'이라는 90년대 침체의 덫에 걸렸던 일본 경제[9]는 현재도 세계경제의 불안과 침체에 따라 영향을 받고 있으며, 과거의 영광을 꿈꾸며 다양한 회생을 시도하고 있는 중이다.[10] 후쿠시마 원전사고와 같은 자연 및 인공 재해, 초고령화 사회의 도래와 청년 생산 인구의 감소, 아시아 및 세계 경제-권력 지형도의 변모, 아울러 최근의 아시아 및 세계 국가 간의 무역 갈등과 마찰은 일본 자본주의를 새롭게 방향 잡도록 하는 주요 요인이 될 것으로 전망된다.

---

7   미와 료이치,『일본 경제사 – 근대와 현재』, 17면. 의 '역자(권혁기) 서문' 참조.
8   원인성,「일본적 생산방식의 국내도입 및 활용현황 그리고 그 정착의 가능성과 한계」[서울노동정책연구소(2010),『일본적 생산방식과 자겁장체제』, 새길]. 참조.
9   이에 대한 분석은 신랑 小林慶一郎·加藤創太, 전경련아주협력팀 역(2002),『덫에 걸린 일본경제』, 미디어. 참조.
10   과거와 현재의 일본 경제의 대강은 '淺子和美·篠原總一, 李在春 역(2009),『入門 日本經濟』, 이롬미디어'를 참고.

이 글에서는 먼저 〈이른바 '수토론(水土論)', '땅[地]'의 중시〉를 언급하고, 이어서 〈'일본화', '일본적'이라는 사유의 틀[型]〉을 논의하면서, 시론이긴 하지만, 일본자본주의의 특수성과 관련하여 약간 언급하고자 한다.

이른바 '수토론(水土論)', '땅[地]'의 중시

근대기의 아시아 세계의 큰 번민 중의 하나는 '자국=내부'에 도전해오는 '타국=외부' 즉 '서양'에 대한 대응이었다. 근대기에 등장했던 동양과 서양의 격투와 대응에서 나온 중국의 '중체서용론(中體西用論)'이나 조선의 '동도서기론(東道西器論)'에 대비되듯, 일본에서는 사쿠마 쇼잔(佐久間象山)이 '동양도덕(東洋道德), 서양예술(西洋藝術)'을 제창한다. 다시 말해서 동양(=일본)에서는 도덕이, 서양에서는 예술=기술이 뛰어나기에 주자학으로 표상되는 '동양의 도덕'을 잘 유지하면서 서양의 '예술=기술'을 적극 받아들이자는 주장이다.

東洋道德西洋藝	동양의 도덕과 서양의 예술.
匡廓相依完圈模	두 테두리가 서로 만나야만 원 모양이 되네.
大地周圍一萬里	큰 지구는 주위가 일만리나 되는데,
還須缺得半隅無	어느 쪽이든 그 반원이 없어서는 아니 된다네.[11]

쇼잔이 말한 '동양도덕'의 동(東) 혹은 동양(東洋)은 아시아 전체

11　『象山全集』第4卷, pp.242-243, 「小林又兵衛宛書翰」, 安政元年 3月付.

가 아니라 당시 아시아를 대표한다고 자부하던 '일본'을 의미한다. 서양에 무력한 중국의 파탄을 직시하며, 중국의 화이론(華夷論)을 일본적으로 변용하여 과거 중심=중국의 자리에 일본을 앉히고 동양의 맹주로서의 자신감을 표출해가고 있었다.

일본적 특성을 포함한 일본이라는 '지상적[地] 공간'의 우수성은 '수토론(水土論)'으로 표상된다.[12] 수토론은, 중국의 전통적인 천=시간성/지=공간성을 참고한다면, 해당 지역의 구체적 환경과 특수성을 사상적, 문화적으로 다시 영유(領有. appropriation. 專有라고도 함)하는 일이다. 수토론은 다른 말로 하면 일본적 '풍토론(風土論)'의 재구성이라 하겠다.

수토론은 니시카와 조켄[西川如見, 1648~1724]의 『일본수토고(日本水土考)』(享保5, 1720)[13]에 잘 드러나 있다. 니시카와 조켄은 에도시대 중기의 나가사키[長崎] 출신으로 천문·지리학자이다. 『일본수토고』는 그의 다른 저서 『수토해변(水土解弁)』과 아울러 지리적으로 선택된 훌륭한 나라 일본에 대해 말하고자 한다. 즉 일본이 아름다운 풍토를 가졌으며, 지리적 여건이 다름으로 인해 자연적으로 다른 여러 나라들과 구별되는 훌륭한 나라라고 하는 것을 논하고 있다.

---

12 아래 내용은 최재목(2010.8), 「'東'의 誕生 - 水雲 崔濟愚의 '東學'과 凡父 金鼎卨의 '東方學'」, 『陽明學』 26집, 한국양명학회 의 2장 7절: 「동의 우월성, 동양사상의 등장」. 앞부분을 수정하였음을 밝혀둔다.
13 이 책은 岩波文庫本으로 '水土解弁·增補華夷通商考'와 합본되어 간행되었다[西川如見, 飯島 忠夫·西川 忠幸 校訂(1944), 『日本水土考·水土解弁·增補華夷通商考』, 岩波出版社].

참고로 그의 또 다른 저서『증보화이통상고(增補華夷通商考)』는 나가사키에서 보고 들었던 해외의 여러 나라 사정을 주로 통상의 관점에서 서술한 지리서이다. 그는 서양에서 생산된 지구도(地球圖)의 지식과 유교사상에 내포된 '음양오행사상(陰陽五行思想)'을 연결시켜 '동이(東夷)'라는 개념을 일본적 각도에서 새롭게 읽어내고 있다. 다시 말하면 '서쪽[西]'에 위치한 아메리카주[亞墨利加州]를 '수토음악편기(水土陰惡偏氣)의 나라'로 보고 일본을 가장 '동쪽[東]'쪽에 위치시킨다. 그런 다음 "이 나라(=일본)는 만국(萬國)의 동두(東頭)에 있어 아침해(朝陽)가 처음으로 비치는 곳이며, 양기발생(陽氣發生)의 최초(最初), 진뢰분기(震雷奮起)의 원토(元土)"라고 하였다. 니시카와는 요컨대 '동쪽[東]'지역의 수토(水土)인 일본은 '생명의 발생' 지역이기 때문에 다른 곳보다 '우월한=특별한 장소'라는 인식을 논증하고, '양(陽)=목(木)=춘(春)=동(東)'이라는 전통적 오행 관념의 연상-결합을 만들어내고 있는 것이다.

이러한 수토론을 통한 '동(東)'의 우월성, 특수성 논의는 결국 '선민(選民)의식'을 부각시키고 있다. 나아가서 서구와의 만남을 통해서 동서의 구별을 절대화하고, 아시아 내부에서는 중국의 화이론을 일본 버전으로 바꾸어 아시아 차별 논의[脫亞入歐 등]를 강화해간다. 그 결과 '일본민족단결-국체론(國體論)-제국일본(帝國日本) 만들기'에 도달한다. 수토론을 통한 '동양'이란 개념의 영유(領有)는 과거의 '화(華)'라는 중심 위치에 '일본'을 확정하려는 이른바 시점(視點.

point of view)의 전환에 해당한다.[14] 이곳이 바로 모든 이야기가 시작
=발원되는 지점이라는 뜻이다. 예컨대 일본이 607년 중국의 수나라
황제에게 보낸 국서에서, 발송자를 '일출처천자(日出處天子. 해 뜨는
곳의 천자)'로 하고 수신자를 '일몰처천자(日沒處天子. 해지는 곳의 천
자)'로 했다는 것에서도 알 수 있듯이, 일본이 중국에게서 **빼앗고자**
했던 것은 '동쪽'이 상징하는 빛=문명국=선진국이었던 것이다.[15]

이처럼 일본의 수토론은 '중심으로서의 구체적 현실적 장소(to-
pos)' 확보를 그림자처럼 업고 있다. 그만큼 땅에 대한 집착-애착을
은유한다. 수토론이라는 개념과 그 논의는, 거슬러 오르면, 나카에
도주[中江藤樹, 1608~1648]와 구마자와 반잔[熊澤蕃山, 1619~1691]
같은 일본 초기 양명학자들에게서도 두드러진다. 아울러 그들은 수
토론과 같은 맥락의 '시처위론(時處位論)'을 제시하여 일본이라는 '국
가'의 현실적 구체적 장소의 특수성을 확보하고 있다.

'일본화', '일본적'이라는 사유의 틀[型]

일본 '답게/스럽게/적인 것으로서' 되기

일본 근대사에서 '일본화', '일본적'이라는 개념은 서양과의 만남

---

14 이러한 논의는 澤井啓一, 上村忠男ほか編(2002), 「水土論」的志向性 – 近世日本に成立した
    支配の空間のイメージ」, 『歷史を問う·3: 歷史と空間』, 岩波書店. 을 참조하였음.

15 임형택(2009), 『문명의식과 실학 – 한국 지성사를 읽다』, 돌베개, 23면, 참조.

을 통해 새롭게 발견되고 재조직화된다. 특히 메이지기 국민국가 건설 구상 가운데 '양명학(陽明學. ようめいがく)'이라는 세 글자가 재발견되고, '일본양명학파(日本陽明學派)'가 조직화·계보화 되고, 아울러 양명학 논의를 통해 일본사상의 '일본화' 및 도드라지게 일본적 특성을 보여준다는 의미에서 '일본적'이라는 개념을 탄생시킨다. '일본화'의 '화(化)'는 일본적 여건(수토/풍토)에 맞도록 '변화'하거나 '영유'한 것을 말하고, '일본적'의 '적(的)'은 일본이라는 조건을 상당히 만족시키거나 마치 일본 **답게/스럽게/적인 것으로서** 된 것을 말한다.

[표 1] 일본화-일본적인 것의 형성 과정

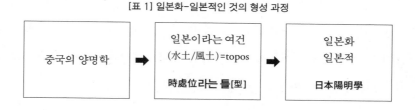

일반적으로 일본에서 '양명학파(陽明學派)'의 존재를 두고 찬반양론이 공존한다. 양명학파가 존재한다는 입장은 '이노우에 데쓰지로[井上哲次郎, 1856~1944]'와 그의 제자 '다카세 다케지로[高瀨武次郎, 1869-1950]'를 들 수 있다. 이들은 일본학계에서 '일본 양명학파'라는 용어를 가장 먼저 사용하고 아울러 그 계보를 개괄적으로 정리해냈다. 다시 말하면, 다카세는 메이지[明治]31(1898)년의 『일본지양명학(日本之陽明學)』에서, 그리고 이것을 기본으로 하여 이노우에는 메이지33(1900)년 『일본양명학파지철학(日本陽明學

137

派之哲學)』에서 나카에 도주, 구마자와 반잔, 미와 싯사이[三輪執齋, 1669~1744], 사토 잇사이[佐藤一齋, 1772~1859], 오시오 주사이[大鹽 中齋, 1793~1837, 大鹽平八郞으로 잘 알려져 있음] 등과 메이지 유신[明 治維新]의 위업을 달성한 영웅호걸들을 일본 양명학자 열전에 넣어 근세-근대를 연결하는 이른바 '일본양명학파'의 철학적 계보를 처음으로 기획, 탄생시켰다.[16]

이렇게 '일본+양명학+학파 → 일본양명학파' 및 '일본양명학파+ 철학 → 일본양명학파의 철학'이라는 조어가 기원한 사건은 메이지 30년대 일본의 국가주의-제국지(帝國知)를 주도하던 아카데미 내부의 핵심 이데올로그들의 창작물임을 환기할 필요가 있다. 아울러 '일본화', '일본적'이라는 개념화와 명명을 통해, 이전(구시대)의 관념과 구별하여 새롭게 〈일본 '답게/스럽게/적인 것으로서' 된 것〉을 천명하는 가운데 '양명학'을 부각시킨 역사적 사건도 병행한다.

예컨대 이노우에는 『일본양명학파지철학』에서 이렇게 말한다.

양명학의 기본을 말하면, 명(明)의 양명(陽明)에게서 나왔다고 하더라도, 일단 **일본에 들어오고 나서 곧바로 일본화 (日本化) 하여, 저절로 일본적인 성질(日本的の性質)을 띠게 되었다.** 만일 그 현저한 사실을 들면, **신도(神道)와 합일하는 경향이 있다.** 확충해서 이것을 말하면, **국가적 정신(國家的精**

16　이 부분은 '최재목·서승완·김용재(2019.05), 「일본 양명학의 현재-'도쿄'의 유적 답사를 통한 검증」, 『동양철학연구』98집, 동양철학연구회』를 참조.

神)을 근본으로 하는 추세가 있다. (…중략…) 일본의 양명학은 신도(神道)와의 관계를 제외하더라도 저절로 일본적 취미가 있는 것을 부정할 수 없다. 생각건대 **일본인은 본성이 단순성을 좋아한다.** 그러나 학문으로서는 양명학보다 단순한 것은 없다. **이간직절(易簡直截)이라는 참됨[洵]에 해**당한다. 이로써 일본인이 **양명학에 접하자마자** 그(=자신들의) 본성과 사물(=외래 학술)이 딱 들어맞아, 이것을 가지고서 저것을 받아들이고 저것을 가지고서 여기에 수용하며, **상호 융회하여 하나가 되었다.** (…중략…) 지나에서도 양명학파 사람들이 왕왕 뛰어난 절조[奇節]를 드러냈다. 그러나 **일본의 양명학파는 실로 활발한 사적을 이루고 혁혁한 흔적을 남겨서 지나의 양명학파보다 훨씬 뛰어나다.**[17]

이노우에가 명료하게 표현한 것은 중국의 양명학이 일본에 들어오고 나서 '일본화'하고, '일본적인 성질'을 띠게 되었는데, 그 예가 ① '신도와 합일하는 경향', ② '국가적 정신을 근본으로 하는 추세'라고 하였다. 그리고 ③ 일본의 국민성은 단순성, 간이직절을 좋아하며 이 점이 양명학과 통하여 상호융화 되었다고 본다. 그러나 ④ 양명학의 영유는 구체적인 사적으로 드러나며 중국양명학 보다 더 우월하다고 단언한다.

일본고유의 민족종교인 '신도와 합일'한다는 것은 외래의 어떤 형

---

17   井上哲次郎(1900), 『日本陽明學派之哲學』, 富山房, pp.573-574.

이상학이든 형이하학이든 간에 '일본'이라는 정신적-문화적-공간적 특수성인 '수토=풍토'라는 틀[型]에 흡수되어 전개되는 것을 말한다. '국가적 정신을 근본'으로 한다는 것은 '일본'이라는 '국가'와 그것이 지향하는 '이념, 주의'라는 틀[型]을 토대로 전개됨을 말한다. 따라서 일본화, 일본적이라는 것은 앞서 말한 대로 〈일본이라는 여건과 장소(水土/風土)=시처위(時處位)라는 틀[型]〉에 주조(鑄造)되어, 구체적인 것으로 분명하고 단순화되는 형태로 드러나서 〈일본 '답게/스럽게/적인 것으로서' 된 것〉이다.

덧붙인다면, 이노우에 데쓰지로는 이노우에 엔료[井上圓了, 1858~1919]와 더불어, '변화, 차별의 현상세계(=假想)'가 유일한 '실재(=實相. 진여, 평등)'라고 하는 '현상즉실재론'(現象卽實在論)을 주장한다.[18] 이 논리를 일본화, 일본적이라는 논리에 적용한다면, 신도가 있는 일본이라는 국가적 정신이야말로 절대정신이므로, 그것 빼고는 별다른 실재가 없다는 결론에 이를 수 있다. 이미 언급한 '일본민족단결-국체론(國體論)-제국일본(帝國日本) 만들기'에 기여하는 논리적 기획임을 알 수 있다.

아울러, 이노우에 보다 먼저 '일본양명학파'의 계보를 기획했던 다카세는『일본지양명학』에서 이렇게 말한다.

　　지나(支那)의 왕학자(王學者)는 그(=양명학의)(= 표시

18　이에 대해서는 '新田義弘, 斎藤繁雄 編(1988),「井上圓了における現象即実在論」,『井上圓了と西洋思想』, 東洋大學井上圓了記念學術振興基金, pp.79-102'를 참조.

는 옮긴이 주. 이하 같음) 고선적(枯禪的 = 몸이 마르도록 참선에 정진함 → 禪宗) 원소(元素)를 얻고 사업적(事業的 = 현실 사회의 정치·경제) 원소를 유실했다.

이에 반해 우리나라 양명학(陽明學)은 그 특색으로 일종의 활동적 사업가를 배출했다. 도주(藤樹)의 대효(大孝), 반잔(蕃山)의 경륜(經綸), 싯사이(執齋)의 훈화(薰化), 주사이(中齋)의 헌신적 사업에서, 유신 제호걸의 경천동지의 위업에 이르기까지 모두 왕학(王學)의 결실이 아닐 수 없다. 저 지나의 타락적 양명학파(陽明學派)에 반해서 우리나라의 양명학은 늠름한 일종의 생기(生氣)를 띠고, 겁쟁이도 뜻을 세우고 완고한 사람도 청렴해지는 기풍[風]이 있다. 이는 다른 것이 아니라, 양 국민의 성질이 그렇게 만든 바이다. 일본 국민의 성질은 저들(=支那)에 비해 의열(義烈)하고 준민(俊敏)하며, 게다가 현실적으로 기울고 실천적 성질이 풍부하다. 때문에 우연히 미묘(微妙)하고 유현(幽玄)한 이론을 얻어서 공구(攻究)하더라도 아직껏 문지기의 안쪽[闇奧 = 어둡고 깊은 곳. 추상적, 형이상적인 것]을 엿보지 않고 이에 곧바로 실행 여하를 따져보고서 만일 실행할 수 없을 것 같으면 결국 이것을 취하지 않는다. 따라서 현묘·정치(玄妙精緻)한 철리(哲理)도 일단 우리나라 학자의 두뇌를 통과하면, 곧바로 일본화(日本化)하여 일종의 천근(淺近 = 혼오闇奧의 반대. 구체적, 형이하적인 것. 얕고 가까운 것)한 것이 되어, 실행에 편한 부분만이 발달하

여, 추상(抽象), 순정(純正), 고상한 부분은 의심되거나 제거되어 발달을 보이지 않았다.[19]

이노우에 보다 먼저 다카세는 양명학의 '일본화' 및 일본적인 에토스나 마인드를 상징하는 기풍[風], '일본 국민의 성질(=국민성)' 즉 '실천적-실제적-현실적 민족적 성향'을 하나의 외부의 사상문물을 받아들이는 틀[型]로서 적시(摘示)한다.

다카세는 왕양명의 전기와 사상을 상세히 풀어쓴 『왕양명상전(王陽明詳傳)』(明治37, 1904)에서 왕양명의 사상을 간이직절(簡易直截)의 활용실학(活用實學)으로 보고, 현허공허(玄虛空虛)와 지리산만(支離散漫)을 치유하는 특효약처럼 여기고 있었다.

> 현허공허(玄虛空虛)에 빠지려 할 때 이것(=『왕양명상전』)을 읽으면 활용실학(活用實學)으로 돌아간다. 지리산만(支離散漫)에 흐르려고 할 때 이것을 읽으면 간이직절(簡易直截)에 돌아간다.[20]

어쨌든 이 당시 양명학은 사무라이(무사)의 나라 일본에 적합한, '일본적'인 것을 대변하는, 현실적, 실천적, 실용적, 행동적인 '실학'

19　高瀬武次郎(1898), 『日本之陽明學』, 鐵華書院, p.34.
20　高瀬武次郎(1904), 『王陽明詳傳』, 文明堂, 「序」, p.9.
　　참고로 이 책은 大正4(1915)년, 廣文堂書店에서 再版되며, 백암 박은식의 『왕양명선생실기(王陽明先生實記)』 집필에 영향을 미쳤다.

으로서 승인받으면서 메이지 30년대의 기풍을 표상하고 있었다. 이 대목은 — 비록 메이지기에 기획, 창조된 개념으로서의 '양명학'이라 하더라도 — 일본인 그 스스로가 일본화라는 한 '형식'을 잘 말해 주고 있는 셈이다. 이 형식은 '혼오(闇奧)=추상/순정/고상/현허/공허/지리/산만'의 외래적 요소를 '천근(淺近)=실제/실용/실천/단순/간편/간이/직절/활용/실학'으로 변환하는 기제이다.

이것을 일본 자본주의의 발달에 연결시켜 볼 때, 일본 근대기의 유교는 지식인들이 일상생활에서 활용하는 기초교양 정도였거나 아니면 전문학자들의 학문방법론과 연구 시각으로 각색되던 하나의 대상물이었지 그들(일본인)에게 체질화된 문화심리 체계까지는 도달해 있지 않았음을 이해할 수 있다.[21] 그래서 일본의 대중문화와 유교의 전통이 다르다는 주장도 가능하다. '일본이라는 수토=풍토=시처위'에 따라 외래의 것, 예컨대 중국의 양명학을 근대기 일본에서 새롭게 발견하듯, 외래의 자본주의 또한 일본적인 것으로 수용하여 전개할 수 있음을 보여주는 대목이라 하겠다.

다만, 유의해야 할 것은, 이 당시 일본에서 이해된 양명학은 적어도 '국민도덕'-'도덕주의'에 기여하는 것이지 이기주의-공리주의를 내용으로 하는 자본주의의 확립에 관련돼 있지 않다는 점이다. 예컨대 이노우에는 『일본양명학파지철학』에서 이렇게 말한다.

---

21 이와 관련한 논의는 '최재목(2006.10), 「韓國에서 '日流'의 現狀 - 특히 일류 붐의 '한계'와 그 극복방안 논의를 중심으로」, 『일본문화연구』 20집, 동아시아일본학회'를 참조.

유신 이래 세간의 학자, 혹은 공리주의를 창도하거나 이기주의를 주장하여, 그 결과가 미치는 곳은 간혹 우리 국민적 도덕심을 파괴하려고 한다. 이것은 애당초 그 학문이 철저하지 않음에서 나왔다 하더라도 국가의 원기를 좌절시키고, 풍습 교화[風敎]의 정수를 좀 먹는 해[蠹毒]가 아닐 수 없다. 공리주의와 같은 것은 국가 경제의 주의로서 본디 가능하다. 다만 이것을 개인에 관한 유일의 도덕주의로 하는 것은 불가능하다. 왜냐하면 그 경우에 도덕은 타율적으로 되어 조금도 심덕(心德)을 양성하는 데 효과가 없기 때문이다. 대개 공리주의는 사람을 사욕으로 이끄는 가르침으로서, 우리나라의 종래 신성시하는 심덕을 더럽히는[汚穢] 것이다.[22]

여기서 주목해야 할 점은, 외래의 것과 자생-토착의 것을 구별하고 외래의 것을 흡수하는, '일본의 수토=풍토, 나아가서 시처위'라는 인식 '틀[型]'이다. 예컨대 이것은 일본에서 마치 절분(節分) 때 콩을 던지며 "도깨비는 밖으로! 복은 안으로!(鬼は外! 福は內!)"라 외치며 잡신을 내쫓고 운을 불러들이는 일에 비유해보는 것도 좋겠다. 다시 말하면 외부의 것을 이해하는 틀은 도깨비같이 '어렵고 모호한 형이상적인 것(=혼오)'이거나 '좀 먹는 해[蠹毒]-더럽히는[汚穢] 것'

---

22   井上哲次郎(1900),「日本陽明學派之哲學序」,『日本陽明學派之哲學』, 富山房, p.3.

이니, 일본인의 깨끗한 국민적 도덕심=심덕(心德)으로 이것을 걸러 내어, 눈에 보이고 이익이 되는 형이하적인(=천근=친근) 것으로 조정되어 있다. 일본인들의 심덕은 이노우에가 언급한 '이간직절(易簡直截)이라는 참됨[洵. まこと]'이라 할 때의 '참됨' 즉 '마코토[誠]'로 정리된다.

마코토[誠] 중심, 황상제(皇上帝)에 절대적 순종·신앙화

성(誠)은『중용』에서 말한 대로 '하늘이 운행하는 도리(天之道)'이다. 하늘의 명(天命)을 받아 태어난 인간은 당연히 자신 속에 '하늘의 뜻=의지 혹은 원리(性. 明德)'가 들어와 있으므로 마음속의 그 '하늘의 뜻=의지 혹은 원리'를 받들며 살기 마련이다.

나카에 도주는 31세 때 〈명덕도(明德圖)〉[23]를 만드는데, 그 그림을 보면 심(心) 속에 천(天)이 들어와 있는 것이다. 그래서 그는 마음 '심' 자 속에다 하늘 '천' 자를 각인해 두었다. 디자인의 측면에서 본다면 심(心) 자 속에다 천(天) 자를 집어넣은 특징 있는 '인간학'의 표현이다([그림 1] 참조).

---

23   『藤樹集』권1, 岩波書店, 1940년, p.677.

[↑ 심(心) 자 속에 천(天) 자를
새겨 넣었음]

[그림 1] 도주의 〈명덕도〉[왼쪽]와 '심(心)' 자 확대[오른쪽]

나카에 도주는 처음에 경(敬), 지경(持敬)을 중시하였다. 이후 그
는 주자학적 원리=격법(格法)을 부정하고 또한 경을 버리고 성(誠)=
마코토를 지향한다. 격법은 격투(格套. 또는 格式)와 같은 말이다. 도
주는 스스로 만든 「숙어해(熟語解)」에서 '격투'를 "법식이라는 것(法
式ㅏ云コㅏ)"[24]으로 풀이하여, '격투=법식'으로 보고 있다. 격법(격
투)은 인간을 일정한 틀에 붙들고 얽매이게 하여 행동에 모가 나며
융통성이 없게 할 뿐만 아니라 마침내 인간이 본래 가지고 있는 활
발한 모습을 상실하게 한다는 중요한 자각을 하게 된다.[25]

도주는 왕수인(王守仁, 1472~1528, 호는 양명陽明)(이하 양명)의 학
설을 받아들이기[37세] 이전에 양명의 뛰어난 제자인 왕기(王畿,
1498~1583. 호는 용계龍溪)의 언설과 사상이 담긴 책『왕용계어록(王
龍溪語錄)』을 접하고서 그의 사상으로부터 영향과 자극을 받는다[33

---

24 『藤樹集』권1, 岩波書店, 1940년, p.593.
25 「연보」34세조,『藤樹集』권5, 岩波書店, 1940년, p.23.

세]. 그런데 도주는 왕양명의 여러 학설(심즉리心卽理, 지행합일知行合一, 치양지致良知 등)을 받아들임에도 불구하고 가운데서 '심즉리설'은 수용하지 않는다. 그는 유독 치양지설에 관심을 보인다. 하지만 치양지 세 자의 훈독을 '양지를 이루다(良知キイタス)'로가 아니라 '양지에 이르다(良知ニイタル)'로 하고 있다. 마음이 이치라는 명제는 그의 안목에 없었다. 오직 양지를 인격적으로 절대화하고 그 절대자에 '이르는'(=다가가는) 것을 목표로 한다.

왜 그런가? 이 대목을 좀 더 설명해두자. 도주는 인간을 창조/주재하며 생사여탈, 상벌을 담당하는 권능을 가진 천(天)과 그 피조물인 나약한 인(人)을 분리하고, 천을 군부(君父)보다 엄격한 '황상제(皇上帝)'로 규정한다. 아울러 황상제를 인간에게 연결시켜, 인간 내부에 상존하는 황상제의 분신=양지(良知)[26]로 본다. 따라서 황상제는 인간 밖에서 뿐만이 아니라 양지의 형태로 인간 내부에서도 감시·통제한다고 보았다. 결국 이렇게 해서 그의 사상은 '자력적'인 것이 아니라 '타력적'인 것이 되고 만다. 외부에 존재하는 타자(이치理 -성현의 말씀)를 거울삼아 거기에 항상 자기 자신을 비추어 보면서 스스로를 이성적으로 컨트롤해 가는 '지경설(持敬說, 경건함의 상태를 지켜간다는 이론)'은 수용하기 힘들게 된다. 지경설은 주자학=송학의 자율적이고 낙관적인 인간관을 대변하는 것이었다. 그래서 도주는 ─ 일찍이 왕양명이 주자학=송학의 '지경설'을 쓸모없는 군더더

26　도주는 양지를 본존(本尊), 태양(太陽), 명덕(明德)으로 보기도 한다.

기[=蛇足]라고 딱 잘라 비판하고[27] 성의(誠意)에 관심을 기울인 것처럼 — 지경에 관련된 송대의 여러 학설들이 '그럴 듯하게 경건한 척 폼만 잡는 것일 뿐[皆唯形容持敬之氣象而已]'이라는 등[28] 지경설을 비난하고 있다. 인간은 스스로 자기 자신을 통제할 수 없다는 타율적이고 비관적인 심학-인간학을 구축하는 방향으로 나아간다. 당연히 그는 '마음의 발동=의(意)'를 악마로 보고 '의마(意魔)'라는 말을 사용한다. 마음이 발동하는 그곳은 악마의 소굴인 셈이다. 당연히 의지의 발동은 태양 같은 양지의 빛남으로 '소멸'되어야만 하고[29] 항상 황상제와 같은 외적 절대자에 의해 통제되어야 한다. 그렇지 않으면 인간의 마음은 항상 악으로 흐를 가능이 열려 있다. 그것을 싹둑 제거하거나 꼭꼭 틀어막아야만 한다. 이런 내용들이 그의 독특한 '성의론(誠意論)'이었다.[30] 여기서 그는 '치양지'의 훈독을 '양지(=황상제)에 이르다'라고 하여 절대적인 존재 양지=황상제에 무조건 굴복하고 이르러야 함을 주장하게 된다. 이와 같은 무조건적인 도주의 양지신앙은, 그 이후 이른바 '도주학파'의 후치 오카야마[淵岡山]를 거쳐, 기무라 난바[木村難波]에 이르러 '(내 속에 들어와 있는 양지에 감사하면서) 이미 받잡은 것에 대해 기도하는=이타다키 이노루[戴祈]'

---

27 『傳習錄』上卷.

28 『藤樹先生全集』(이하 『藤樹集』) 권1, 岩波書店, 1940년, pp.684-687, 참조.

29 『藤樹集』卷2, p.183: "良知ノ太陽躍然ト發出シ, 惑ノ意魔當下ニ消滅シテ……"或は "太陽出テ纖塵コトゴドク照ガ如ク……."

30 이에 대해서는 崔在穆(2006), 『東アジア陽明學の展開』, ぺりかん社, pp.125-171. 및 pp.278-286, 참조.

설로 전개된다.[31]

그렇다면 마코토=성(誠)으로 향한 것은 어떤 의미일까. 이것은 보편적 원리를 자각하는 이성적 판단력이 결여된 채, 절대적 존재의 부름으로 나아가는 성실한, 순종적인 심성이다. 히틀러도 무솔리니도 도둑도 모두 자신이 지향하는 바가 보편적인 원리에 맞는지 어떤지를 망각한 채 스스로의 심정에 충실했다. 만일 이것이, 아래에서 논의하는 '국가+효'의 결합에 기여한다면 국가나 천황 같은 절대적 존재에 대한 '충+성'심, 무조건적인 신앙화를 부추길 것이다.

태허=국가[32]의 일체화와 '효=가족주의'의 문제

'국가+효'라는 결합이라는 것

일본 양명학에서 보이는 특징 중의 하나는 눈에 '보이는 것'과 '보이지 않는 것'을 구별하고, 후자를 '바깥'으로 밀어내어 경원시하며, 전자를 '안쪽'으로 끌어당겨 더욱 분절화(혹은 미분)하는 사상적인 서사(narrative) 구조를 갖는다는 점이다. 다시 말하면 추상적인 것은 절대화하여 신성시하고, 구체적인 것은 '국가'라는 장소를 확정하

---

31 이에 대해서는 '최재목, 이우진 옮김(2016), 『동아시아 양명학의 전개』, 정병규에디션, 335-345면.' 참조.
32 이와 관련한 내용은 논지 전개상 '최재목(1995), 「공허의 실학: 태허사상의 양명학적 굴절」, 『철학논총』11권, 새한철학회. 및 최재목(1996), 『동아시아의 양명학』, 예문서원, 166-184면'을 참조하여 관련 부분을 수정·보완하여 실었음을 밝혀둔다.

고 그 속에 존재하는 인간 개체를 위계화-서열화하여 하나로 묶는
다. 국가는 공간으로서 로고스이며, 그 내부를 이끌어가는 파토스가
'효(孝)'이다. 효는 국가를 이끌어가는 인간 개체들의 작동 심리이자
'국'을 '가'로 인식하며 일체감을 얻어내는(=충성을 요구하는) 에토스
이다.

'국가'라는 구체적 장소, 그리고 그 내부의 위계화-서열화의 구체
적 원리인 '효'가 결합하면, 예컨대 '이에(イエ. 家)' 공동체가 곧 일본
이라는 나라가 될 것이다. 이것을 현대 일본 자본주의와 연결시켜
본다면 회사 또한 '이에' 같은 공동체가 될 것이다.

'태허＝국가, 상제＝제왕'하의 일체화

일본양명학의 시조로 말해지는 나카에 도주는 바깥 세계=만물을
'태허(太虛)-천지(天地)-인물(人物)'의 세 가지로 분류한다. 이 셋을
나무 한 그루에 은유하여, 마치 나무가 '뿌리와 줄기[根幹]'-'꽃과 과
일[花實]'-'가지와 잎[枝葉]'으로 나뉘어 있는 것처럼 '하나=일체'로
본다. '태허(太虛)'는 '뿌리', '천지'는 '줄기', '사람'은 '꽃과 과일', '만
물'은 '가지와 잎'이라는 식의 식물적 은유를 동원한다.[33]

태허라는 것은 『장자』에서 언급[34]한 이래 북송(北宋)의 장재(張載,

---

33 『藤樹集』권1, p.246, "太虛天地人物, 一貫而分殊, 譬如一樹之有根幹花實枝葉之分, 太虛根柢
　　也, 天地幹也, 人花實也, 萬物枝葉也."
34 『莊子』, 「知北遊」, "不遊乎太虛."

1020~1077, 호는 橫渠)의 『서명(西銘)』 등에서 논의가 본격화되는데, 도주는 태허를 『서명(西銘)』에서 유래한 것임을 밝힌다.[35] '태허=무형, 천지=유형'이라는 논의의 틀을 도주는 태허 무형의 공간을 유형의 내부로 끌어들이며 위상을 재규정=재조정한다. 그는 「원인(原人)」에서 태허를 '국가(國家)'로, '상제'를 '제왕'으로 규정한다.[36] 이렇게 '태허=국가'라는 구체적 공간에서 이야기를 시작함으로써 — 이것은 앞서서 다카세 다케지로가 "『왕양명상전』을 읽으면 현허공허(玄虛空虛)에서 활용실학(活用實學)으로 바뀜"을 언급한 것처럼 — '허(虛)'라는 추상적 장소를 구체적 현실적 정치적인 '실(實)'의 장소로 변환하는 것과 오버랩 된다.

이처럼 '태허=국가'를 다스리는 '상제=제왕'의 기본 형식 속에서, 일군만민(一君萬民)의 피라미드식 국가경영 구조가 나온다. 태허-상제[다른 곳에서는 황상제(皇上帝) 등으로 표현]에 이어서 도주는 건곤(乾坤)을 공(公. 三公)에, 대군(大君)을 고(孤. 小師·小傅·小保)에, 육경(六卿)-제후(諸侯)-대부(大夫)-사민(四民)을 백공(百工, 百官)에, 금수초목(禽獸草木)을 식정(食政, 乳養之理)에, 오금벽옥(五金璧玉)을 화정(貨政)에, 일월성신(日月星辰)-풍우뢰정(風雨雷霆)-춘하추동(春夏秋冬)을 정교(政教)에, 오복(五福)을 상(賞)에, 육극(六極)을 형(刑)

---

35 『藤樹集』권1, 「原人」, p.128, "西銘自天地上說來."
36 「원인」에 나오는 '유황상제惟皇上帝'의 '황상제' 난외주(欄外注)에 "태허에 상제가 있는 것은 국가에 제왕이 있는 것과 같다. 그러므로 그 이름을 본땄다(『藤樹先生全集』권1, 「原人」, p.128, "太虛有上帝, 猶國有帝王, 故象之名.)"고 하고 있다.

에다 비유하고 있다.[37] 중국에서 규정된 자연 및 인위 질서의 명칭은 통일된 유기적 조직체(=국가) 내의 호칭으로 바뀐다. 이처럼 도주의 서사 형식은 인간-인위의 사회를 모델로 하고 있다. 그 원칙은, "추상적인 이치를 논의하여 이해하기 어렵다면 눈앞에 있는 것(=알기 쉽고 구체적인 것)에 비유하여 체인하는 것이 좋다(義理にて論じては合点ゆきがたければ,目のまえなることにたとえて體認したるがよく侯.)"[38]고 말한 대로 '구체성'이다.

황상제의 자손과 효

황상제가 주재하는 태허=국가는 구체적·현실적인 공간이자 절대 신성의 특정 장소이다. 태허=국가 속에 존재하는 만물은 절대적인 주재자인 황상제 아래에서 상대화된다. 아울러 황상제는 인간·만물의 근거, 근본, 천도(天道), 순수지선(純粹至善)[39]하며, 부모[40]라 할 수 있다. 이에 대해 인간·만물은 황상제의 '지엽'[41]이며 '자손'에 해당한다. 태허에 존재하는 모든 것에게 '효(孝)'는 시간과 장소를

---

37 『藤樹集』권1,「原人」, pp.128-129. "詩曰, 蕩蕩上帝, 下民之辟, 太虛惟厥國家, 乾坤惟厥公, 大君惟厥孤, 六卿諸侯大夫四民, 惟厥百工, 禽獸草木, 惟厥食政, 乃乳養之理也, 五金璧玉, 惟厥貨政, 日月星辰, 風雨雷霆, 春夏秋冬, 惟厥政敎, 五福惟厥賞, 六極惟厥刑.".

38 「翁問答」上卷之末, 40조[『中江藤樹』,『日本思想大系 29』, 岩波書店, 1974년, p.70. 이하 쪽수만 표시].

39 「翁問答」上卷之末.

40 『藤樹集』권1,「原人」, p.128.

41 「翁問答」上卷之末.

초월하여, 영원히 존재할 수밖에 없다.[42] 효에 대한 논의는 「오키나몬도(翁問答)」 및 「효경계몽(孝經啓蒙)」 등에서 잘 살필 수 있는데, 만물은 자신을 만들어준 부모인 황상제를 흠모·존숭[欽崇]하며 받아들여 활용해야[受用] 한다. 이러한 행위 전반을 도주는 '효행(孝行)'으로 규정한다.[43] 나아가서 그는 효는 천지가 생겨나기 이전에 존재하는 '태허'의 신도(神道)이며, 천지인 만물은 모두 효라는 원리에서 나왔다[44]고 한다. 이렇게 하여 도주는 효가 '덕의 근본'이며 "효는 태허에 꽉 차 있다"고 주장하기에 이르며[45] 효를 '신도'와 연결시켜 종교적 경지에까지 밀고나간다. 27세 때 그는 번주[=大名]의 허락 없이 탈번하여 고향인 오우미[近江]로 돌아와 버리는데, 그 명분이 '홀로 계시는 어머니를 봉양하기 위한' 것 즉 '효'였다[「年譜」 27세조 참조]. 이렇게 해서 그는 일본의 근대 사상사 기술에서나 수신교과서에서는 일본의 효를 상징하는 인물 즉 '효행의 사표(師表)'로까지 추앙되기에 이른다.

도주가 제시한 '나⇄부모⇄천지⇄태허의 신명=황상제'처럼 효를 원리로 한 만물일체론은 그 이후 구마자와 반잔에서도 오시오 주사이에서도 연속된다.[46]

---

42 「翁問答」上卷之末.

43 「翁問答」上卷之末.

44 『藤樹集』 권2, 「孝經心法」, p.615.

45 『藤樹集』 권1, p.308, p.37.

46 예컨대, 구마자와 반잔은 이렇게 말한다: "太虛は天地を生じ, 天地先祖を生じ, 先祖父母を生じ, 父母我を生ず." [『增訂蕃山全集』(이하 『蕃山集』) 권3, 明著出版, 1980년, 「孝經小解」, p.6. 이하 蕃山 관련 인용은 편의상 『熊澤蕃山』 『日本思想大系 30』(岩波書店,

153

어쨌든 일본 양명학에서 말하는 '태허'는 허무나 추상적 공간을 가리키지 않는다. 도주가 태허를 '국가'라고 규정하였듯이, 한정된 구체적 인간·만물 공공의 공간을 말한다. 이렇게 태허는 회사나 섬나라 일본 같은 구체적 공적 특수공간으로 재규정된 것이다.

일본양명학의 시처위(時處位)론

불변의 원리＝경(經) vs 변통의 원리＝권(權)

중국 사상사에서 경(經)과 권(權)의 문제는 핫한 주제였다. 예를 들면 순우곤(淳于髡)이 맹자에게 난처한 질문을 던졌다. 남녀유별의 예법에서 보면 남자 여자가 함부로 스킨십을 하면 안 되는데, 예컨대 형수가 물에 빠졌다면 손으로 끌어당겨 주어야 할지 어떨지를 물었다. 이에 대해 맹자(孟子)는 손으로 건져주는 것은 권도[權]라고 하였다.[47]

권(權)은 경(經)과 대비되며, 『논어』「자한(子罕)」편에 나오는 대로 권도는 쉽지 않은 것이었다.[48] 경은 날실＝종사(縱絲)이며 불변의

1971)에 따른다]. 아울러 주사이도 "夫人物之體性, 皆從天地之理氣生來, 本無二矣, 猶與
子從父母出來一般, 故曰, 乾坤, 人物之大父母也"(『洗心洞箚記』下, 104조, p.616)라 하고 있
다.

47 『孟子』「離婁·上」.
48 "함께 배울 수는 있어도 함께 도로 나아갈 수는 없고, 함께 도로 나아갈 수는 있어도
함께 꿋꿋이 지켜갈 수는 없으며, 함께 꿋꿋이 지켜갈 수는 있어도 함께 상황에 맞
게 일해 나갈 수는 없다"(可與共學, 未可與適道; 可與適道, 未可與立; 可與立, 未可與權).

상도로서 만사의 중심을 상징한다. 이에 비해 권은 씨실=횡사(横絲)이며 가변적이며 주변적 상황적인 것이다. 이 문제는 원칙론과 상황론(변칙론, 임기응변론)이다. 동기주의와 결과주의의 대립처럼 사실 결론내기가 쉽지 않은 원리이다. 그런 만큼 '권이 곧 도[權則道]'라는 논의는 중국에서나 그 영향권에 있던 조선의 유학에서 성립하기가 쉽지 않았다. 그런데 일본 양명학에서는 그 나라 풍토의 특수성·고유성에 대한 자각인 수토론=풍토론 나아가서 그것을 포괄하는 '시처위(時處位)'론을 배경으로 '권즉도(權則道)'론이 성립한다.[49] 일본 양명학에서는 '경이 곧 권'이라는 임시변통론, 상황윤리가 오히려 중심적으로 논의된다.

나카에 도주의 권즉도, 시처위론

나카에 도주는 '권' 외에는 별도로 '도'가 없다고 하는 독자적인 '권즉도론'을 주장한다. 이것은 하나의 원칙을 고수하기란 성립하기 어렵다는 것이다. 도주는 『오키나몬도』에서 체충과 스승(=도주 자신을 의인화)이라는 가상의 인물을 내세워 문답하는 형식을 취하여 이 문제를 논의하고 있다.

---

49 아래의 '시처위(時處位)'론 및 '권즉도(權則道)'론 내용은, 논지 전개상 '최재목, 이우진 역(2016),『동아시아 양명학의 전개』, 이우진 역, 정병규에디션, 제5부 제3장 (590-623면)'에서 기 번역된 도주 전집 등의 인용문과 관련 내용을 참고, 수정하여 인용하였음을 밝혀둔다.

체충: 순우곤이 "남자와 여자가 물건을 주고받는 것을 직접 하지 않는 것이 예입니까?"라고 묻자 맹자가 "그것이 예이다"라 하였습니다. 다시 순우곤이 "그렇다면 여기 형수가 물에 빠져 있다고 합시다. 손으로 끌어내야 합니까?"라고 묻자, 맹자가 "형수가 물에 빠졌는데도 손을 뻗어 구해주지 않는다면 이는 승냥이나 이리와 같은 짐승이다. 남녀가 물건을 직접 주고받지 아니하는 것은 예이고, 형수가 물에 빠졌을 때 손으로 끌어 잡아당기는 것은 권이다"라고 하였습니다. 그리하자 순우곤이 "지금 천하가 도탄에 빠져있는데 선생님께서 구원하지 아니함은 어찌된 일입니까?"라고 묻자, 맹자가 "천하가 빠지거든 도로써 구원하고, 형수가 빠지거든 손으로 구원할 것이니, 그대는 손으로 천하를 구원하고자 하는가?"라고 반문하였습니다. 이 『맹자』「이루·상」을 살펴보면 당연히 경(經)과 권(權)의 구별됨이 있음을 알아야 하지 않겠습니까? 어떻게 생각하시는지요?

스승: 한(漢)나라 유자(＝조기)의 '경(經)에 반하나 도에 합당한 것을 권으로 한다[權者, 善於反經矣]'는 설은, 이 『맹자』의 문장을 오인한 것이다. 이 장에서의 예는 예법을 가리켜 말한 것이다. 예법은 천하 만민이 일상생활에서 일반적으로 행하기 위해 일생동안의 다급한 업무들을 정한 것이다. 예가 아닌 '예기치 못한 사안[變事]'에는 예법이

없다. 도는 태허에 충만하여 몸[身]과 떨어질 수 없는 것이다. 본래 일생 일용의 예법이 모두 도이다. 또한 예가 아닌 예기치 못한 사안을 처리하는 도의[義]도 도이다.

권이란 이러한 도의 총명이다. 때문에 예법은 원래 권이지만, 일의 모양이 정해지고서 형식이 있기 때문에 권이라고 이름 부치기 어렵기에 법이라고 이름붙인 것이다. 형수가 빠진 것은 특수한 사태이기에, 어떻게 구하라는 예법이 없다. '물에 빠진 형수를 손을 뻗어 구해주는 것이 예이다'라고 말하지 않고 권이라고 하는 것이다. 권은 도의 총명이다. '권은 도[權卽道]'이고 '도는 권[道卽權]'이다. 때문에 이것이 도임을 말하려고 했기에 권이라고 했던 것이다. (…중략…) 경도 권도 동일한 도의 총명이다. 그러므로 경과 권의 분별함이 있다고 말해서는 안 된다. 예법과 권은 약간의 차이가 있다고 말할 수가 있다. 그러나 예법은 본래 권도의 절문으로, 시중(時中)에 합당하게 활용한다면 예법도 곧 권이다. 만약 시중에 맞지 않게 활용한다면, 권에 위배되어서 예가 아닌 예[非禮之禮]가 된다. 결국 예 외에 권은 없고, 권 외에 예가 없다. 권과 예라는 이름과 뜻은 약간의 차이가 있지만, 사실은 하나의 이치[一理]이다. 꼼꼼히 살펴보아야 할 것이다.(『翁問答』下卷之末)

도주의 주장은 유교 텍스트에서 정해둔 예의작법은 그 지역의 사람들이 처한 '때[時]·장소[所]'라는 구체적 상황을 무시하고 답습할 바는 아니라고 보았다. 도주의 시처위론에 근거한 권도론은, 그가 일본의 한 사람으로서 저 '중국'문화(특히 주자학)의 원칙주의[格法]에 부딪혀서 이를 해결해가는 체험에서 나온 것이다. '경은 권'이라 하며 또 '예법도 권'이라는 도주의 주장은 '정법(定法)'이란 없다는 상대적 관점에 서 있다, 당연히 유가경전에 실려 있는 예의작법은 중국의 역사 속에서 형성된, 그들 사유의 산물이라는 것이다.

유교 서적에 실린 예의작법은 때·장소·사람에 따라 그대로는 행할 수 없는 것이다. 유교 서적에 실린 예의작법은 대개 주대(周代)에 제작된 것이다. 이 예의작법을 조금도 틀리지 않게 지금의 일본에서 지위[位]도 없는 자가 행하기란 어렵다. 예컨대 가령 지위가 있는 사람이 행한다하더라도 있는 그대로 조금도 틀리지 않게 행할 수는 없다. 대당(大唐)에서 행한다 하더라도 조금씩 가감하지 않고서는 행할 수 없는 것이 도리인 것이다.

복희에서 주대에 이르기까지 대대로 성인이 제작한 예의작법은, 그 시대에는 잘 상응하여 중용의 예법이 되었을 것이다. 하지만 시대가 변하고 때가 바뀌어서는 크게 지나치거나 미치지 못한 폐단이 있어서 가감하지 않고서는 합당하지 않다. 그래서 **만세에 통용되는 정법은 많지 않다.**

앞에서 논한 것처럼, **예의작법은 때·장소·사람에 따라서 변하는 것이다.** 똑같은 예법에만 친숙한 것을 참 됨을 기쁘게 구하나 법에 떨어지는 것[欣眞落法]이라 하여 크게 꺼리는 바이다. 은대(殷代)는 하대(夏代)의 예의작법을 새롭게 가감하고, 주대에는 은대의 예법을 가감했던 것을 마음에 새겨야 한다. 초학 때부터 권도를 목표로 하지 않으면, 이는 잘못으로 의심해 봐야한다. **유교 서적에 실린 예의작법을 조금도 틀리지 않게 남김없이 행하는 것을 유도를 행한다고 생각하는 것은, 커다란 잘못이다. 예컨대 유교 서적에 실린 예의작법을 조금도 틀리지 않게 모두 행한다는 것도, 그 행하는 바가 때·장소·지위에 딱 들어맞는 도리가 아니라면, 유도를 행하는 것이 아니라 이단이다.** 그 행하는 바가 때에 상응하고 딱 들어맞는다 해도, 그 마음에 명리(名利)를 추구하는 사사로움이 있으면, 이는 가짜 유자로 소인배라고 말해야 한다. 군자의 유학자가 아니다. 가령 또 그 행하는 바가 유서에 실린 예의작법과 틀리더라도, 그 일에 중용의 천리에 맞으며 그 마음에 사욕이 없고, 성현의 심법(心法)에 들어맞는다면, 유도를 행하는 군자이다. 이처럼 예의작법에 무젖어 있지 않고 진실한 유도를 행한다면, 어느 나라에서건 행하기 어려운 것이 없을 것이다.(『翁問答』, 下卷之末.)

예의작법은 때[時]에 따르고 장소[處]에 처한 사람에 따라 변하는 것이다. (…중략…) 그것을 행하는 '때[時]·장소[所]·지위[位]'에 상응하여 적절한 도리를 행하지 않는다면, 이는 유도를 행하는 것이 아니다. 이단이다.(『翁問答』下卷之末.)

도주는 '중국'이라는 풍토를 배경으로 성립한 중국식의 예의작법
은 일본이나 다른 나라의 때[時]·장소[所]·지위[位]를 고려하지 않
고 적용할 수 없으며, 그래서도 안 된다는 입장을 보이고 있다.

잠시 여기서 정리해 둘 것은 도주가 말하는 '시처위'의 '시'는
'천'(시간성)을, '처'는 '지'(공산성. 수토=풍토)를, '위'는 '인'(인간)을
말한다.

[표 2] 시처위와 천지인의 대비

천(天)	천시(天時)	시(時)	시간
지(地)	지리(地利)	처(處)	공간
인(人)	인위(人位)	위(位)	인간

도주는 『중용』 30장의 "위로는 천시(天時)를 지키고, 아래로는 수
토(水土)의 도리를 좇았다(上律天時, 下襲水土)"라는 문장에 근거하여
이렇게 말한다.

> 유자의 도는 법(法)으로 안착되거나 행적에 친숙하지
> 않아 위로는 하늘의 때[天時]를 지키고 아래로는 수토(水
> 土)에 따른다. 이는 지선(至善)에 머무는 것을 근본으로 함
> 을 열어 보이는 것이다.(『翁問答』, 下卷之末.)
> 시(時)는 천시(天時)로서 춘하추동이지, 결코 운명[命
> 運]의 불운과 행운을 말하는 것이 아니고, (…중략…) 학
> 문도 이 수토(水土)의 지리(地利)를 아는 것이 중요하다는

것을 밝혀야 한다. (…중략…) 학문도 정치도 사람의 지위 [人位]가 가진 직분을 아는 것이 중요함을 체인(體認)해야 한다.(『翁問答』, 上卷之末.)

　도주의 '시처위'는 '천지인' 삼재(三才)에 대응한다. '수토'란 일본의 풍속이 작용하고 있는 구체적 장소이기에 마땅히 일본의 '때·장소·지위'='시처위'='수토'에 따라 예의작법이 응용되어야 한다는 것이다.

　일본의 근대기 메이지 유신이라는 것, 나아가서 자본주의의 수용에도 서세동점의 흐름을 이러한 일본적 형식 속에 담아내는 과정이었다고 봐도 될 것이다.

구마자와 반잔의 '인정사(시)변(人情事(時)變)'론

　나카에 도주의 '시처위'론을 배경으로 하는 '권즉도'론은 구마자와 반잔에 계승되며, '인정사(시)변(人情事(時)變)'론과 '수토'론으로 재생산되어 나온다. 따라서 반잔이 말하는 '인정사(시)변'론이나 '수토'론은 일본이라고 하는 나라의 풍토가 지니는 특수성·고유성을 부각시키려는 논의이다.

　반잔은 그의 문하생이 "선생의 논의는 양명 선생께서 전하신 말씀과 같은 듯합니다."라고 묻자 그는 "나는 주자에게도 취하지도 않고 양명에게도 취하지 않았다."(『集義和書』卷8, 「義論之一」)고 하여 주자와 왕양명 어느 쪽도 따르지 않는다는 관점을 보여주고 있었다. 이것도 그의 '인정사(시)변'론에 합당한 관점이라고 하겠다.

반잔은 인정풍속에 나타나는 것을 '수토'로 본다. '수토'는 풍속과 독립되어 있는 존재가 아니며 그 속에 언제나 풍속의 모습을 담고 있다고 보았다. 그의 '수토론'은 다음의 「수토해(水土解)」에 잘 정리되어 있다.

> 예법은 성인께서 시소위(時所位)에 의거하여 제작한 것이기에, 모든 고금을 통하여 관철시키기는 어렵다.(『集義外書·補』)

> **신도(神道)·유도(儒道)·불도(佛道)라는 삼교의 교리는 서로 다르다. 각각의 교리는 일본·당국(唐國=중국)·천축(天竺=인도)이라는 다른 수토에서 나왔으며, 각자가 처한 '시처위'에 상응하여 전개된 것이다.** 실례로 장제례(祭葬禮)를 들면, 화장 방식은 비록 천축의 '수토'에 적합하며 일본의 '수토'에도 적합한 방식이다. 본래 일본의 신도는 상고의 간이(簡易)한 시대에 지인용(知仁勇)이란 세 가지 덕을 세 종류의 신기(神器)로써 상징한 것으로, 유교의 경전 『중용』을 통해 그 취지를 해석해 볼 수 있다. 이와 같이 장제례는 천축에서, 문자·기물·이학은 당국(=중국)에서 빌릴 수 있지만, 빌려 줄 수도 빌릴 수 없는 것들이 있다. 다시 말하면, **일본인에**

게는 '일본의 수토'에 적합한 신도이고, 당국인(=중국인)에게는
'당국(=중국)의 수토'에 적합한 유교이고, 천축인(=인도인)에게는
'천축(=인도)의 수토'에 적합한 불교이다.(『集義外書』卷16.)

유교 예법은 중국에서 조차 시대[時]가 달라지면 행하기 어려운 것이다. 신도·유도·불도는 각 지역의 다른 수토에서 나와서 성립한 것이다. 물론 '화장'처럼 취사선택할 것도 그 수토에 따른 것이다.

맺음말 : 일본자본주의와 관련한 해석

이상에서 논의한 것을 일본 자본주의와 연관시켜가며 정리하면 다음과 같다.

첫째, 외래의 사상이 일본고유의 민족종교인 '신도와 합일'한다는 문제이다. 이것은 외래의 어떤 형이상/하학이든 '일본'이라는 정신적 문화적 공간적 특수성인 '수토=풍토'라는 틀[型]에 흡수되어 전개되는 것을 말한다. 무엇이든 일본에 전래된 것은 '일본'이라는 '국가'와 그것이 지향하는 '이념, 주의'라는 틀[型]을 토대로 전개된다는 점은, 수토=풍토론이 일종의 '보이지 않는 손'과 같다고 볼 수 있다. 수토=풍토는 일본화, 일본적이라는 것의 형성을 의미하며, 일본이라는 여건과 장소(水土/風土), 나아가서는 시처위(時處位)라는 틀[型]에 주조(鑄造)되어서 구체적인-분명한-단순한 형태로 드러나서 '일본 '답게/스럽게/적인 것으로서' 되는 것'을 말한다.

둘째, '참됨' = '마코토[誠]'을 중심으로 하는 것의 문제이다. 마코토=성(誠)으로 향한 것은 어떤 의미일까. 이것은 보편적 원리를 자각하는 이성적 판단력이 결여된 채, 절대적 존재의 부름으로 나아가는 성실한, 순종적인 심성이다. 좀 더 구체적으로 말하자면, 히틀러도 무솔리니도 도둑도 모두 자신이 지향하는 바가 보편적인 원리에 맞는지 어떤지를 망각한 채 스스로의 '심정'에 충실했다. 만일 이 마코토가 아래에서 논의하는 '국가+효'의 결합 내에서 작동한다면 국가나 천황 같은 절대적 존재에 대한 '충+성'심, 무조건적인 신앙화를 부추길 것이다. 다시 말해서, 출격 명령을 기다리는 가미가제 특공대처럼 어디로 향할지는 정해져 있지 않지만 만일 지휘자가 출격을 명령한다면 어디든 향할 무서움을 숨기고 있다. 타율적 행위의 위험성이다. 국가나 천황 같은 절대적 존재를 향한 '충+성'심이 무조건적 신앙화로 표출되는 것도, 회사에 종신고용되어 절대 헌신하는 것도 가능하다.

셋째, 국가와 효의 결합 건에 대한 것이다. 국가는 공간으로서 로고스이며, 그 내부를 이끌어가는 파토스가 '효(孝)'이다. 효는 국가를 이끌어가는 인간 개체들의 작동 심리이자 '국'을 '가'로 인식하며 일체감을 얻어내는(=충성을 요구하는) 에토스이다. '국가'라는 구체적 장소, 그리고 그 내부의 위계화-서열화의 구체적 원리인 '효'가 결합하면, 예컨대 '이에(イエ. 家)' 공동체가 곧 일본이라는 나라가 될 것이며, 현대 일본 자본주의와 연결시켜 본다면 회사 또한 '이에(イエ. 家)' 같은 이익 공동체가 될 것이다. 국가는 하나의 병영(兵

營)과 같으며, 병영이 곧 회사와 같을 수도 있다. '국가'와 '효'의 결합은 현대 일본 자본주의 꽃인 기업에서 '회사 + 연공서열화 된 종신 고용의 직원'과 연결시켜 이해할 수 있다. 국가는 인위적 개체의 공간적 연결[가→국=국가]로서 표상되지만, 민족은 자연적 신체의 시간적 연결[조상→자손=민족]로서 표상된다. 국가에서는 조직 내에서의 인위적 직급(연공)의 위계와 소속-귀속의 느낌[感]이 중요하고, 민족에서는 핏줄 내에서의 자연 나이(연령)의 순서와 연대-동질의 느낌[感]이 중요하다. 보통 한국인들이 '민족'/'민족주의'라는 자연적-혈연적-정감적-시간적-통합적 언어에 민감하게 반응하는 데 비해, 일본인들은 '국가'/'국가주의'라는 인위적-지연적-이지적-공간적-분화적(분절적) 언어에 민감하게 반응한다.

넷째, 일본이라는 지역(수토=풍토)에 맞도록 '가시적=비쥬얼한 것'으로 변환하지 않으면 불안-불편함을 느끼는 건이다. 예컨대 최근 일본을 방문하는 중국, 한국 사람들에게 '관광공해(觀光公害)'라느니 하여 '관광매너조례'를 만든다는 것을 보면 '일본의 수토=풍토 나아가서 시처위'라는 인식 '틀[型]'이 현재에도 여전히 지속됨을 알 수 있다. 아울러 일본 양명학에서 말하는 태허는, 허무이거나 추상적 공간을 지칭하지 않는다. 앞서 도주가 태허를 '국가'라고 규정하였듯이, 한정된 구체적 인간·만물 공공의 공간이다. 그 공간은 황상제가 다스리는 특수한 장소이다. 장소는 그냥 막연한 장소가 아니라 항상 절대적으로 주재하는=관리하는 사람이 있다. 그 관리자의 컨트롤에 따라 조직이 움직인다.

다섯째, 일본 양명학에서는 경(經)이 철저히 상대화되어 결국 '권(權)이 곧 도(道)'라는 이른바 '권즉도론(權則道論)'이 성립한 의미에 대해서이다. 권즉도론은 외부의 것은 일본의 특수성·고유성의 자각 즉 '각각의 때[時]·장소[所]·(사람의) 지위[位]에 따라 달라진다'는 '시처위론(時處位論)'과 연계되어 있다. 시처위론은 임시변통론, 상황윤리이지만 그 자체를 정도[經]로 인정하는 논리이다. 그래서 권즉도론은 일본이라는 수토=풍토를 강조하는 논의와 결합하면, 선민사상, 국체론, 일본 제일주의, 나아가서는 아시아의 특수한 존재자 같은 사유를 만드는 근거가 될 수 있다.

참고문헌

『中庸』,『四書大全』, 山東友誼出版社, 1989.

『孟子』,『四書大全』, 山東友誼出版社, 1989.

陳鼓應(1991),『莊子今注今譯』, 中華書局.

王守仁(2011),『伝習錄』,『王陽明全集』(新編本), 浙江出版聯合集團 · 浙江古籍出版社.

中江藤樹(1940),『藤樹先生全集』, 岩波書店.

中江藤樹(1940),『翁問答』,『藤樹先生全集』, 岩波書店.

中江藤樹(1940),『孝経講義』,『藤樹先生全集』, 岩波書店.

中江藤樹(1974),『中江藤樹』,『日本思想大系 29』, 岩波書店.

熊澤蕃山(1980),『增訂蕃山全集』, 明著出版.

熊澤蕃山(1971),『熊澤蕃山』,『岩波思想大系 30』, 岩波書店.

熊澤蕃山(1971),『集義和書』,『岩波思想大系 30』, 岩波書店.

熊澤蕃山(1971),『集義外書』,『岩波思想大系 30』, 岩波書店.

佐久間象山(1934~1935),『象山全集』, 信濃毎日新聞.

미와 료이치, 권혁기 옮김(2005),『일본 경제사 – 근대와 현재』, 보고사.

서울노동정책연구소(2010),『일본적 생산방식과 자겁장체제』, 새길.

速水融, 조성원·정안기 옮김(2006),『근세 일본의 경제발전과 근면혁명』, 혜안.

애덤 스미스, 유인호 옮김(2018),『국부론』, 동서문화사.

애덤 스미스, 박세일·민경국 공역(2018),『도덕감정론』(개역판), 비봉출판사.

이덕훈(2009),『일본의 경제발전과 무사도』, 비엔엠북스.

임형택(2009),『문명의식과 실학 – 한국 지성사를 읽다』, 돌베개.

최재목(1995),「공허의 실학: 태허사상의 양명학적 굴절」,『철학논총』11권, 새한철
        학회.

최재목(2006.10),「韓國에서 日流의 現狀 – 특히 일류 붐의 한계와 그 극복방안 논의
        를 중심으로」,『일본문화연구』20집, 동아시아일본학회.

최재목(2010.8),「'東'의 誕生 - 水雲 崔濟愚의 '東學'과 凡父 金鼎卨의 '東方學'」,『陽明學』 26집, 한국양명학회.

최재목, 이우진 옮김(2016),『동아시아 양명학의 전개』, 정병규에디션.

井上哲次郎(1900),『日本陽明學派之哲學』, 富山房.

澤井啓一, 上村忠男ほか編(2002),「「水土論」的志向性 - 近世日本に成立した支配の空間のイメージ」,『歷史を問う·3: 歷史と空間』, 岩波書店.新田義弘(1988),「井上圓了における現象即実在論」, 斎藤繁雄 編,『井上圓了と西洋思想』, 東洋大學 井上圓了記念學術振興基金.

高瀬武次郎(1898),『日本之陽明學』, 鐵華書院.

高瀬武次郎(1904),『王陽明詳傳』, 文明堂.

崔在穆(2006),『東アジア陽明學の展開』, ぺりかん社.

西川如見, 飯島 忠夫·西川 忠幸 校訂(1944),『日本水土考·水土解弁·增補華夷通商考』, 岩波出版社.

공공公共하는 인간 니노미야 손토쿠[1]

가타오카 류

나는 소생이며 생명이다

니노미야 손토쿠[二宮尊德]가 숨을 거둔 해, 안세이[安政] 3년 (1856) 섣달 그믐날 일기에 다음과 같은 글이 기록되어 있다.[2]

> 선생, 질병에 누워, 제자를 불러 말하기를, "새가 죽을 때 울음소리가 슬프고, 사람이 죽을 때 말하는 것이 선하다"라고 했다. 삼가고 삼가라. 제자들아. 서둘러 하려고 욕

---

1 이 글은 2011년 11월 27일에 고베포트피아 호텔에서 개최한 제106회 공공철학 교토포럼 「二宮尊德を日中韓でともに語りあう(니노미야 손토쿠를 한중일 함께 이야기한다)」에서 발표한 내용과 2012년 10월 6일에 타이완대학에서 개최한 동아시아 공통선 탐구 국제학술세미나 「アリストテレスと儒學の哲學對話(아리스토텔레스와 유학의 철학대화)」에서의 발표를 토대로 하고 있다. 그리고 2019년 11월 2일에 타이완대학에서 개최한 EACJS 제4회 국제학술대회에서 발표한 논문, 「日本資本主義と日本農本主義—初期資本主義時代の二宮尊德(1787~1856)の思想を中心に—(일본자본주의와 일본농본주의: 초기자본주의시대의 니노미야손토쿠(1787~1856)의 사상을 중심으로)」는 이 글의 문제의식을 다른 관점에서 고찰한 것이다.
2 『二宮尊德全集 五』, p.1165.

심부리지 말거라. 서둘러 하려고 욕심부리면, 곧 큰일을
그르친다. 근면하거라. 제자들아. 지치는 일이 없게 하라.

「새가…」는 말할 것도 없이 『논어』 태백편에 기록된 증자가 죽음
을 앞두었을 때의 내용이다. 『논어』 태백편에는 증자 임종시의 이야
기가 하나 더 기록되어 있다. 손토쿠는 이 이야기를 인용하면서 정
확히 1년 전 안세이 2년(1855년) 섣달 그믐날 일기에 다음과 같이 쓰
고 있다.

　　모두 만세를 누리시게[千秋万歳樂]. 이제 내 손을 드러
　　내고, 내 발을 드러낸다. 내 서한을 보라, 내 일기를 보라.
　　전전긍긍 깊은 연못가에 임하듯이, 얇은 얼음을 건너듯이.

일생의 마무리를 맞이하며 손토쿠는 무엇을 남기려고 한 것일까?
안세이 2년 섣달 그믐날의 일기를 후쿠즈미 마사에[福住正兄]의
"니노미야옹 야화[二宮翁夜話]" 제60조에서는 오다와라사법[小田原
仕法]³ 폐지에 관한 것으로 보고 있다.

　　오다와라사법은 선군의 명으로 시작했고 현 주군의 명
　　으로 그만두었다. 이것이 전부일 뿐이다. 이 세상에 만물

3　역주: 사법(仕法)은 손토쿠(尊德)의 농촌부흥 재건 사업으로 존덕사법(尊德仕法) 혹은
　　보덕사법(報德仕法)으로도 불린다.

이 생기고 사라짐은 모두 천지의 명령에 의한 것이다. 나에게 생멸이 있는 것이 아니다. 봄바람에 만물이 생기고, 가을바람에 말라비틀어지니, 모두 천지의 명령이다. 결코 내가 하는 것이 아니다. 증자는 죽음에 임하여 자신의 손을 드러내고, 발을 드러내며 전하고 있다. 나도 마찬가지이다. 나의 일기를 보라, 나의 서한을 보라. 전전긍긍 깊은 연못가에 임하듯이, 얇은 얼음을 건너듯이. 바닥에 누워, 나는 나의 도에서 벗어나지 않았음을 알았다고 전하여라. 너희들은 서둘러 돌아가 토란을 쌓고 내년 봄을 기다리며 심거라. 결코 마음을 잘못되지 않게 하고, 삼가고 또 삼가라.

오다와라 번이 영내 사법의 폐지를 공포하고, 손토쿠에게 오다와라 영내로 들어오는 것을 금지한 것은 고카[弘化] 3년, 1846년이고, 손토쿠가 60세가 되는 해이다. 안세이 2년보다 10년 정도 전의 이야기가 되는 것인데, 이것이 후쿠즈미의 창작인지, 아니면 손토쿠가 닛코[日光]사법 중에 죽음을 자각하고 이전의 이야기를 회상하며 적은 것인지는 분명하지 않다. 어느 쪽이든 일기와 서한에 시시각각 기록되어 있는 그의 삶(life)의 궤적을, 뒤를 잇는 후계자들이 봐주기를 바랐음에는 틀림이 없다. 그 바람이 '삼가고 삼가라 제자들아. 서둘러 하려고 욕심 부리지 말거라…'라는 말로 나타나 있다.

서둘러서는 안 된다, 작은 일을 쌓아 올리면서, 한 걸음 한 걸음 앞으로 나아가지 않으면 모든 일이 이루어지지 않는다는 가르침을 손토쿠는 농업생활의 체험에서 얻은 듯하다. 괭이질 하나하나가 모이지 않으면 밭을 일굴 수 없다. 한 포기씩 심고, 한 포기씩 거두지 않으면, 벼가 익어 쌀을 수확할 수 없게 된다. 한 포기씩 빻지 않으면 벼를 정미할 수 없다.[4] 그리고 가을부터 겨울에 걸쳐 토란을 심고 봄을 기다린다. 그리고 밤에는 새끼를 꼰다.

> 하늘과 땅 다 엮을 수 없는 생명의 끈 다만 길게 만들 수 있기 만을 바라는 사람들(天地の栩り盡せぬ命綱ただ長かれとねがへ諸人)[5]

이렇듯 하나하나 끈을 엮어 가는 것이 그의 삶(life)의 궤적이고 이것 외의 생애(life)는 없었다. 우리들은 오늘날 흔히 손토쿠가 600여 마을 이상의 농촌을 부흥시켰다고 그의 사업의 위대함을 칭송한다. 하지만, 사업의 위대함을 보는 것은 그가 바라는 것이 아니었을 것이다.

손토쿠는 우리들에게 무엇을 남긴 것인가? 사업이 아니다. 그의 life(삶, 생애)이다. 그리고 그 life(삶, 생애)는 '대지의 소금'에 다가서는 것이었다. 바로 이것이 공공(公共)하는 인간 손토쿠를 다시 살펴보는 중요한 지점이라고 생각한다.

---

4 「開發勤行談」「一鍬耕耘談」「一株植付談」「一株刈取談」「往來自然談」, 『二宮尊德全集 一』, pp.963-992.;「二宮先生夜話續篇」第45條, 『二宮尊德全集 三十六』, p.851.
5 「三才獨樂集」, 『二宮尊德全集 一』.

'벼는 생명의 근원이라는 말'

아마 우치무라 간조[內村鑑三]는 위와 같이 손토쿠를 보고 있었으리라. 하지만, 목수의 아이와 백성의 아이는 서로 겹치는 부분도 있고 다른 부분도 있을 것이다. 조금 더 자세히 손토쿠에 맞추어 살펴보겠다.

오다와라사법도 폐지되고 닛코사법 도중에 손토쿠는 죽음을 맞이한다. 손토쿠가 막부로부터 닛코사법의 견적서를 제출하도록 요구 받고 나서 실시 명령이 내려오기까지 10년이 걸렸다. 이에 대해 도미타 다카요시[富田高慶]는 상사인 다이칸[代官][6]의 '철주(掣肘)' 때문에 시기를 놓쳤다고 한탄하고 있다.[7]

그리고 3년에 걸쳐 완성한 84권에 달하는 방대한 '닛코사법모형[日光仕法雛形]'을 완성하면서 손토쿠는 '이 책을 모두 완비할 때, 가령 일이 잘 이루어지지 않더라도, 사법이 사법다울 수 있는 이유는 만세에 걸쳐 변하지 않기 때문이다. 공자는 생전에 자신의 뜻을 펼칠 수 없었지만, 그의 책은 계속해서 사라지지 않고 길이 되고 빛이 된다'고 말하고 있다.[8]

'닛코사법모형'에 관해 이런 입장에서 바라본 해석이 현재까지 많아 보이는데, 이는 도미타식 관점의 이해이고 손토쿠의 본뜻과는 차이가 있다. 도미타의 『보덕기(報德記)』에서는 손토쿠가 이룰 수 없

---

6   역주: 다이칸[代官]은 관직명이며 영주를 대신해서 사무를 관장했다.
7   「報德記」八,『二宮尊德全集 三十六』, p.268.
8   「報德記」七,『二宮尊德全集 三十六』, p.246.

었던 사업을 자신이 이어서 완성시키려는 의도를 알 수 있다. 따라서 자신이 주도한 소마번[相馬藩]에서의 사법의 성공이 상세히 기술되어 있다. 성공의 열쇠는 '닛코사법모형'을 활용하여 만든 소마번 180년간의 경제통계에 근거한 '사법모형'의 존재였다.

또한 도미타의 사법에 대한 이해는 위정자가 주체가 되어 행하는 것이고 『보덕기』에서 '분도(分度)'[9]를 내세워 강조하는 것도 번 재정을 중심으로 한 개념이라고 도미타는 보고 있다. 하지만, 손토쿠가 논하는 '분도'는 모든 인간에게 요구되는 것이었다.

더욱이 『보덕기』에서는, 오다와라번 이외의 다른 번에서 사법을 의뢰하면 '여유가 없다'는 이유로 거절하는 손토쿠를 주군에 대한 충성으로 묘사하는 등 군신윤리의 시점에서 보고 있다. 오히려 손토쿠의 '소업을 쌓아 대업을 이룬다'는 입장에서 보면, 손토쿠는 눈앞에 마주한 일에 대해 한 걸음 한 걸음 나아가는 것 말고 다른 일을 생각하지 않았으며, 사업을 무리하게 확대하는 것은 '대업을 그르치는' 일이 되는 것이라 생각했다(물론 『보덕기』에서도 한 마을씩 부흥을 진행하는 것의 중요함을 손토쿠는 설파하고 있지만, 소마번에서 여러 마을의 부흥을 병행 한 것에 대해 손토쿠도 나중에는 인정했다고도 쓰여 있다).[10]

가령 도미타는 닛코사법 실시명령이 10년 빨랐다면 닛코에서의

---

9   역주: 분도는 손토쿠가 사용한 용어로 손토쿠는 이를 통해 평균 수입을 측정하여 집이나 번의 지출 한도를 정하여 분수에 맞지 않는 과도한 지출을 제한하고자 하였다.

10   「報德記」七, 『二宮尊德全集 三十六』, pp.232-233.

성공을 기반으로 여러 번의 사법에서도 '성공을 거두고', 나아가 '사방'으로 뻗어나가 '천하의 창생, 모두 혜택을 받고, 콩과 조 그리고 물과 불처럼 모두에게 주어지고, 부강의 방법이 갖추어지며, 이로써 만세에 전해져 폐해가 없을 것이다'라고 말하고 있다.[11] 도미타의 조카에 해당하는 사이토 다카유키[齊藤高行]는 만약 막부가 '국내 일을 맡겨서, 그 혜택을 국내에 베풀고, 국외 일도 맡기어, 은혜를 해외로 나아가게 한다'면 '명망 높은 일본, 만국 중에 우뚝 솟아, 오랜 세월 후지산 같은 안정을 얻을 것이다. 이로서 보덕이 널리 뻗어나가고 나의 길은 마무리된다'고 말하며, 보덕의 도의 최종 목표를 막부의 해외경영에 두고 있다.[12]

하지만, 이것이 손토쿠의 생각과 크게 다르다는 것은 다음의 자료에서도 잘 드러난다.

옹(翁)이 사람들에게 말하길, 부귀를 구해 멈추는 것을 잊는 것은 범인의 병과 같다. 이로 인해 오랫동안 부귀를 가지지 못하게 된다. 자, 멈춘다는 것은 무엇인가? 말하길, (일본은) 일본인이 멈춰야 할 곳이다. 마찬가지로 이 나라는 이 나라 사람들이 멈추는 곳이고, 이 마을은 이 마을 사람들이 멈추는 곳이다. 천 석의 마을도 오백 석의 마을도 마찬가지이다. 해변의 마을과 산야의 마을도 이러하다. …

---

11   「報德記」八, 『二宮尊德全集 三十六』, p.268.
12   「報德外記」「報德」, 『二宮尊德全集 三十六』, p.322.

멈추는 곳을 모르고 끝도 없이 전답을 사 모으려 하는 것
은 가장 바람직하지 않다.[13]

황국은 황국 안으로 제한하고, 밖으로 나아가서는 결코
안 된다.[14]

일본 국토에서 사는 사람은 일본 국토에서 살아가는 것
이 천명이다. 그러므로 일본 국토는 일본 국토에 사는 사
람이 멈춰야 할 곳이다.[15]

또한 황무지 개간에 있어서도, 손토쿠는 법에 따라 한 번에 많은
사람을 이전시키는 것이 우선은 성공으로 보일지라도, 그렇게 하면
토지가 전부 개간되어 새로이 개간될 토지가 없어진다. 한편, 호수
(戶數)는 성시를 이루어 위아래로 모두 이익이 없고 부흥의 효과도
없다. 그러므로 이것을 '허(虛)가 일어나고 실(實)은 일어나지 않는
다'라고도 했다. 진정한 부흥은 다음과 같다.

사람 사는 일의 근원을 깊이 통달하고, 사람과 자연의
도리를 이해하며, 재보가 나오는 길, 토지 외에 있을 수 없
다는 점을 명확히 하고, 본업을 근면히 행함을 법도로 하

---

13 「二宮翁夜話」第80條, 『二宮尊德全集 三十六』, p.736.
14 「二宮翁夜話」第165條, 『二宮尊德全集 三十六』, p.306.
15 「万物知止編」, 『二宮尊德全集 一』, p.652.

여, 이로써 나아가 행하는 것에 이르면, 국토의 힘이 크게 일어나니, 위로는 거두어들임이 늘고, 아래로는 여유가 있다. 국가가 부를 지니고, 재보가 충분하며, 마을 하나부터 두터이 방책을 다하면, 한 걸음에서 백 걸음, 만 걸음에 이르는 것과 같으니, 그 부흥의 시작이 느리다 해도, 빠르게 성공할 것이다.[16]

이렇듯 백성[民]의 납득에 근거한 자발적인 한 걸음 한 걸음의 노력이 없으면 안 되는 것이다. 따라서 백성이 아무리 법에 의해 토지에 묶여있더라도 '백성을 도망치지 못하게 해도 마음은 떠난다. 그러니 호수가 많다고 해도, 일을 이룰 수가 없다'.[17]

국가의 부흥도 '자연의 길에 의하지 않고 오직 사람의 힘만으로 하려 할 때, 성과는 적다. 힘은 많이 들고 공은 적다'고 쓰여 있다.[18] 또한 금전의 많고 적음도 문제가 아니다.

개발에서도 금은을 많이 써서 이루는 것은 진실로 이루는 것이 아니다. 적은 돈으로 반복하여 개발하는 것이 진정한 개발이다.[19]

---

16 「報德秘錄」第263條, 『報德博物館資料集 2』, p.136.
17 「報德秘錄」269條, 위의 책, p.138.
18 「報德秘錄」271條, 위의 책, p.140.
19 「報德教示略聞記」, 『報德博物館資料集 1』, p.93.

약간의 돈을 조금씩 투입하며 반복하여 개발해 가는 것이 진정한 부흥이다.

결과를 바로 보려고 해서는 안 된다. 오늘 뿌린 씨의 결과는 '눈앞에서 싹트지 않고, 눈앞에서 나타나지 않으며, 10년 20년 내지는 40년 50년 후에 나타나는 것'이다. 이를 사람들이 잘 모르는 것은 유감스러운 일이다.[20] 무사인 도미타[富田]나 사이토[齊藤]는 이러한 농업 경험에 근거한 가르침을 머리로는 이해를 해도 몸으로 체득하지는 못했을 것이다.

이처럼 손토쿠가 걸어온 공공(公共)의 도는 매뉴얼에 의한 것이 아니고 법제에 의한 것도 아니며 자본에 의한 것도 아닌 '세상사의 근원', '자연의 도리', 즉 자기를 포함한 '사람들'의 life(삶, 생애)를 '다만 길어지기 만을 바라는' 것이었다.

가에이[嘉永] 5년(1852) 8월 6일, 히가시고진야[東郷陣屋][21]에서 보낸 서한을 살펴보면 당시 독약을 사용해 쌀이나 보리의 정미를 빨리 하는 방법이 유행하고 있었다. 물레방아를 이용한 정미는 다른 사람의 쌀도 많이 섞여 있다. 약물로 정미할 때, 사람 목숨이 위험한 사고가 생긴다면 큰 참사가 일어날 수밖에 없다. 그러니 물레방아의 사용을 엄하게 금하지 않으면 안 된다. 집에서 사용하는 쌀이라도 약효의 허실이 명확해 질 때까지는 손으로 찧으라고 통지하고 있다.

---

20 「二宮翁夜話」第119條, 『二宮尊德全集 三十六』.
21 역주: 진야[陣屋]는 성이 없는 3만석 이하의 다이묘(지방 영주) 혹은 막부(중앙정부)의 관리인 다이칸(代官)이나 막부의 직속 무사 하타모토(旗本)가 집무를 보던 곳. 군사용보다는 민정을 위한 장소였다.

다음해 8월 15일 아시오[足尾]의 마을을 둘러볼 때, '경지, 민가, 길 모두 황지가 되었다. 구리에 의한 폐해로 작물이 일체 여물지 않는다'라고 아시오 구리광산의 광독에 의한 작물 피해 실태를 확인하고 있다.[22] 이로부터 3년 후 손토쿠는 죽음을 맞이하기 때문에, 손토쿠라면 이 문제를 어떻게 대처했을지 단정 지어 말 할 수는 없다.

하지만, '벼'를 '생명의 씨앗'의 줄임 말[23] [24]이라고까지 말하는 손토쿠를 생각하면, 소마번의 가레이[家令][25]이며 일찍이 손토쿠에게 가르침을 받았다고 하는 시가 나오미치[志賀直道](시가 나오야[26]의 할아버지)가 손토쿠 사후 20년 후에 후루카와 이치베[古河市兵衛], 시부사와 에이이치[澁澤榮一]와 함께 아시오 구리광산의 재개발에 매달리는 길을 걷지 않았을 것이라고 확신할 수 있을 것이다.

공공='분도외'

앞에서 '분도'는 번정(藩政)에서만 적용되는 것이 아니라고 지적했는데 실제로 손토쿠는 다음과 같이 말하고 있다.

---

22 『二宮尊德全集 五』, p.715.
23 「報德教聞書」第4條, 『報德博物館資料集 1』, p.43.
24 역주: 일본어로 벼는 '이네(稻)'이며 '생명의 씨앗'은 일본어로 '이노치노 타네(命의 種)'이다.
25 역주: 가레이(家令)는 회계를 포함한 집안의 전반적인 사무를 담당하며 사용인들을 감독하는 사람이다.
26 역주: 시가 나오야[志賀直哉, 1883~1971]는 1900년대 초반과 중반에 걸쳐 활약한 소설가로 '소설의 신'으로 불리며 많은 일본인 작가에 영향을 미쳤다. 대표작으로는 암야행로(暗夜行路)가 있다.

나는 치국안민(治國安民)의 법을 창설한다. 영주가 이를 채용하면 바로 영내에 이를 행할 수 있도록 백성에게 실시해야 한다. 영주가 이를 사용하지 않으면, 친구나 친척 사이에 실시해야 한다. 직이 없다면 직이 없이 행하고, 봉록이 없다면 없는 대로 행하며, 시장에 있으면 시장에서 행하고, 들에 있다면 들에서 행한다. 대개 살아 있는 것을 존중하지 않으면 안 된다. 그러므로 왕후부터 사무라이, 서민, 여러 공인(工人), 신관, 불도, 미천한 자도 이를 사용하려는 사람이 있다면, 바로 일상에서 행하여 정체됨이 없이 하라. 세상에 분노하지 마라. 세상을 비난하지 마라. 즐거움으로 행하라.[27]

'대개 살아 있는 것', 즉 생물 모두에게 통용하는 방법이다. 여기에서는 '치국안민의 법'이라고 되어 있지만, 그 핵심인 '분도'에 관한 것으로 봐도 좋을 것이다.

또한 '만물지지편(万物知止編)'은 이름에서 나타나듯이 만물이 각각의 분수에 머무르지 않으면 안 되는 것을 말하고 있는데, '천지간에 살아있는 만물은 천지간에 사는 것이 천명이다. 그러니 천지간은 천지간에 사는 만물의 장소이다'로 시작하고 주제가 되는 말만이 바뀌어, 천축, 중국, 이적, 일본, 섬나라, 추운 나라, 더운 나라, 비옥한

---

27 「二宮先生語錄」第379條,『二宮尊德全集 三十六』, p.447.

땅, 메마른 땅, 산촌, 물가 마을, 해변 마을, 왕도, 벽지, 시골, 시장, 일만국, 일천국… 등 계속해서 이어지고 생물 전반에까지 미친다.

다음과 같은 내용도 있다.

옛말에 권량(權量)을 조심하여 법도를 자세히 살핀다고 했는데 이것은 중요한 일이다. 이를 천하의 일로만 생각하기 때문에 활용되지 않는다. 천하의 일은 제쳐두고, 각각 자신의 집의 권량을 조심하여 법도를 자세히 살피는 것이야 말로 중요하다. … 집집마다의 권량이라는 것은 농부의 집이라면 집의 전답, 밭과 논의 넓이, 그 수확량이 얼마인가를 조사하여 그 정도를 정하고, 상인의 집이라면 전년도의 판매를 조사하여 올해의 예산을 세운다. 이렇듯 자기 집의 권량, 자기 집의 법도가 된다. 이를 자세히 살피고, 이를 삼가고 넘지 않는 것이야 말로 제가(齊家)의 근본이 된다. 그 집에 권량이 없다면 법도가 없으니 오랫동안 유지하지 못 한다.[28]

오히려 천하(天下)나 번(藩)보다도 자신의 집의 '분도'를 세워 이를 지키는 것이 중요하다. 이를 넘어서는 안 된다.

만물은 각각의 분수가 머물러야 한다. 이것은 즐거운 일이고 각각

28 「二宮先生夜話」第213條, 『二宮尊德全集 三十六』, p.813.

이런 방식을 행하는 곳에 만물이 통하는 하나의 길이 있다. 이것은 농업을 기본으로 한 유교사회, 특히 전근대의 일본에서는 매우 흔한 사상이었다. 그렇다면 여기에 손토쿠가 걸어온 공공(公共)의 도가 있는 것일까?

'분도'가 '분(分)'과 다소 다른 점은 각각의 분수에 맞는 경제적 절도를 장부에 근거하여 세밀하게 산출해 내는 점에 있다고 한다면 이것도 틀린 말이 아니다. 하지만, 이는 '분도'를 받아들이는 자에게 받아들여야 하는 이유를 숫자로 명백히 보여준 것에 지나지 않는다. 따라서 이것은 단순한 계산 결과로 봐서는 안 된다.

'닛코사법모형'에 대해 손토쿠는 다음과 같이 적고 있다.

> 이 장부는 계산장부로 봐서는 안 된다. 모두 하나하나 깨달음이며 천지자연의 이치인 것이다. 원래 천지는 주야로 만변하며 엄정하다. 또한 산술도 마찬가지이다. 따라서 세상 만변함은 이런 도리이기 때문에 결단코 주의를 게을리 할 수 없다는 것을 산술을 빌려 경고한 것이다. … 인간 세상은 일각(一刻) 힘쓰면 일각, 일시(一時) 힘쓰면 일시, 반나절을 힘쓰면 반나절로 계산했고, 선과 악, 그름과 옳음, 구부러짐과 바름이 모두 이 계산과 같으며, 1리가 다르면 1리, 5리가 다르면 5리, 많은 것은 많은 만큼, 적은 것은 적은 만큼, 이 계산 대로였으며, 180년간을 상세히 조사했다.[29]

---

29 「二宮翁夜話續篇」第47條, 『二宮尊德全集 三十六』, p.852.

이런 편집광적으로도 보이는 도덕계산표는 도대체 무엇을 위한 것이었을까?

손토쿠는 운덴신도[烏傳神道]의 창시자 우메즈시(카모노) 노리키요[梅辻(賀茂)規淸]가 설파하는 '검약'에는 목적이 없다고 말한다.[30] 또한 사람들은 자신이 축재(蓄財)를 위한 길에 힘쓴다고 하나, 축재에 힘쓰는 것이 아니라 '세상을 구하고 세상을 열기 위한 것'이라고 말한다.[31]

무엇을 위해 '분도', 소위 도덕적 마지노선을 긋는 것인가? 이를 둘러싼 공방(攻防)을 통해 격하게 스스로를 채찍질하고 일부분을 양보하여(검약), '분도외(分度外)'의 공백지대(축재)를 열기 위해서이다.

> 분도외의 조세가 나오는 것은, 결코 이를 분(分)에 넣지 않고, 분외(分外)로 한다. 이로써 백성을 괴롭히는 것을 없애고, 황무지를 개척하여, 빚을 갚고, 집을 지어, 논을 비옥하게 하며, 뭇 백성에게 이익이 생기도록 하여, 매년 한없는 분외의 쌀과 금을 가지고 인정(仁政)를 행한다.[32]

손토쿠는 오다와라번 가로(家老)[33]인 핫토리가[服部家]의 사법이

---

30 「二宮翁夜話」第46條,『二宮尊德全集 三十六』, p.709.

31 「二宮翁夜話」第13條, 위의 책, p.685.

32 「報德秘錄」62,『報德博物館資料集 2』, p.34.

33 역주: 가로는 쇼군이나 다이묘를 모시는 가신 중에 최고 지위에 있는 사람으로 정치와 경제의 보좌를 담당했다.

완료되었을 때, '분도외'의 남은 금 300냥이 자신의 사례로 나오는 것을 거절하고, 100냥은 분도를 끝까지 지킨 핫토리씨에게 비상시 번주(藩主)를 위해 섬기며 사용할 자금[奉仕用]으로, 100냥은 내조의 공이 있는 핫토리씨 부인에게 핫토리가가 쇠퇴하지 않도록 하는 예비금으로, 100냥은 사법에 협력한 핫토리가의 하인에게 보수로 쓰도록 주인에게 돌려주고 있다.[34]

이러한 분도외의 활용이 공공의 지속적 발전인 것이다.

황무지를 개척해 나가는 싸움

손토쿠는 '양전(兩全)'이라는 말을 많이 사용한다. 원을 반으로 나누어, 위아래에 음양, 치란(治亂), 사정(邪正), 화실(花實), 빈부 등의 대치어를 둔 그림을 많이 그리고 있는데, 그 위아래가 각각 완전한 것이 '양전'이다. 하지만, 현실은 종종 한쪽이 다른 쪽보다 우세하다. 하지만 사실은 음도 극도에 달하면 양이 되고 양도 극도에 달하면 음이 되며, 그 외의 관계도 마찬가지로 서로 마주하지만 전체적으로 보면 증감이 없다는 점을 나타내려 한 그림이다.

다만, 음양은 알기 쉽지만 빈부는 알기 어렵다. 이는 사람의 일생은 짧고, 반반으로 나누어진 반쪽 밖에 보이지 않는 경우가 많기 때문이다. 하지만, 짧은 일생에서는 '분도'의 마지노선을 조금이라도

---

34 「報德記」一,『二宮尊德全集 三十六』, p.71-72.

넘어가려고 와우각상의 치열한 싸움이 이루어진다. 이 싸움을 뒤집어 놓은 것이 '보덕의 도', 즉 '인도(人道)'의 실천이다.

세상 속은 시시각각의 바둑, 장기와 같다. 한 수의 틈을 보이면 바로 공격받게 된다. 지극히 불인(不仁)이다. 이를 뒤집어 놓는 것이 가르침의 도리이며 인이다.[35]

바둑과 장기는 상대를 몰아붙이는 방법만 찾는다. 상대를 패배시키는 자가 바둑, 장기에서 뛰어난 사람이다. 보덕의 도에서는 상대를 패배시키지 않는 자가 뛰어난 사람이다.[36]

바둑과 장기의 재미난 점은 자신의 즐거움이 상대방의 괴로움이 된다는 점이다. 오늘날 인정의 행함, 사농공상이 모두 이렇게 세상을 어지럽게 한다. 세상을 다스리는 데 있어서는 오늘날의 뒤집혀 있는 법을 올바르게 정하고, 바둑과 장기 두는 법을 통해 이를 깨달아야 한다.[37]

이렇게까지 실전적(實戰的)이지 않으면, '인도', 즉 공공의 도는 열리지 않는다. 단지 부족함 없이 사는 것만으로는, '양도(讓道)'라 할

---

35 「報德教林」79, 『報德博物館資料集 1』, p.15.
36 「報德見聞記」61, 『報德博物館資料集 1』, p.132.
37 「二宮大先生御說德聞書略」, 『報德博物館資料集 1』, p.194.

수 없고, 단지 '불빈(不貧)' 즉 빈곤하지 않을 뿐인 것이다.[38]

손토쿠의 '예로부터 사람들이 버리지 않지만 쓸데없는 것을 주워 모아 백성들에게 준다(むかしより人の捨ざるなき物を拾ひあつめて民に与へん)'라는 도가(道歌)에 대해, '버리지 않지만 쓸데없는 것'은 '버린 물건'으로 해야 의미가 통하지 않는가라고 어떤사람이 의문을 표했다. 이에 대해 손토쿠는 '버린 물건'이라면 사람이 버리지 않으면 주울 수 없고 너무나도 좁은 의미가 된다. 또한 버린 것을 줍는 것은 승려의 도이고 나의 도는 아니다. '버리지 않지만 쓸데없는 것'은 사람이 버린 것은 아니지만, 쓸데없어서 없는 것이나 마찬가지인 것이다. 예를 들어, 황무지, 빌린 돈의 이자, 부자의 사치, 가난한자의 태만 등이 그것이다. 이것은 세상 속에 많이 있는데, 가령 황무지 등을 개간하려 한다면 반드시 그 땅 주인이 있어 쉽게 손을 댈 수가 없다. 이러한 것을 주워 모아 세상을 구하는 자본으로 하는 것이 내가 어린 시절부터 힘써온 도라고 말하고 있다.[39]

'버리지 않지만 쓸데없는 것'은 모두 마음의 황무지에서 생겨난 것이다(빚은 '공중의 황무지'라고도 불리고 있다.)[40]

> 내 일생의 일은 모든 황무지 개간에 힘쓰는 데 있다. 그
> 리고 황무지에는 여러 종류가 있다. … 이러한 여러 종류

---

38 「二宮先生夜話續篇」,『二宮尊德全集 三十六』, p.833.
39 「二宮翁夜話」第91條,『二宮尊德全集 三十六』, pp.742-743.
40 「報德秘錄」第63條,『報德博物館資料集 2』, p.35.

의 황무지에 있어, 그 근원이 마음의 황무지에서 오는 것
이기에 나의 도는 마음의 황무지 개간을 우선으로 해야
한다.[41]

사람들의 마음 황무지를 개간하는 것은 아침저녁으로는 끝나지
않는다. 지속적인 실천을 통해 공공의 도는 조금씩 그 폭을 넓혀가
는 것이다.

그 확대라는 것은 결코 논밭이나 영리자본의 실제 확대가 아니다.
닛코사법의 견적서 제출을 막부로부터 명령받아 한 문하생(후쿠즈
미의 형)이 축하하자, 손토쿠는 이번 명령은 황무지의 개척이며 내가
본래 바라던 것이 아니고, 내가 생각한 나의 도는 사람들의 마음 황
무지를 개척하는 것이라고 말하면서 꾸짖었다. 한 명의 마음의 황무
지를 개척할 때, 토지의 황무지는 몇 만정(町)[42]있어도 걱정할 필요
가 없다고 손토쿠는 말하고 있다.[43]

그렇다고 해서 금전만능 시대인 오늘날에 경제를 경시하고 도덕
의 세계로 틀어박힌다면 도덕도 함께 부패하고 말 것이다. 그래서
손토쿠는 '무이자 자금대부 사법[無利息金貸付仕法]'(보덕원노금(報德
元恕金)·보덕선종금(報德善種金))을 고안한다.

---

41   「二宮先生夜話續篇」,『二宮尊德全集 三十六』, p.841.
42   역주: 정(町)은 넓이를 나타내는 단위로 약 1헥타르에 해당한다.
43   「二宮先生夜話」第59條,『二宮尊德全集 三十六』, pp.718-719.

오래 전 금은보화도 적고, 모든 일의 유통이 어려웠던 무렵, 몸과 팔다리를 수고롭게 하며 서로 도와주면서 만족하였지만, 오늘날은 금은보화가 넘쳐나고, 매매는 물론이고 신불에게 소원을 비는 기회까지 금은재화로 서로 성립할 정도로 자유자재로 사용하기에 이르렀다. 오래 전처럼, 마을에서의 상부상조만으로는 얼마나 많은 마을이 다시 일어설 수 있을지 모른다. 지금 통용하는 금은재화를 가지고 현재의 빈곤함과 어려움을 상부상조로 서로 돕지 않고서는 사리사욕에 눈이 어두워 곤궁함과 어려움에 빠져 다시 일어 설 수 없다. 옛날의 예를 따라 곤궁함과 어려움을 겪을 동안 무이자 자금대부 사법을 가지고 … 모두 진심을 다해 생성한 금과 은, 쌀과 돈을 가지고 매년 반복하여 서로 함께 돕는다면, 비록 빠르게 생활이 재건되지는 않더라도, 안과 밖으로 화목하게 될 수 있을 것이다 운운.[44]

이것이 경제적 재건만을 목적으로 한 것이 아니라는 것은 '빠르게 생활이 재건되지 않더라도, 안과 밖으로 화목하게' 된다는 말에서도 분명히 보인다. 손토쿠에게 '몸과 팔다리를 수고롭게 하며 서로 도'우며, '빈곤함과 어려움을 상부상조로 서로 도'우는 일이 본래 공공의 도의 이상적인 모습이었다.

---

44 「弘化2年(1845), 1月23日山內總左衛門宛書狀」, 『二宮尊德全集 七』, p.382.

손토쿠가 무이자라 해도, 의연금이 아니라 대부금으로 한 것은 가난한 자의 자립을 바라기 때문이다.[45] 연부금을 다 낸 뒤로도 다시 1년분을 '명가금'[46]으로 계속해서 내게 하는 것도 가난한 자의 '태만'이라는 마음의 황무지를 개척하기 위함이다. 즉, 빚을 다 변제한 뒤에도 '분도외'로 이어지는 노력을 계속하도록 만드는 장치인 것이다.

보덕원노금은 영원히 계속해서 회전시키는 것이 좋다. 이것은 고리대가 원금이 돌아오지 않고 영원히 계속해서 이자를 만드는 것에 대한 역발상이다. 보덕원노금이 빠르게 회전되면 될수록 마음의 황무지 개척면적은 확대되어 간다.

보덕원노금의 목적은 이익이 아니고, 처음부터 '분도외'로 발생한 '버리지 않지만 쓸데없는 것'의 축적이므로 연부금을 완납하지 않는 자가 있어도 책망할 필요는 없다(물론 '명가금'의 지불도 자유 선택에 맡기고 있다). '보은하는 자는 백성의 교훈이 되고, 보은을 잊은 자는 백성의 경계가 된다.' 즉, 연부금의 미납도 그것대로 반면교사가 된다. 훌륭한 농부에게는 풍작도 흉작도 없다. 왜냐하면 흉작일 때는 쌀값이 오르고 풍작일 때는 수확이 많으므로 모두 행복하게 된다. 이처럼 인자(仁者)가 큰 인(仁)을 행하는 경우에는 '가, 불가 모두 도를 행함에 도움이 된다.[47]' 여기에는 모든 것을 철저하게 상대적으로

---

45 「報德秘錄」第1條, 『報德博物館資料集 2』, p.1.
46 역주: 명가금(冥加金)은 신불의 가호에 대한 보답이라는 성격을 갖는다.
47 「報德秘錄」第281條, 『報德博物館資料集 2』, p.144.

보면서, 음양, 치란(治亂), 사정(邪正), 화실(花實), 빈부… 등등은 본래 하나의 원이고 서로 지지하고 있는 것으로 보는 손토쿠의 리얼한 세계관이 있다.

이것이 우쓰[宇津]가를 다시 부흥 시킬 때, 손토쿠가 오다와라 번주인 오쿠보 다다자네[大久保忠眞]에게 '반드시 조금의 금도 하사하시는 일이 없을 것입니다'라고 말하며, '황무지를 개간하는데 황무지의 힘을 가지고 하고, 빈곤을 구하는데 빈곤의 힘을 가지고 하니, 어떤 재화가 필요하겠습니까'라고 말할 수 있었던 이유이다.[48] 물론 이를 위해서는 위에서도 '분도'를 세우고, '분도외'로 이어지게 만들어, 부유한 자의 '사치'라는 마음의 황무지를 개척한다.

도미타 다카요시가 '황무지를 가지고 황무지를 개척한다'를 '1반(反)[49]의 황폐한 논을 개척하여 그 수확을 가지고 내년의 개척 비용으로 하니, 매년 이처럼 할 때 비용이 따로 들지 않으면서 몇 만의 황폐한 논을 다 개척할 수 있으리라'라고 설명한 것[50]은 반쪽밖에 보지 못한 것이다. '몇 만의 황폐한 논'이라는 것은 마음의 황폐한 논으로 봐야 한다.

48　「報德記」一, 『二宮尊德全集 三十六』, pp.75-77, p.99.
49　역주: 반(反)은 넓이를 나타내는 단위로 약 0.01헥타르에 해당한다.
50　「報德記」六, 『二宮尊德全集 三十六』, pp.215-216.

'추양'의 상호작용

'분도외'는 대립하는 것이 '추양(推讓)[51]'이라는 상호작용에 의해 발생한다. 마치 서간용 종이[半切紙]를 이을 때 풀칠하는 부분을 줄이거나 끈을 꿀 때에도 자신을 짧게 하지 않으면 종이와 끈이 길어지지 않듯이 '일을 위하려는 자는 어떤 일에 있어서도 자신을 9할로 줄이지 않으면 일을 이루기 어렵다.[52]' 서로 1할을 양보함으로써 공공의 도가 일어난다.

사람들은 금은보화가 적은 시대에는 '몸과 팔다리를 수고로이 하여 서로 도'우며, '빈곤함과 어려움을 나누어 서로 도'왔다. 다음 내용을 보자.

> 예전에는 교류하는 관계에 있어 신의를 지키는 자는 육신으로 힘쓰고 마음으로 힘써서, 진심[誠]을 가지고 교류하였다. 왜냐하면 금은보화가 없기 때문이다.[53]

왜 '진심[誠]'이 중요한 것일까?

앞에서 보았듯이 서로 대립하는 존재는 본래 하나의 원이며 서로 지탱하고 서로 호응하고 있기 때문이다.

---

51 역주: 추양(推讓)은 여유분을 자신의 것으로 취하지 않고 지역과 다음세대를 위해 사용한다는 의미로, 크게 보면 추양은 자신이 취하지 않고 남에게 양보한다는 의미로 볼 수 있다.

52 「報德秘錄」第242條, 『報德博物館資料集 2』, p.127.

53 「報德秘錄」第14條, 『報德博物館資料集 2』, p.8.

하늘이 비추니 땅이 응하여 만물이 생겨난다. 피리를 부
니 음이 발하고 큰 북을 치니 소리가 난다. 만물 중에 응답
하지 않는 경우는 없다. 그러니 큰 은혜를 입고 보답하지
않으면 사법은 바로 서지 않는다.[54]

은혜를 베푸는 마음[施恩]과 이를 갚는 마음[報恩]이 서로 통하는
것은 '진심'에 의해 가능하다. '언어 문자로 사실을 움직이는 것'은
불가능 하다.[55]

'추양'은 자연에 거스르는 희생적인 행위인데 여기에는 한편의 사
심도 들어가서는 안 된다. 사심이 들어가면 보은의 마음을 이끌어
낼 수 없다. 후쿠즈미 마사에는 '보덕학(報德學)'은 ⋯ 참되고 진실한
덕성을 존중하고, 실제의 도리를 밝히고, 실행으로서 실제로 행하
며, 천지조화의 공덕에 보답하려고 힘쓴다. 이로써 안심입명(安心立
命)의 땅을 만드는 가르침'이라고 말하고 있다.[56] 보은에 힘씀은 먼저
사심이 없는 '천지조화의 공덕'의 베풂이 존재하고 있기 때문이다.
국정도 이를 본받지 않으면 안 된다.

국가의 정치는 매우 일이 많은 듯하지만, 이를 요약하면
취함과 베풂 이 두 가지에 지나지 않는다. ⋯ 무릇 천하의

---

54 「報德秘錄」303, 『報德博物館資料集 2』, p.152.
55 「報德秘錄」168, 『報德博物館資料集 2』, p.92.
56 「二宮先生夜話」自跋, 『二宮尊德全集 三十六』, p.827.

생물이 무한히 많다 하더라도 살아 있는 것 중에 두터운 베풂의 도를 기쁘게 따르지 않는 것은 없다. … 초목이라 해도 이에 비료를 주어서 기를 때는 기뻐하며 따르려는 기색이 역력하다. … 우선 베풀지 않으면 백성의 삶은 편안할 수 없다.[57]

베풀 때에는 만물이 번영하고 베풀지 않을 때에는 만물이 쇠퇴한다. 다른 이가 번영할 때 나도 따라 행복을 얻고, 다른 이가 쇠퇴할 때 나도 따라서 쇠퇴한다. … 아래로의 백성도 사람이고 군주도 사람이다. 백성만이 괴로움 속에서 상납하는 길이 어찌 있겠는가.[58]

베푸는 것이 아니라 빼앗을 때에는 '양전'이 아니라 함께 쓰러지게 된다. 빌려주고 빌리는 것도 마찬가지다. 이자를 빼앗기 때문이다.

백금을 빌리면 이자는 매년 늘어나 결국 이자가 원금보다 많아진다. 빌린 자는 이로 인해 쓰러지고 빌려준 자도 크게 이익을 잃는다. 이는 양자 모두 이익 없이 손해만 있다. 세상의 근심, 이보다 심대한 것은 없다.[59]

---

57 「報德記」六, 『二宮尊德全集 三十六』, pp.214-215.
58 「報德秘錄」第133條, 『報德博物館資料集 2』, pp.71-72.
59 「報德秘錄」第38條, 『報德博物館資料集 2』, pp.18-19.

이러한 '천지조화의 공덕'을 본받은 '추양'의 가르침을 손토쿠는 역시 농업생활의 경험에서 찾았을 것이라는 점은 '양보해야 비로소 이익이 있는 농업의 도'라고 한 표현에서도 추측할 수 있다.[60] '요즘 세상 쇠락한 시기에 있어서, 진실로 성인의 길이 있는 것은 농업뿐이다[61]'라고도 말하고 있다.

손토쿠는 종종 농민과 번의 관계를 뿌리와 줄기·가지의 관계로 비유하는데, 이 때, 양쪽은 서로를 지탱하지만, 뿌리에 해당하는 농민이 근본인 것을 강조하고 있다.[62] 어느 번의 중신(重臣)에게서 번의 재정에 관한 질문을 받았을 때, 손토쿠는 이 비유를 사용하며, 조세비율이 사공육민(四公六民)이라면 번이 4할 민이 6할이라는 것이므로, 말단보다 뿌리에 힘을 쓰고, '번의 피폐를 구하려 한다면, 민정도 함께 개혁을 행해야 한다'고 설명하고 있다.[63]

오다와라 번주인 오쿠보 다다자네가, 번 무사의 궁핍과 무사 기풍의 쇠퇴를 우려하여 자신의 봉급을 줄여 그들에게 주려한 것에 대해서, 손토쿠는 같은 비유를 사용하면서, '현재 실로 번 무사의 빈곤·풍습의 쇠폐(衰廢)를 걱정한다면, 곧 스스로를 검소하게 하고, 스스로를 채찍질 해, 크게 백성을 불쌍히 여겨야 한다'고 직언했으며,[64] 시모다테번[下館藩] 부흥에서는 우선 번의 빚을 변제하려 하는 당국

---

60 「天保十二1841年浦賀宮原治兵衛·宮原瀛洲·橋本與左衛門宛書簡」
61 「報德秘錄」第40條, 『報德博物館資料集 2』, p.20.
62 「報德秘錄」第155條에서는 대등한 관계.
63 「二宮先生夜話續篇」, 『二宮尊德全集三十六』, p.845.
64 「報德秘錄」第316條, 『報德博物館資料集 2』, p.158.

자에게 '국가의 근본인 백성의 어려움을 뒤로 하고 우선적으로 말단의 근심을 없애려 한다'고 비판했다.[65]

'흉년에 나라안의 배고픔과 목마름은 국가의 하층민부터 먼저 죽게 할 것이다. 그로부터 점점 올라가 결국 모두 죽는다. 이 같은 일은 아래로부터의 원망을 만세에 남길 것이다. 모두 다른 이보다 하루라도 더 살아남으려고 하는 사욕 때문에 힘없는 하층민이 먼저 죽는다'라고 '하층민'의 원망을 가엾이 여기며, 이런 경우 우선 관리가 죽어야 한다고 말하고 있다.[66] 막부의 신하가 되어 인바누마[印旛沼]의 개척사업의 조사를 명령 받았을 때도 '만민을 불쌍히 여겨 돌보는' 일을 우선으로 하여 언뜻 쓸모없어 보이는 건의서를 만든 이야기도 유명하다.[67]

이처럼 '추양'은 백성이 생활하는 세계를 다시 세우는 것에 중점을 두고 있었다. 이것은 가령 천지가 열려 그 안의 생물이 생겨난 것과 거의 동시에 '약탈의 도'가 생겨났다고 해도, 천지간에 존재하는 모든 생물은 그 자체로 존엄을 갖추고 있다('천상천하 유아독존(天上天下唯我獨尊)'에 대한 손토쿠의 독자적인 해석)[68]고 한 손토쿠의 존재이해에서 유래하는 것일 것이다.

인간은 다른 생명을 빼앗지 않으면 살아갈 수 없기 때문에 그 은

65   「報德記」六,『二宮尊德全集 三十六』, p.197.
66   「報德秘說」第28條,『報德博物館資料集 1』, p.248. ;「報德記」五,『二宮尊德全集 三十六』, p.180. 참조.
67   「報德記」七,『二宮尊德全集 三十六』, p.243.
68   「二宮翁夜話」第170條 등,『二宮尊德全集 三十六』.

혜를 알고 그에 보답하기 위해서 '다른 이의 근심을 구'하려고 '추양'
한다.

초목, 곤충과 물고기, 달리는 짐승, 나는 새, 모두 똑같이
천성을 받아 이 땅에서 살아간다. 이러한 와중에 곡물을
키워 식량으로 하고 누에를 쳐서 옷을 만들고 나무를 잘라
거주할 집을 만든다. 모두 다른 생명을 취해 나를 이롭게
한다. 다른 생명이 사람에게 이용 되는 것을 어찌 기뻐하
겠는가? 그렇다 해도 사람들이 편안하게 하는 길을 위해
이처럼 하지 않을 수 없다. 그러니 이를 멈추지 못하고 만
들고 있는 것이다. 이처럼 모든 존재의 도움을 빌리지 않
고 삶을 편안케 하는 것은 불가능하다. 음식을 앞에 두고
는 그 은혜를 다시 생각해 내고, 옷을 입고는 그 은혜를 되
돌아보고, 집에 앉아서는 그 여러 나무가 자신을 도와줬음
을 되새기고, 매일매일 삼배하는 것으로 살아가야 한다.
… 지금 집이 번영하고 자손의 안락함이 이어지는 자는 그
은혜를 반드시 알고 보은을 위해 다른 이의 근심을 구하는
자이다.[69]

'옛 길에 쌓인 나뭇잎을 헤치고 하늘 비추는 아마테라스 신의 발
자취를 보려네(古道につもる木の葉をかきわけて天照す神の足跡を見

69　「報德秘錄」第198條,『報德博物館資料集 2』, p.102.

ん)'[70]라고 노래하는 '발자취[足跡]'는 들판을 한 괭이질씩 개간하면서 '추양'의 실천을 지속하여 공공의 도를 계속 개척했던 '대지의 소금(地の塩)'인 민중의 발자취인 것이다.[71]

소리도 없고 냄새도 없이 항상 하늘과 땅은 적지 않은 경문을 다시 되풀이해서

왜 민중의 발자취가 '하늘 비추는 아마테라스 신'의 것이라고 노래하고 있는가? 여기에서는 아무래도 태양[天道]을 중심적인 신격으로 우러르는 심성의 존재를 예상해야 한다.

> 천도라 함은 매일매일 태양빛이 비추는 것으로 세계 일면에 가득 차는 것이다. … 모든 것에 태양이 비추기 때문에 선과 악 모두 충분히 천도를 알게 된다.[72]

'천도는 선악의 심판관[行司]이다[73]', '천도는 세계선악의 심판관이다[74]'라고도 말하고 있다.

---

70   역주: 이 손토쿠의 와카[和歌]에 나오는 아마테라스[天照す]는 하늘에서 빛을 비춘다는 뜻과 함께 태양신 아마테라스오오미카미[天照大神]를 가리키는 표현이다.
71   「報德秘錄」第105條,『報德博物館資料集 2』, pp.57-58.
72   「報德敎聞書」27,『報德博物館資料集 1』, pp.55-56.
73   「報德見聞記」57, 위의 책, p.132.
74   「報德見聞記」77, 위의 책, p.135.

따라서 '하늘 비추는 아마테라스 신'이라고는 해도 단순히 개국이라는 시작의 흔적만을 가리키는 것이 아니다.

> 구니노토코타치노미코토[國常立尊][75]가 히무카[日向]로 내려오셨다고 하는데, 예전의 일만은 아니다. 지금도 히무카로 내려오시는 것이다. 그 이유는 모든 것이 태양의 은혜 없이 생길 수 없기 때문이다. 그러므로 태양이 비추는 곳[76]에 구니노토코타치노미코토가 머무시니, 인간, 초목, 새와 짐승, 곤충과 물짐승, 모든 만물이 생겨난다.[77]

여기서는 '구니노토코타치노미코토'라고 되어 있는데, 지금도 이 세계의 만물에 생명을 불어넣고 있다. '천지'로 표현되는 경우도 많다. 덧붙이자면 '천지가 화합할 때 만물이 생겨나고, 남녀가 화합할 때 자손이 생겨나고, 부자와 빈곤한 자가 화합할 때 재산이 생겨난다[78]'는 등, 언뜻 하늘의 작용과 땅의 작용은 대등한 듯이 보이지만, 손토쿠는 남녀의 경우에 남성이 주도라고 여긴 것처럼 하늘(태양)이 주도하는 것으로 보고 있다. 여기에 후지코[不二講][79] 등의 '화합'

---

75 역주: 일본신화에서 천지개벽과 함께 등장한 신으로 국가의 안녕을 기원하는 신격을 갖는다.
76 역주: 히무카[日向]는 '이 나라는 해[日]가 나오는 곳을 향[向]하고 있다'는 뜻으로 일본신화에서 아마테라스오오미카미의 손자가 하늘 나라에서 강림한 곳이다.
77 「報德見聞記」22, 위의 책, p.123.
78 「天保十二年(1841)浦賀宮原治兵衛·宮原瀛洲·橋本與左衛門宛書簡」.
79 역주: 좁게는 후지산을 신령으로 모시는 종교 단체 혹은 그 활동. 넓게는 종교에 국

사상과 차이가 있다.[80] 어찌되었든

> 천지의 살아있는 만물로 없는 곳이 없다. 그 안에서 사
> 람이 나와 오곡을 먹어 생명을 유지하고, 목면을 사용하여
> 추움과 더움을 견디고, 초목을 모아 주거로 하여, 심신이
> 모두 편하니, 바라는 바를 얻지 못하는 것이 없다. 올해 오
> 곡을 다 먹으면 내년에 오곡이 나고, 옷이 다하면 새로운
> 옷을 만들며, 세계 억만의 주거를 만들기 위해 억만의 초
> 목을 자른다 하더라도 초목은 자라 멈추는 법이 없다. 쌀
> 과 곡식, 의복, 기재 모두 넘쳐난다. 사용하면 다시 생겨나
> 고, 자르면 다시 생겨난다. 조금도 멈추는 일이 없다.[81]

따라서 '하늘 비추는 아마테라스 신의 발자취'는 이런 끊임없는
생명들의 은혜를 근본으로 하는 인간의 '추양'의 업적일 것이다.

앞에서 보았듯이 모든 상대하는 존재에는 증감이 없다. 하지만 나
의 도, 즉 '추양'의 도는 이와 다르다. 가래와 낫을 자물쇠와 열쇠로
하여 '무진장(無盡藏)을 열어 태양 빛 쌓이는 곳의 곡식을 나눈다. 이
로 백성을 양육하니, 그 이익의 증가는 끝이 없다'.[82]

증가하는 이익이 무궁하다 해도 전답이나 가옥을 무턱대고 늘이

한하지 않고 상부상조적인 모임이나 단체를 가리키기도 한다.

80 「報德見聞記」1, 『報德博物館資料集 1』, p.119.
81 「報德秘錄」196, 『報德博物館資料集 2』, p.101.
82 「二宮先生語錄」第303條, 『二宮尊德全集 三十六』, p.160.

는 것은 아니다.

> 빈민에는 한도가 있고, 황폐한 논에도 한도가 있지만,
> 재물에 있어서는 한도가 없다. 어째서인가? 인민은 반드
> 시 한도가 있다. 황폐한 땅 몇 만평이라 해도 반드시 한계
> 가 있다. 오로지 살아있는 재물에서만 올해 몇 만의 곡물
> 을 낳고 몇 천 년이라 해도 대대로 다함이 없다.[83]

즉 '무진장'의 '살아있는 재물'이라 함은 일정한 전답에서 태양이
키운 곡물을 몇천 년에 걸쳐 매년 나오게 하는 것을 말한다. 단지 이
를 위해서는 위아래를 막론하고 '분도'를 지키는 것이 조건이다. 그
리고 이 '분도'에 이어지는 상호작용이라는 실천에 의해 사람들의
황폐한 마음의 논이 무한으로 개척되어 간다.
보덕원노금도 이 태양(천도), 천지의 은혜를 본뜬 것이다.

> 보덕금의 대부는 태양의 신덕과 마찬가지 … 천지 만물
> 을 낳고 기르시며 은혜가 미치지 않는 곳이 없는 천지의
> 덕으로 만들어진 법이기 때문이다.[84]

> 보덕선종금은 나의 재물도 아니고 타인의 재물도 아니

83 「報德記」七,『二宮尊德全集 三十六』, p.224.
84 「二宮先生夜話續篇」,『二宮尊德全集 三十六』, p.832.

다. 태양과 달이 국토를 비추시듯이 빈부내외(貧富內外)
를 윤택하게 만들어 멈춤이 없다.[85]

나의 재물도 아니고 타인의 재물로 아닌, 가난도 아니고 부도 아니
며, 안도 아니고 밖도 아닌, 그것들의 사이, 즉 '분도외'라는 공공(公
共)으로부터 자타·빈부·내외를 계속 윤택하게 하는 은혜인 것이다.
'이자가 없이 돈을 빌려주어 대중의 빈곤을 없애'는 것은 태양이
동쪽에서 떠서 서쪽으로 들어가는 동안 빛과 열을 내어 '흙 속의 쌀
을 쌓아가는 것'처럼 만물을 생성하는 것과 마찬가지이다.[86]
이에 대한 보은, 즉 '추양'의 도를 영속적인 실천을 통해 마음의 황
무지를 개척함으로써 우리들의 life(삶, 생애)는 이어진다. 손토쿠는
사마광(司馬光)의 '자손의 장구지계(長久之計)'라는 말을 빌려 이를
확실히 말하고 있다.

온공[87] 가훈에서 이르길, 금을 모아 자손에게 넘겨도 자
손이 반드시 이를 지킨다고 할 수 없다. 글을 남겨 자손에
게 넘긴다 해도, 자손이 반드시 읽는다고 할 수 없다. 모두
음덕을 남모르게 쌓아 이로써 자손의 장구지계로 하는 것

---

85 『二宮尊德全集 二十七』, p.289.
86 「報德秘錄」236 및 278, 『報德博物館資料集 2』, p.124, p.143. ;「報德秘說」6, 『報德博物館
    資料集 1』, p.234.
87 역자 주: 북송(北宋)의 사마광(1019~1086)은 온국공의 작위를 하사받아 사마온공
    이라고 불리기도 했다.

에 미치지 못한다고 했다. 이것은 선현의 확언이다.[88]

음덕을 남모르게 쌓는 것은 사심 없이 '추양'의 도를 실천하는 것이다. 이를 신이 보고 남모르게 상벌을 준다.

오이를 심어 오이가 나오고, 쌀을 심어 쌀이 나오는 것은
천지일월의 가호다. 그러므로 악을 행하면 형벌이 오고, 선
을 행하지 않으면 화가 오는 것도 천지신명의 가호다.[89]

이것이 '소리도 없고 냄새도 없이 항상 하늘과 땅은 적지 않은 경문을 다시 되풀이해서(天地や無言の經をくりかへし)'라는 손토쿠의 가르침을 담은 노래의 깊은 뜻이다.[90]

몸 바쳐 이곳을 운명의 갈림길로 힘쓰니 일월(日月) 바뀌는 줄 모른 채 해를 보내려네

이처럼 '천지'는 증감의 이치를 따르지 않는 무궁의 life(삶, 생애)를 낳는 것이다. '천지의 도'와 더불어 '부모자식의 도', '부부의 도', '농업의 도' 이 4가지를 손토쿠는 '양전(兩全) 완전의 것'이라고 부르

---

88 「報德秘錄」第247條, 『報德博物館資料集 2』, p.130.

89 「二宮先生夜話續篇」, 『二宮尊德全集 三十六』, p.840.

90 「報德敎聞書」第15條, 『報德博物館資料集 1』, pp.50–51. 참조.

고 있다.

> 하늘은 생명의 덕을 내리니 땅은 이를 받아 생명을 낳
> 고, 부모는 자식을 양육함에 손익을 잊고 오로지 성장을
> 즐거워하매, 자식은 자라서 부모를 따르고, 부부 사이 또
> 한 서로가 즐거워야 자손도 계속 이어진다. 농부도 힘써
> 식물의 번영을 즐거워하고, 초목도 기뻐하며 번영하니, 모
> 두 괴로움 없이 기쁨뿐이다.[91]

이 말에 이어 손토쿠는, 따라서 상업의 길도 대차(貸借)의 길도 이
러한 정신을 본받지 않으면 안 된다고 말한다. '보덕원노금'도 이를
본뜬 것이라 말하며 '실로 태양이 만물을 기르니 만세가 흘러도 하
나의 태양인 것과 같다'고 말하고 있다.

또한 '부모 자식'을 '가지와 잎'으로 비유하여 4가지의 도를 '양전
양락(兩全兩樂)'이라고도 부른다. 이외의 도는 한편이 즐거우면 다른
편은 괴롭다.

> 쨱쨱하고 우짖으며 슬퍼하는 소리 들으니 참새에게 지
> 옥 매에게 극락이라(チウゝゝトナケキ哀ム声聞ケハ雀ノ地
> 獄鷹ノ極楽). 이것은 세상의 모습을 대변하는 노래이다.

---

91 「二宮翁夜話」第42條, 『二宮尊德全集 三十六』, pp.705-706.

모두 상대(相對)되는 것으로 다른 이의 괴로움이 이쪽의
즐거움이 되는 것은 짐승의 도이다.[92]

그래서 지금 본 "야화" 제42조의 끝부분에는 보덕원노금의 발상
이 세상의 금은을 빌리고 빌려주는 것에서 유래한다는 것을 밝힌다.
세상의 금은(金銀) 대차에서는 정체된 반환을 재촉한 끝에 재판까지
이어진 후 결국 무이자 상환으로 결론이 나는 경우가 많았다. 보덕
원노금의 발상이 이런 흐름을 빌려주기 이전으로 소급시킨 것에서
유래하는 것이다. 이 이야기에 이어서 갑자기 '사람은 태어나 반드
시 죽는 존재이니, 반드시 죽는 존재라는 점을 미리 정해 둔다면 살
아 있는 만큼 매일 이익이 된다. 이것이 도의 깨달음이다'라고 마무
리 짓고 있다.

서로 상대되는 것은 한편이 즐거우면 다른 한편은 괴롭고, 한편이
극락이라면 다른 한편은 지옥이 된다. 이 생각을 연장하면 한편이
생이라면 다른 한편은 죽음이다. 태어나면 반드시 죽는 운명을 인간
은 피할 수 없다.

이를 '양전양락'의 도로 바꾸는 것에는 태양이 '흙속에 쌀을 쌓아'
놓듯이, 이를 본받아 농부가 가을에서 겨울에 걸쳐 토란 씨를 심어
내년 봄을 기다리듯이, 이번 생의 삶을 앞당겨 미리 씨를 땅에 떨궈
서 다가올 삶을 기다리면서 여분이 된 이번 생의 시간을 다가올 생을

---

92 「報德秘錄」第205條, 『報德博物館資料集 2』, p.106.

충실히 하기 위한 것으로 여기고 힘내서 노력하는 것 외에는 없다.

> 봄의 피안(彼岸)은 씨앗의 영역을 떠나 풀의 영역에 도
> 달하는 것이고, 가을의 피안은 풀의 영역을 떠나 씨의 영
> 역으로 도달하는 것이다. 모든 일이 차안(此岸)을 떠나지
> 않으면 피안에 도달할 수가 없다.[93]

이 말도 양전양락의 도를 언급한 것일 것이다. '오랜 연못에 개구
리 뛰어드는 물소리 퐁당(古池や蛙飛込む水の音)'이라는 바쇼[芭蕉]
의 시구를 유(有)의 세계로부터 무(無)의 세계로 들어가는 소리로 보
는 것에도[94] 같은 생각이 통해 있는 것처럼 보인다.

삶을 앞당김(양보함)으로써 어떠한 '양전양락'을 얻을 수 있는가
를 살펴보면 역시 영원의 life(삶, 생애)일 것이다. 목수의 아이의 경
우, 이를 '부활'이라고 불렀지만 손토쿠는 이것을 '천명을 늘린다'고
표현했다.

> 이 세계는 자전운동(自轉運動)을 하는 세계라 결코 한
> 곳에 머무르지 않고, 사람의 근면과 나태로 인해 천명도
> 늘고 줄어드는 것이다.[95]

---

93 「二宮先生夜話續篇」,『二宮尊德全集 三十六』, p.839.
94 「二宮先生夜話續篇」,『二宮尊德全集 三十六』, p.836.
95 「二宮翁夜話」第29條,『二宮尊德全集 三十六』, p.694.

이것은 단순히 비유가 아니다. 신체 외에도 눈에는 보이지 않지만 '생명을 이어가는 이유가 되는 것'이 있다고 손토쿠는 말하고 있다. 나무뿌리에 해당하는 신체가 죽음으로써 생생한 가지·줄기의 작용이 뿌리에 미치지 못하게 된다.[96] 이 '생명을 이어가는 이유가 되는 것'이 '천명', 영원의 life(삶, 생애)이다.

> 이 세상은 풀도 나무도 같은 신(살아있는 부처), 죽어서 생명이 있는 곳을 알아라(世の中は草木も同じ神にこそ(生如來)、死して命のありかをぞ知れ).[97]

이번 생의 삶을 양보하는 마음이 영원의 life(삶, 생애), 공공의 도에 들어가기 위한 바늘구멍이다. '지사(志士)와 인자(仁者)는 생을 추구하여 인을 해치는 일이 없고, 몸을 희생하여 인을 성취한다'고 하는 "논어"의 말을 손토쿠는 종종 인용한다. 그리고 석가도 왕자였지만 모든 사람들을 구하기 위해 영취산에 들어갔고, 고행을 겪고, 그 덕분에 지금도 그 나라에는 행복이 넘치고 있다. 일본에서도 명군·명장은 모두 백성을 구하고 국가를 안전하게 하기 위해서 인자한 마음으로 야산에 누웠고, 바다 한가운데에서 풍파의 어려움을 이겨냈다는 내용이 고서에 적혀 있다고 말하고 있다.[98] 큰 도를 실현함

96　「報德秘錄」298,『報德博物館資料集 2』, p.150.
97　「三才獨樂集」,『二宮尊德全集 一』, p.880.
98　「天保十二年(1841)小田原鵜澤作右衛門宛書簡」.

에는 한목숨 버릴 정도의 각오가 있어야 한다고도 말한다.[99]

이런 이야기를 하고 재정재건을 행할 때에 재산을 모두 쏟아붓게 만들어 맨몸에 참된 마음을 가지고 훌륭하게 위기 상황을 극복하여 부흥을 완수한 예가 손토쿠의 전기에는 많이 기록되어 있다. 손토쿠 자신도 사쿠라마치[櫻町]사법을 실시할 때, 전답과 집의 재산을 모두 처분하여 해당지로 부임했다. 그가 부동명왕의 상을 자택에 걸어 놓았던 것은 '공의 성패에 상관없이 일생 이곳에서 움직이지 않겠다고 결정하여, 가령 사고가 일어나 등에 불이 옮겨붙는 것과 같은 입장이 되더라도 결코 움직이지 않겠다고 죽음으로써 맹세'했기 때문이다.[100]

흥미로운 점은 일의 성패에 손토쿠가 크게 신경 쓰고 있지 않은 점이다. 지금까지 보아 온 이야기 안에서도 한 사람의 마음의 황무지를 개척할 때, 땅의 황무지 몇만 정 있어도 걱정할 필요 없다고 한다든지, 보덕원노금의 정신에서도 가령 생활을 빠르게 재건할 수 없다고 해도 안과 밖이 화목하게 되면 족하다고 말했다. 빚의 청산이 끝나지 않아도 그것은 그것대로 좋다고 말하고 있다.

이외에도 '성공과 실패에 상관없이 신(臣)은 신(臣)의 임무를 다해야 한다'[101]고 말하며, '사람을 구하는 동안에 즐거움이 있다. 구하고 나서 일이 끝나면 재미없다'[102]는 등, 언뜻 부당해 보이는 발언까

99   「天保十二年(1841)下館藩奧山小一兵衞·柴田佐左右衛門宛書状」.
100   「二宮翁夜話」第50條, 『二宮尊德全集 三十六』, p.711.
101   「報德記」五, 『二宮尊德全集 三十六』, p.181.
102   「報德教示略聞記」, 『報德博物館資料集 1』, p96.

지 하고 있다.

> 세상의 일은 모두 죽는 것이 하늘의 도리다. 춘하추동
> 시시각각, 초목이 멈추는 일이 없는 것과 같다.[103]

『보덕교시략문기(報德教示略聞記)』는 손토쿠가 아직 50대, 막부에도 등용되지 않고 오다와라 영내에서 사법 사업이 한창 행해지고 있을 때의 기록이다. 따라서 일의 성패에 상관없다고 한 태도는 사쿠라마치사법 착수 초기부터 일관되게 확고히 견지해 온 손토쿠의 기본신념이라고 생각된다.

어째서 사업은 도중에 끝나는 일이 많은 것일까? 그것은 '인도(人道)'이기 때문이다.

> 제작이 인도(人道)이기 때문에 파탄(破綻)과 폐지(廢止)
> 에 이르는 것은 필연이다. 이런 필연에도 평생을 쏟아 부어
> 수리 제작을 조금도 게을리 하지 않고 이것이 살아있는 동
> 안 항상 하는 일로 알고 행하는 것이 인류의 도인 것이다.[104]

'인도(人道)'에 의한 제작물은 '천도(天道)'에 의해서 항상 부서진다. 부서지면서도 반은 이에 따르고 반은 거역하여 제작해 나가는

103　「報德教示略聞記」, 앞의 책, p.106.
104　「報德秘錄」第136條,『報德博物館資料集 2』, p.73.

것이 '인도(人道)'이다.

소위 항상 멸하고 항상 소생하면서 '하늘과 땅 다 엮을 수 없는 생명의 끈'을 엮어 간다. 생멸의 사이클이 빠르면 빠를수록 부지런함의 과잉으로 생겨나는 생명의 끈은 길게 늘어난다.

죽지 않겠다고 지금의 장소에서 움직여서는 안 된다. 하늘이 부여한 '분도'를 넘어서는 행위로 인해 죽음을 미뤄서도 안 된다. 괭이 한 자루로 '생명을 이어가는 이유가 있는 것' 즉 '만물을 낳아 기르고, 만년이 지나도 하나'인 태양의 끊임없는 리듬에서 벗어나지 않고 묵묵히 근면에 힘쓰면 행복이 스스로 찾아오도록 만들 수 있다.

> 천지의 운수 조금도 끊김 없다. 이로 인해 만물이 생성한다. 인간이 끊임없이 근면 운동해서 하늘처럼 되면 곤궁을 바란다 해도 곤궁이 오지 않는다. … 저절로 행복을 얻는다.[105]

한 걸음 한 걸음의 근면함 속에 영원의 life(삶, 생애)는 존재한다.

니노미야 고코[二宮鉸子]는 가에이[嘉永] 5년(1852)에 손토쿠의 아들인 다카유키[尊行]에게 시집온 이후로 쭉 손토쿠 만년의 생활 모습을 스케치하고 있다.[106] 종종 저녁 반주를 하며 손토쿠가 양아버지에게 혼난 일, 배를 먹지 못하고 껍질만 먹은 일, 사자춤 공연을 파

---

105 「報德秘錄」, 앞의 책, p.301, p.151.
106 「二宮鉸子手記」, 『報德博物館資料集 2』.

는 공연단이 집 앞에 왔어도 돈 한 푼이 없어 문을 닫고 집에 아무도 없는 척 한 일 등을 눈물로 이야기했다.[107]

한 가지 더 저녁 반주 중의 이야기. 불에 탄 말뚝도 3년 간다는 비유가 있다. 너무 화려하게 불을 지피면, 아들이나 손자 대까지는 온기가 남아도 영구히 보존되는 일은 없을 것이다. 언젠가 식는 시기가 온다. 만약 아들·손자가 불을 꺼트리지 않으려고 조금씩이라도 노력한다면 영원히 오랫동안 번영할 것이다.[108] 손토쿠가 죽음을 맞이한 후의 보덕운동은 과연 이런 생각에 충실했을까?

가에이 5년 6월 저녁 반주도 저녁도 마치고 손토쿠는 방에서 시원한 바람을 쐬고 있었다. 고코는 부채로 모기를 쫓았고 손토쿠는 단지 가르침의 노래를 읊고 있었다.

> 그 가르침의 노래는 앞의 다섯 글자를 좀 잊었지만
>
> 몸 바쳐 이곳을 운명의 갈림길로 힘쓰니
>
> 일월 바뀌는 줄 모른 채 해를 보내려네
>
> 몇 번이고 반복하고 반복해서 이것을 읊조리신 일이 있었다

'몸 바쳐 이곳을 운명의 갈림길로 힘쓰니 일월 바뀌는 줄 모른 채 해를 보내려네(身を捨ててここを先途と勤むれば月日の數もしらで年經ん)'

---

107 「二宮鉸子手記」, 위의 책, p.266.
108 「二宮鉸子手記」, 위의 책, p.266.

라고 『삼재독락집(三才獨樂集)』에 기록되어 있다.[109] 그다음 해 페리를 태운 흑선이 우라가[浦賀]로 내항한다. 이 가르침의 노래의 참뜻은 고코의 희미한 기억과 함께 단지 4잔의 불면[110] 속에 잠기고 있었다.

109 「三才獨樂集」, 『二宮尊德全集 一』, p.889.
110 역주: 고급 녹차인 조키센[上喜撰]을 4잔 마시고 잠을 못 이루게[不眠] 되었다는
     교카[狂歌, 사회를 풍자하는 짧은 일본 시]가 있었다. 이는 페리가 이끄는 4척의 증기
     선(일본어로는 조키센)으로 인해 잠을 못 이룰 정도로 혼란스러워 한 막부를 풍자
     한 것이다.

참고문헌

二宮尊德偉業宣揚會編(1932),『二宮尊德全集 一』, 二宮尊德偉業宣揚會.

二宮尊德偉業宣揚會編(1928),『二宮尊德全集 五』, 二宮尊德偉業宣揚會.

二宮尊德偉業宣揚會編(1928),『二宮尊德全集 七』, 二宮尊德偉業宣揚會.

二宮尊德偉業宣揚會編(1930),『二宮尊德全集 二十七』, 二宮尊德偉業宣揚會.

二宮尊德偉業宣揚會編(1931),『二宮尊德全集 三十六』, 二宮尊德偉業宣揚會.

報德福運社報德博物館編(1992),『報德博物館資料集 1』(『尊德門人聞書集』), 報德福運社報德
博物館.

報德福運社報德博物館編(1994),『報德博物館資料集 2』(『富田高慶報德秘錄』), 報德福運社報
德博物館.

불교 계율과 일본의 근대화
-「국민」이라는 비유적 주체 -

오다 료스케

들어가며

본고는 에도[江戸]기와 메이지[明治]기의 지운[慈雲, 1718~1804]과 운쇼[雲照, 1827~1909]에 의한 두 계율부흥운동을 토대로 야스마루 요시오[安丸良夫]의 민중사상론과 가라타니 고진[柄谷行人]의 가치형태론비판 등을 참조하여 일본 근대화 속의 주체화 문제의 한 측면에 주목하고자 한 것이다.

지운과 운쇼가 운동에서 중요하게 여긴 것은 불교 이전에 나타났다고 여겨지는 '십선계(十善戒)'라는 계율이었다. 그 내용은 불살생(不殺生)·불투도(不偸盗)·불사음(不邪淫)·불망어(不妄語)·불기어(不綺語)·불악구(不惡口)·불양설(不兩舌)·불간탐(不慳貪)·부진에(不瞋恚)·불사견(不邪見)으로, 열 가지의 불선(不善)을 행하지 않는다는 계율이다. 불교에서는 예부터 종파를 초월하여 수용되었으며 또한 출가, 재가를 불문하고 지켜야 할 통계(通戒)로서 설명되기도 한다.

지운과 운쇼 모두 진언종, 진언율종과 인연이 깊은 승려였는데 진언 밀교에서도 십선계는 밀교 고유의 계율인 삼매야계(三昧耶戒)와 상통하는 계율로서, 종조(宗祖) 구카이[空海, 774~835] 시대부터 이미 중요시되어 왔다.[1]

지운과 운쇼의 계율부흥운동에 대해서는 그 선진성 및 보편성의 측면에서 높이 평가됨과 동시에 그들의 봉건적 성격이나 국수주의적인 경향은 전후 마르크스주의 역사학의 관점에서 비판받아 왔다. 예를 들어 가시와하라 유센[柏原祐泉]은, 직분의 평등을 주장하는 지운의 십선계 사상에는 통불교적이고 세계주의적인 보편적 정신의 맹아가 발견되는 한편으로, 그것이 봉건적인 신분 제도를 적극적으로 긍정하고 그의 신도(神道)연구에 나타난 신국(神國)의식을 담고 있다고 분석하였다.[2] 또한 이케다 히데토시[池田英俊]는 운쇼의 민중교화력이나 근대교육에 대한 영향력을 어느 정도 평가하면서도 그의 계율주의가 메이지 일본의 '절대주의적 종교정책에 순종하는 '황도(皇道)불교'였다고 그 한계를 지적하고 있다.[3] 한편 그러한 비판에 대하여 진언종 측에서는 서양 세속주의와의 대치라는 관점에서 운쇼의 공적을 재평가하며 이에 맞섰다.[4]

하지만 최근 들어 언어적 전회나 종교개념론 이후의 관점에서 지

---

1 空海(822), 「平城天皇灌頂文」, 『弘法大師全集』 2輯, 六大新報社(1910), p.160.

2 柏原祐泉(1980), 「慈雲 「十善戒」 の歴史的役割」, 『印度學佛教學研究』 29巻 1號.

3 池田英俊(1957), 「雲照の戒律主義について」, 『印度學佛教學研究』 5巻 1號; 池田英俊(1960), 「慈雲の明治佛教に與えた思想的な影響について」, 『印度學佛教學研究』 8巻 1號.

4 阿部貴子·阿部宏貴(2010), 「雲照律師の世俗性」, 『現代密教』 21號.

운과 운쇼의 텍스트를 보다 넓고 깊은 시점에서 언설(言說)분석을 하려는 움직임이 보이기 시작했다. 예를 들어 지운과 운쇼가 말하는 신(神)·유(儒)·불(佛)의 삼교일치, 혹은 삼교융화의 구성분석을 통하여 이 두 사람과 요시다 가네토모[吉田兼俱]·모토오리 노리나가[本居宣長]와의 사상을 비교한 이토 히사노리[伊藤尚德],[5] '메이지 불교' 및 '근대 불교'와 같은 언설에서 운쇼의 사상과 공적을 어떻게 이야기하고 있는지 검토한 가메야마 미쓰히로[龜山光明]의 논고 등이 이에 해당한다.[6]

본고에서는 이러한 연구사의 동향을 토대로 지운과 운쇼의 계율 부흥운동의 언설분석 및 그것이 당시 사람들의 주체형성에 어떠한 영향을 미쳤는가 하는 문제의식에 깊이 주목하고자 한다.

본고의 전반부는, 불교를 정점으로 삼은 지운의 삼교일치사상이 현세주의에 편승하는 통속도덕이나 유교에서 말하는 그것과는 다르며 세속적·현세적인 '세간(世間)'과 종교적·내세적인 '출세간(出世間)'이라는 복수의 논리 지평에 걸쳐 규정되는 '인간' 개념을 제시한 것이었다는 사실을 밝힌다. 그것을 '비유적인 주체'로 바라보는

5　伊藤尚德(2016), 「慈雲の思想 – 神儒佛三敎一致の構造」, 『蓮花寺佛敎硏究所紀要』9號; 伊藤尚德(2017), 「雲傳神道における灌頂儀禮について」, 『蓮花寺佛敎硏究所紀要』10號; 伊藤尚德(2018), 「釋雲照の三敎融和思想 – 慈雲飲光との比較から」, 『蓮花寺佛敎硏究所紀要』11號.

6　龜山光明(2018), 「戒律の近代 – 釋雲照における初期十善戒思想の展開」, 『文藝硏究 – 文藝·言語·思想』185集; 龜山光明(2018), 「戒律主義と國民道德 – 宗門改革期の釋雲照」, 『近代佛敎』25號; 龜山光明(2019), 「持戒僧の近代 – 釋雲照のメタヒストリーをめぐって」, 『大阪大學日本學報』38號; 龜山光明(2019), 「舊佛敎の逆襲 – 明治後期における新佛敎徒と釋雲照の交錯をめぐって」, 『宗敎硏究』93卷1號.

우리의 시선은, 종속과 초월이라는 양의적인 존재로서 베버가 발견한 것과 같은 대체 불가능한 유일한 주체라는 시선과는 대치된다. 본고의 후반부에서는 운쇼가 관여한 진언종의 궁중의례·후칠일어수법(後七日御修法) 재흥운동과 십선계의 관련을 언급하며 그의 논의에 나타난 '상징적인 주체'의 형성에 대하여 고찰한다. 그리고 끝으로 근대적인 주체형성이 비유적·상징적 논리가 조합된 것으로 새롭게 해석될 수 있지 않을까 하는 문제를 제기한다.

지운의 계율부흥운동

가쓰라기 지운 온코[葛城慈雲飲光]는 1718년 오사카[大坂] 나카노시마[中之島]에서 무가(武家)의 자식으로 태어났다. 13세가 되던 해 아버지의 유언에 따라 출가하여 가와치[河內]와 교토[京都] 등 기나이[畿內]를 중심으로 활동하였다. 본고의 주안점인 계율부흥운동 외에도 산스크리트어 연구나 신도 연구에서도 이름을 남겼으며 달필가로서의 일면도 알려져 있다.

지운의 계율부흥운동은 일본 사회에 싹튼 통속도덕적 에토스와 일본의 전통적 종교인 불교에 의한 근세 민중교화의 교점으로 평가될 수 있다. 지운은 청년 시절 수년간 교토에서 이토 도가이[伊藤東涯, 1670~1736]의 가르침을 받았지만 석가모니 재세 시의 '정법'을 부흥시키려는 그의 활동이 주자학 이전의 유학을 지향하는 고의학

(古義學) 학풍의 영향을 받았다는 지적도 있다.[7] 상가(商家)를 중심으로 하는 지지자들의 요청에 의해 법어를 설파하며 민중교화에 몰두하는 중에 대표적인 저작『십선법어(十善法語)』(1775)를 정리한 곳역시 당시 유학과 심학이 성행했던 교토였다는 점도 그것을 상징적으로 말해주고 있다.

지운은 십선계를 '인간이 되는 길(人となる道)'이라고 강조하였다. 실제로『십선법어』의 개정판은『인간이 되는 길 제2편(人となる道 第二編)』(1791~1792),『인간이 되는 길 제3편 신도(人登奈留道 第三編神道)』(1792),『인간이 되는 길 약어(人となる道 略語)』(1797)와 같이 편을 거듭한다.

그렇다면 여기서 말하는 '인간'이란 대체 어떠한 존재일까? 이토 히사노리는 지운이 유학을 '세간'의 가르침, 불교를 '출세간'의 가르침이라고 대치적으로 정의하고 있다는 점을 지적하였다.[8] 지운이 불교를 출세간의 가르침으로 인식함과 동시에 십선계에 대해서는 세간과 출세간 양쪽을 포섭하는 윤리로서 평가한 점이 특징적이다.

이토는 근세 일본사상에 있어 신·불·유의 삼교 관계를 '다원형(이시다 바이간[石田梅岩] 등)', '배타형(이토 진사이[伊藤仁齋], 아이자와 세이시사이[會澤正志齋] 등)', '포괄형(오규 소라이[荻生徂徠], 다자이 슌다이[太宰春臺] 등)'의 세 유형으로 분류한 모리 가즈야[森和也]의 분석을 참조하여, 지운의 경우는 세 종교가 우열 없이 공존하는 '다

---

7   伊藤尚德(2016), pp.171-172.
8   앞의 논문, pp.175-177.

원형'이 아니라 어느 한쪽의 가르침(지운의 경우는 불교)이 다른 두 종교의 우위에 서서 그들을 포섭하는 '포괄형'이었다고 결론짓고 있다.[9] 다만 야스마루의 통속도덕론을 거쳐 그것을 재검토하면 조금 다른 관점을 이야기할 수 있을 것이다. 예를 들어 석문심학(石門心學)에서는 모리 가즈야의 분석처럼 신·불·유의 병렬적인 '삼교일치'를 이야기한다. 하지만 야스마루의 통속도덕론에 따르면 그러한 공존 형태를 성립시킨 것이 민중들의 강한 '정신주의'적 경향이었다는 사실을 알 수 있다. 세 종교의 관계성을 포괄하고 논리적 담보가 되는 틀이 통속도덕이라는 구도이다. 게다가 거기에서는 아마 도시마로[阿滿利麿]가 언급한 것과 같이, 죽음과 관련된 언설(言說)로서 불교를 기피·배척하는 배불론(排佛論)과 세트를 이루는 근세의 '현세주의'와 밀접한 관련이 있다는 사실도 찾을 수 있을 것이다.[10]

반대로, 지운의 계율부흥운동에서 말하는 '인간'이란 '세간(세속적·현세적)'과 '출세간(종교적·내세적)'이라는 복수의 논리적 지평을 갖는 존재로서 묘사된다. 『십선법어』는 다음과 같이 말한다.

> 십선을 상품(上品)으로 닦으면 천신이나 금륜왕의 지위를 얻는다. 중품으로 닦으면 인간계 제왕(諸王)의 지위를 얻는다. 하품으로 닦으면 인간계에서 호귀(豪貴)를 누린다.[11]

---

9   앞의 논문, pp.197-198.
10 阿滿利麿(1993),「近世日本における〈現世主義〉の成立」,『日本研究』9卷.
11 慈雲(1922),『十善法語 卷第一』(長谷寶秀編『慈雲尊者全集』11卷, 高貴寺[思文閣](1974),

일본에서는 예부터 천황은 '십선의 왕', '십선의 임금', '십선의 주군' 등으로 불렸으며, 전세이 쌓은 공덕에 의해 현세의 왕이 되었다고 하는 '금륜성왕(金輪聖王)'과 동일시되어 왔다. 사토 히로오[佐藤弘夫]는 이러한 불교적 제왕관을 '이 논리는 현세 국왕으로서의 지위가 과거세(過去世)에서의 선행이라는 알 수 없는 원인을 가지고 그 지위를 정당화하는 역할을 맡은 것이었다'고 분석한다. 그리고 『고카와데라 엔기[粉河寺緣起]』를 검토하며 '천황의 자격이 특정한 혈통이나 집안에 한정되지 않고 십선계를 지킨다면 다음 생에는 누구나 제위에 오를 수 있다고 여겨지는 점'과 '설령 과거세의 과보에 의해 천황으로 태어났다 하여도 그 지위가 결코 부동의 것이라고는 여겨지지 않았다는 점'에 주목하며 '십선의 제왕설은 황위의 영속성을 어떠한 의미로도 보증하는 것이 아니었다'고 논하고 있다.[12] 현세를 초월하는 이러한 시점을 통하여 대체 가능한 것으로서 정의되는 존재 양상을 본고에서는 '비유적인 주체'로 칭하며 검토하였다.

물론 지운도 이러한 제왕설을 '우리 나라는 상고 때부터 십선으로써 천위(天位)를 정하고 십선으로써 정치를 편다[13]'고 일찍이 언급하였다. 그러나 그 언급 직전에 '군주는 늘 군주이다. 신하는 영원히 신하이다. (⋯중략⋯) 군주가 우매하여도 신하는 받들어 모셔야 한다.

---

    p.17.]).

12   佐藤弘夫(1998), 『神・佛・王權の中世』, 法藏館, pp.235-236.

13   慈雲(1922), 『十善法語 卷第二』(長谷寶秀編 『慈雲尊者全集』 11卷, 高貴寺[思文閣](1974),
    p.82.]).

신하가 덕이 있어도 감히 그 자리를 넘보아서는 안 된다[14]'고도 나와 있듯이, 지운은 현세라는 논리 공간의 범주에서는 신분을 초월한 대체는 불가능하다고 강조한다.

'인간의 인간다운 길은 이 십선에 있다. 인간다운 길을 다하여 현성의 지위에 이를 수 있도록 높이 불과(佛果)를 기(期)해야 한다는 것이다.[15]'라고 지운은 『십선법어』서두에서도 '인간'의 중요성을 강조하고 있다. 하지만 그가 그렇게 중시했던 '인간'이란 위와 같은 초월적인 시점을 갖게 됨과 동시에 가시와라, 이케다가 비판한 대로 봉건제도의 측면에서 이를 적극적으로 긍정하는 존재이기도 하였다. 이토는 그것을 '유교적인 해석[16]'이라고 지적하며 지운의 사상에 담긴 '세간'의 가르침이라는 관점으로 정리하고 있다.

그러나 거기에는 다음과 같이 신분과 직무에 따른 차별을 전제로 하면서도 그와 동시에 서양의 휴머니즘이나 생체정치학적으로도 이해할 수 있는 관점에서 '인간'의 유일성에 대한 시선이 싹튼 것 역시 간과할 수 없다.

> 세간의 중생은 종류도 다르고 제각각이지만 죽음을 두려워하며 삶을 즐기는 것은 같다. 그중에서도 인간은 만물의 영장이다. 천지는 인간에 의해 이루어지고 도리는 인간

---

14 앞의 책, p.81.
15 慈雲(1922), 『十善法語 卷第一』, p.3.
16 伊藤尚德(2016), p.175.

이 있어 이루어진다.[17]

군주라 칭할 만한 자는 군주라 칭하고 존중한다. 족하
(足下)라 칭할 만한 자는 족하라 칭하고 존중한다. 그대라
고 칭할 만한 자는 그대라 칭하고 마음 속으로 귀하게 여
긴다. 위를 존경하고 아래를 사랑하며 현자를 공경하고 불
초자를 불쌍히 여긴다. 그 종류는 다양하게 구분되지만 인
간이 인간다운 덕을 존중하고 마음 속 깊이 새기는 것은
같다.[18]

이토는 지운의 신도(神道)관을 비교·검토하면서 그것이 신의
상주성(常住性)과 창조성을 논하며 그 시작을 『고사기』, 『일본서
기』두 서적의 기술을 토대로 설명하려 하는 모토오리 노리나가
(1730~1801)의 태도와 가깝다고 분석하고 있다.[19] 야스마루는 모토
오리가 '만세일계의 황통=천황 현인신으로, 거기에 집약되는 계통
성 질서의 절대성과 불변성[20]'을 강조했던 것을 근대 천황상 형성의
커다란 계기로 평가하고 있다. 지운의 사상에서는 십선계를 지킴으
로써 '세간', '출세간'에 걸쳐 비유적으로 이해되는 '인간'과, 모토오
리의 천황관에서 엿볼 수 있었던 것과 같이 타자와는 대체 불가능한

17　慈雲(1922), 『十善法語 卷第一』, pp.18-19.
18　앞의 책, p.27.
19　伊藤尚德(2016).
20　安丸良夫(1992), 『近代天皇像の形成』, 岩波書店[岩波現代文庫(2007)]. p.13.

유일한 것으로 묘사되는 '인간'이 혼재하고 있는 것처럼 보인다.

'교라이몬인[恭禮門院]'이나 '가메이몬인[開明門院]'과 같은 황족의 귀의, 또는 앞서 이야기한 것과 같이 주민 지지자들이 존재한다는 것에서 지운의 사상이 교토나 가와치 등 기나이를 중심으로 상당히 폭넓은 층의 지지를 얻었다는 사실을 엿볼 수 있다. 다만 실제로 그의 가르침이 얼마나 확산되어 있었는가 하는 것은 향후 실증적으로 밝혀져야 할 과제일 것이다. 그와 동시에 비유적인 '인간'과 대체 불가능한 '인간'이 어떻게 그 확산과 호응하며 사용되었는지, 혹은 어떻게 그 총체로서 역동적으로 얽혀있는지, 사상적 측면에서도 깊은 고찰이 이루어지리라 생각한다.

후칠일어수법(後七日御修法) 재흥운동 –
① 계몽주의적 '종교' 비판

한편 시대가 흘러 근대국가로서의 길을 걷기 시작한 메이지 일본에서 '국민'이라는 주체형성의 언설(言說)로서 십선계를 제기한 것이 샤쿠 운쇼[釋雲照]였다.

운쇼가 중심이 되어 본말제도(本末制度, 에도 막부가 불교교단을 통제하기 위해 마련)의 정비 및 교육기관 설치 등 종교제도 개혁을 진행해 온 진언종은, 1871년에 폐지된 종파의 궁중의례인 후칠일어수법(後七日御修法)의 재흥을 1882년에 시작한다. 이는 1877년 전후로 이와쿠라 도모미[岩倉具視, 1825~1883], 오쿠마 시게노부[大隈重信,

1838~1922]가 주도한 기나이의 사사(寺社) 의례와 같은 부흥운동의
움직임을 기본적으로 이어받은 것이었다. 다카기 히로시[高木博志]
는 그러한 일련의 움직임을 '옛 관습[舊慣] 부흥'이라 부르며 부흥 후
의 의례에서는 폐지 전 불교적 요소가 혼재하던 것이 배제되고 근대
적인 '문화' 개념을 이끌어내는 존재로 표상된 점 및 황실 숭배 요소
가 강조된 점을 지적하고 있다.[21] 예를 들어 불교의례로는 1897년 9
월에 엔랴쿠지[延暦寺] 법화회(法華會)를, 같은 해 12월에 온조지[園
城寺] 관정회(灌頂會)를 잇달아 부흥시켰다.

그러나 후칠일어수법의 재흥이 엔랴쿠지 법화회나 온조지 관정
회 등과 결정적으로 다른 것은 그것이 1882년 당시 시대 상황 속에
서 근대적인 세속주의나 종교개념의 틀을 일탈하는 맥락에서 구상
되었다는 점이었다. 다음으로, 재흥운동 중에 운쇼가 저술한『대일
본국교론(大日本國教論)』과「종교기양변(宗教祈禳辯)」을 예로 들어
그 특징을 고찰하고자 한다.

전자의『대일본국교론』은 제목이 명쾌하게 말해주듯 새로운 '국
교'로서 불교의 양상을 제시하고자 한 저서였다. 1882년 당시, 국
회 개설과 메이지헌법 제정의 계기가 된 '메이지 14년 정변', 그리고
'국회 개설 칙유(勅諭)'의 영향을 받은 종교 논단에서는 국교론(國教
論)의 논의가 한창이었다. 이 저서의 간행을 알린 불교신문『명교신
지(明教新誌)』의 기사에서도 그 내용을 '일전에 여러 논의가 있었던

---

21   高木博志(1997),『近代天皇制の文化史的研究 － 天皇就任儀禮·年中行事·文化財』, 校倉書房.

국교 정치(定置) 건에 대하여 고승의 의견을 기술하고, 또한 도지[東寺]의 내력(즉 조정과 진언종과의 관계)을 자세히 기록한 것[22]'이라고 소개하고 있다.

　이 저서는 ① '종교의 명의(名義)를 밝히고' ② '황실의 본종(本宗)을 정하여' ③ '역대 조정의 흠앙(欽仰)을 제시하고' ④ '문답 결의(決疑)하여 학문의 깊이를 더한다'는 4부 구성으로 되어 있다.[23] ①에서는 도입부에 서양의 '종교'를 '외교(外敎)'라 부르며 다음과 같이 비판한다.

　　외교의 종(宗)이란 이른바 영어의 'religion(묵종(默從)으로 번역됨)', 일천지 만물은 모두 하느님의 피조물이라 인간이 알 수 있는 것이 아니며 오로지 하느님에게 일임하여 묵종하므로 외교의 종이라 한다. (…중략…) 영어의 외래어 'religion'은 'passive obedience'로 풀이하며 이는 유유낙낙(唯唯諾諾)이라는 뜻이다. 요즘 사람들이 귀하게 여기는 자유정신은 외래어 'independent spirit'으로서, 이는 자유의 정신이란 뜻이다. 우리 종교는 여실지자심(如實知自心)을 종(宗)으로 하여 자심본구(自心本具)의 정신을 명확히 이해하므로 성불작조(成佛作祖)라 이름 붙인다. 자신의 마음 외에 믿을 수 있는 다른 법이 없다는 뜻이니 실로

22　『明教新誌』1882年8月26日號「雜報」.
23　釋雲照(1882), 『大日本國教論』, 眞言宗法務出張所, 3丁右.

자유의 정신인 것이다.[24]

서양의 종교 'religion'에서는 신의 창조물인 우주가 인간의 지성
이 미치지 않는 것이라 하며 '묵종(passive obedience)'하는 것을 가르
친다고 한다. 그에 비해 불교는 '여실지자심', 즉 어느 것에도 의존
하지 않고 자신의 마음을 탐구하는 가르침으로 서양 근대의 '자유정
신', 즉 'independent spirit'과 상통한다고 말한다.

이러한 '종교' 비판의 어조는 실은 운쇼가 자신보다 열두 살 어
린, 당시의 법무과장이자 종교행정을 맡았던 도키 호류[土宜法龍,
1854~1923]의 불교론을 유용한 것이었다. 호류는 고야산(高野山,
진언종 총본산이 있는 산)에서 게이오기주쿠[慶應義塾]로 유학을 간
인물이었다. 또한 『명교신지』를 주재한 오우치 세이란[大內青巒,
1845~1918]의 문하에서는 '연설 사천왕'으로 꼽히는 연설의 대가였
다.[25] 그는 당시 계몽주의의 영향이 짙게 드러나는 위와 같은 취지의
논의를 펼치며 불교논단에서 독자적인 존재감을 보여주었다. 그것
은 메이지정부의 민중교화정책이었던 삼조교칙(三條教則)을 '정(政)
과 교(教)의 다름을 혼돈해서는 안 된다. (…중략…) 정(政)은 인사(人
事)라 형태를 제어할 뿐이다. (…중략…) 교(教)는 신위(神爲)라, 마음
을 제어한다.[26]'라고 비판하며 '종교'를 마음의 문제로 규정하는 서

---

24   앞의 책, 4丁右~5丁右.
25   境野黃洋(1933),「大內青巒先生のことども」,『現代佛教』明治佛教の研究·回顧, 十周年記念
      特輯號(105號), p.718.
26   島地黙雷(1872),「三條教則批判建白書」,『島地黙雷全集』1卷, 本願寺出版協會(1973), p.15.

구식 정교분리를 주장한 시마지 모쿠라이[島地黙雷, 1831~1911] 등의 주류파와는 분명히 구별되는 불교론이었다. 예를 들어 '종교와 사회의 관계'라는 제목의 1881년 10월 12일 연설에서는 다음과 같은 말로 종교가 형이상뿐만 아니라 형이하를 닦는 것이기도 하다는 사실을 제시하고 있다.

> 종교란 형이상을 다스리고 영혼의 귀착을 중요시하며, 정치란 형이하를 닦아 형체의 안정을 유지하는 것을 중요시한다. 이는 종교와 정치의 차이를 판단하는 일반적인 말이며 세상 사람들이 대체로 창도(唱道)하는 것이지만 본래 종교의 요점을 알 수 있는 세론(細論)은 아니다. 생각해 보건대, 종교라는 것은 능히 영혼의 귀착을 안정시키므로 중요한 것은 물론이지만 또한 종교가 형체[形體上]의 안보(安保)에 있어서도 매우 중요하다는 것을 알아야 한다.[27]

호류는 이 연설에서 자유민권운동이 목표로 하는 '형체상의 자유'는 '자치(自治)정신, 이른바 인디펜던트 스피릿'이 안정되지 않으면 얻을 수 없으며 그것은 종교로써 이루는 것 이외에는 없다고 설파한다. 그리고 그 종교란 '묵종 의뢰, 즉 패시브 오비디언스'의 종교가 아니라 '계정혜(戒定慧)의 삼각(三覺)(인용자 주, 三學)', 즉 '계학(戒學)은 형체 (…중략…) 정혜(定慧)와 같은 것은 오로지 정신'의 양

---

27   土宜法龍(1881),「宗敎と社會の關係(上篇)」,『明敎新誌』1881年11月18日號「普說」.

면에서 진리에 접근하는 것이 '천하유일의 불교뿐'이라며 그 해결을
불교로 이끈다.[28]

아마도 『대일본국교론』 전에 인용한 부분도 운쇼가 아니라 호류
에 의한 것으로 보는 것이 타당할 것이다. 이어서 이 저서의 ②와 ③
에서는 위의 『명교신지』 기사에서 소개한 바와 같이 '도지[東寺]의
내력(즉 조정과 진언종과의 관계)'을 설명하며 '역대 조정의 흠앙'의
공적을 열거한다. 전체의 3/4 이상의 분량을 할애한 그 방대한 기술
은 현대의 우리들의 눈으로 본다면 장황하다는 인상을 지울 수 없지
만 전장에서 언급한 만세 일계의 황통을 주장하는 모토오리 이후의
논법을 '국교'로서의 불교에 정통성을 부여한 것으로 볼 수 있을 것
이다.

그리고 마지막 ④ '문답 결의'에서 제시하는 것이 '세간', '출세간'
에 걸친 도덕으로서의 십선계이다.

> 십선계는 아래로는 농상어초(農桑漁樵)의 하루 제선(齊
> 善)을 취하여 누락하는 법이 없고, 위로는 제불(諸佛) 내증
> (內證) 삼밀(三密)의 법문(法文)도 남김없이 포함한다. 삼
> 세(三世)에 걸쳐 십계에 달하고 작은 죄악이어도 악보(惡
> 報)이고 작은 선이어도 선과(善果)이다. 이는 천연(天然)
> 의 대도(大道)로, 제불(諸佛)도 만들어 낼 수 없고 귀신도

---

28 앞의 논문; 土宜法龍(1881), 「宗教と社會の關係 上篇(前號の續き)」, 『明教新誌』 1881年11
月20日號「普說」.

어찌할 수 없다. 늘지도 않고 줄지도 않으며 시작도 없고
끝도 없다. 이를 종교의 대의로 친다.[29]

　서양 '종교'의 상위에 불교를 두어(①) 그 정통성의 고증학적 논증
을 거쳐(②, ③) 위와 같이 십선계가 '종교의 대의'임을 칭찬하며(④)
이 책은 끝을 맺는다. 그리고 이러한 논지가 한층 내면화되어 천황
과 '국민'을 연결하는 의례론, 천황론으로까지 확장된 것이 같은 해
11월, 『명교신지』에 총 4회에 걸쳐 연재된 운쇼의 「종교기양변」[제1
회만 제목이 '밀교기양변(密教祈禳辯)']이었다.

후칠일어수법 재흥운동 – ② 상징적인 주체화

　「종교기양변」은 부흥 후 후칠일어수법의 하이라이트인 '옥체
가지(玉體加持)'[천황의 신체 정화를 위한 물뿌리기] 시행의 가부
를 둘러싼 메이지정부와의 교섭과정에서 탄생했다고 한다. 메이지
정부와의 교섭과정에서 궁내성(宮內省)의 가가와 게이조[香川敬三,
1841~1915]의 제안을 받아 쓰인 것이라고 전해진다.[30] 운쇼는 여기
에서 밀교 기도의 정당성을 다음과 같이 문답 형식을 취하며 설명하
고 있다.

29　釋雲照(1882), 『大日本國敎論』, 111丁左-112丁右.
30　廣安恭壽(1893), 『宮中後七日御修法沿革記』, 傳燈會, p.46.

누가 묻기를, 지금 세상의 기도는 대다수가 사리(射利)를 위해서 각종 거짓으로 우민(愚民)을 혼란에 빠트리는 것이다. 그 폐혜는 더 말할 바가 없다. (…중략…) 이런 때에는 호국이민(護國利民)의 요법(要法)이 어쩌면 민속을 저해하는 도구가 될 것이다. 모두 금지하여 이를 못하게 만들면 오히려 도사와 바라문(婆羅門) 등에게 주술이라는 것이 있다는 이야기를 듣는다. 지금의 기도는 무엇이 그와 다르겠는가, 하고. 대답하여 말하기를, 듣기로는 우리 나라의 승니령(僧尼令)에서 엄금하는 것이고, 본래 불가의 조계(祖誡)에도 있다. 지금 규칙을 고치는 것은 이러한 악습이 있기 때문이다. 이제 말하는 기도법은 이와 다르며 그 이유는 십선십악 인과응보의 정리(正理)로써 양재여락(禳災與樂)의 기초로 삼기 때문이다. 본시에 자타(自他)가 지은 십악업(十惡業)을 참회하여 씻고[懺除] 십선(十善)을 행하며 천신지기(天神地祇)를 받들어 모시면[敬祭], 단지 개인의 여락(與樂)뿐만 아니라 그 덕(德)이 암암리에 국가에까지 이르러 능히 뭇사람들을 즐겁게 만드는 이익을 얻을 것이다.[31]

'기도'의 대다수가 스스로의 이익을 위하여 갖가지 말을 만들어

---

31   釋雲照(1882),「宗敎祈禳辯」,『明敎新誌』1882年11月8日號「寄書」.

'우민을 혼란에 빠트리'고 있다. 운쇼가 진언종의 개혁을 진행해 온 것도 그러한 '악습'을 바로잡기 위해서라고 한다. 그리고 그러하여야 할 밀교의 기도는 '십선십악 인과응보의 정리로써 양재여락의 기초로 삼는' 것으로, 자신과 타인의 십악업을 멸하고 십선업을 행하며 '천신지기를 받들어 모시면', 개인의 현세 이익뿐만 아니라 그 공덕의 영향이 국가 범위에까지 이르러 '능히 뭇사람들을 즐겁게 만드는 이익'을 얻을 수 있다고 주장한다.

이러한 「종교기양변」의 논리에 다다르기까지 실은 복선이 있었다. 「종교기양변」이 완성되기 7년 전, 시마네[島根] 현에서 순회 설교중이었던 운쇼는 수미산설(須彌山說, 세계의 중심으로 수미산을 모신다는 불교의 우주관. 당연히 근대과학의 지동설이나 기독교의 천동설과도 양립하지 않는 것이었다) 설파에 대하여 시마네 현으로부터 설교금지 처분을 받게 된다. 그를 계기로 문제가 커지다가 마침내 이듬해 1876년 6월, 교부성(教部省)에서 수미산의(須彌山儀)를 이용한 설교를 금지하였고 9월에는 민간 신앙의 '금염기양(禁厭祈禳)'이 금지당하는 사태가 일어났다. 운쇼는 교부성의 처분이 내려지기 전 수미산의의 중요성을 다음과 같이 주장하였다.

비밀관행(秘密觀行)의 의궤(儀軌)인 수미산관(須彌山觀)이 관법(觀法)의 대체(大體)가 되지 못할 것이 없다. 또한 일식과 월식이 뒤섞인 상도(常度)의 법(法)에 의해 상중하(上中下) 삼종(三種)의 실지성취법(悉地成就法)을 얻

는 것을 설파하였다. 만일 수미산이 가립(假立)으로 떨어
지면 세상 만물이 진리[卽事而眞]라는 비밀의 법은 모두
도설(徒說)이 되리라.[32]

　만일 수미산설이 허구라면 '세상 만물이 진리라는 비밀의 법'은
모두 내용 없는 허언이 되고 만다. 운쇼가 주장하고자 했던 것은 불
교의례와 교의(敎義)가 불가분의 관계에 있다는 것이었다.
　그리고 그가 수미산의의 대체로서 주목한 것이 계율(戒律)이었다.
1879년 9월 간행된 소책자『설교요지(說敎要誌)』에 게재된「보살계
지설(菩薩戒之說)」이라는 논설에서 운쇼는 수계한 '모든 선남선녀
보살'들에게 '스스로 이 본심영묘한 계체(戒體)를 지키고 아끼는 것,
여의보주를 지키듯이 어떤 번뇌의 마귀도 계주(戒珠)를 파계(破戒)
하지 못하도록 하라'고 호소한다. 그리하면 '모든 선신(善神)의 위광
(威光)이 커지고, 국토를 옹호하며 자타(自他)가 함께 작불(作佛)의
인연을 맺을' 수 있게 된다고 한다.[33]
　여기에 나오는 '계체'란, 말하자면 계의 본질이라고도 이해할 수
있는 것이다. 나카가와 젠쿄[中川善敎]에 따르면 수계함으로써 '발득
(發得)한 계의 실체는 여기저기 흘러다니며 법에 따라 사계(捨戒)하
지 않는 이상 소승에서는 진형수(盡形壽), 대승에서는 진미래제(盡未

32　草繫全宜(1913),『釋雲照』上, 德敎會, [東洋書院(1978), p.17.].
33　釋雲照述·月海隆圓聞記(1879),「菩薩戒之說」,『說敎要誌』36號, 弘敎新聞局, 6丁左.

來際)를 따라가므로 잃는 일이 없다[34]'. 즉 극론하면 계체는 일단 '발득'하면 잠시 파계한 정도로는 잃을 일이 없고, 항상 마음속에 머무르며 자신을 다루는 틀이 되는 것이다. 그리고 '여의보주를 지키는 것처럼' 계체를 소중히 해야 한다고 운쇼가 설파하는 이 '여의보주'는, 예를 들어 슈카쿠[守覺, 1150~1202]가 '그 사리(舍利)를 대단(大壇)에 안치하고 여의보주를 관념(觀念)해야 한다. 벤이치산[卄一山]에 묻는 보주(寶珠)와 일체무이(一體無二)로 여겨 의심하지 말아야 한다'며 그 경위를 『비초(秘鈔)』에 기록한, 후칠일어수법의 본존인 것이다.[35]

후칠일어수법과 계율을 직접적으로 결부시키는 언급은 필자가 아는 한 운쇼 이전에는 확인되지 않는다. 오히려 이 십선(十善)을 지키며 제왕의 자리에 오른다[36]'는 표현으로 진언계즉위관정(眞言系卽位灌頂, 천왕 즉위 시에 각 사원에서 실시한 밀교의례)과 관련된 경전에 등장하는 경우가 많다. 비유적으로 규정되는 천황의 모습이다. 어디까지나 추측이지만 어쩌면 운쇼는 여의보주와 계체를 연결하는 '계주'라는 단어로 후칠일어수법에 '십선의 왕'의 이미지를 가져와 즉위관정의 뉘앙스를 풍기게 하려고 했다는 가능성도 생각해볼 수 있다.

「종교기양변」에서 운쇼는 열변을 펼쳤다. 위 인용에서도 알 수 있

34　中川善教(1984),「有部の戒體」,『佛教における戒の問題』, 平樂寺書店, p.29.

35　守覺『秘鈔』卷第3「光明眞言 後七日〈付加持香水〉」(『大正新脩大藏經』78卷, p.498下).

36　二條昭實「又秘說」(「二條家文書」同志社大學藏)

듯 이 책에서는 '수미산관'이 '십선십악 인과응보의 정리'로 치환됨으로써 한때 수미산설의 포교금지와 함께 '도설'이 되지는 않을까 우려스러웠던 밀교수법(密教修法)이 되살아나고 있다. 십선계와 의례가 연결됨으로써 개인 차원의 현세이익으로부터 메이지 국가의 '호국'이나 '법계(法界) 일체중생의 이익과 기쁨'뿐만 아니라, 삼계(三界)를 벗어나서도 그들에게 상(常)·낙(樂)·아(我)·정(淨)이라는 '사덕(四德)의 묘약(妙藥)'을 줄 수 있다. 그리고 그것이 진언종에서 말하는 '기양(祈禳)의 정의(正意)'이다. '세간이 곧 출세간이며[世間卽出世間] 세상 만물이 진리라는[卽事而眞] 진언법교(眞言法教)'로 이끌고 있는 것이다.[37]

그때 국민이 호지(護持)하는 공통된 계율이 십선계이며 그들이 모범으로 삼은 것이 이른바 '십선의 왕'인 천황이라는 것이 된다. 거기에는 한편으로는 국민국가 통합이라는 사명의 정점에 천황이 존재하는 동시에, 또 한편으로는 '세간'·'출세간'에 걸쳐 서로 대체 가능한 존재로 천황과 민중을 규정하는 관계성이 여전히 살아 있다. 그리고 운쇼의 구상에서는 의례의 장(場)에 천황이 참가하고 그곳에서의 상징조작을 통하여 그 둘을 결부시키는 역할을 맡는 것이 새로운 '국교'로서의 불교였다.

그러나 실제로 재흥된 후칠일어수법에서는 '옥체가지'나 그들이 바라던 교토고쇼[京都御所] 내부에서의 거행은 받아들여지지 않아

---

37 釋雲照(1882), 「宗教祈禳辯」.

진언종 입장에서는 불만이 남게 되었다. 그리고 그것은 '종교'로서의 그들 자신을 출세간에서 천황과 국민 앞에서 초월적으로 행동하는 존재로, 한편으로는 국민 일반층과의 차별화를 도모하여 천황과의 거리감을 없애려는 지극히 세속적인 존재로서 자리매김하게 된다. 훗날 후칠일어수법은 이벤트성 행사의 양상을 띠게 되지만 그러한 사실이나 도쿄진언원(東京眞言院, 어수법(御修法) 수행 도장)의 건설안 등은 '종교'로서 그들의 입장이 단적으로 드러난 것으로 해석할 수 있을 것이다.[38]

복층적 주체화

야스마루는『근대 천황상의 형성』(1992)에서 민속제례(民俗祭禮) 등에 주목하며 근세 민중사상의 '이단의 코스몰러지' 형성에 대하여 다음과 같이 개관하고 있다.

근세의 각 사상들은 일반적으로 삼교일치론으로 기우는 경향이 있었고, 신도가 주자학의 천리(天理)와 인성론

---

38 예를 들어 재흥 30주년인 1912년에는 의례 때 대여하던 천황의 '어의(御衣)'를 궁중에 봉환하는 것이 허용되었다. 아울러 후칠일어수법의 의례 공간은 도장인 교토·도지에서 도쿄·황거까지 연장되어 사람들에게 '보여주는' 의례로서의 면모가 더해졌다. 도쿄 진언원의 건설안에 대해서는 蓮生,『御修法の起源及沿革』21章「帝都眞言院建立の議」(pp.80-84.) 등을 참조할 것. 이 견해는 이외에도 당시 종내 기관지『전등(傳燈)』의 기사 등에서 나타난다.

을 차용하였으며 불교가 유교의 세속 윤리에 가까운 것이
극히 흔한 일이었다. (…중략…) 근세 후기가 되면 거기에
신국론(神國論)·국체론(國體論)의 색채가 짙어진다. 그러
나 그렇다고 해서 다양한 사상의 계보가 신국론·국체론
의 입장에 서서 기존의 막번제(幕蕃制) 국가를 옹호한다
거나, 근대 천황제국가의 질서관에 직결된다고 단정할 수
는 없다. 각각의 사상이 형성되는 경험의 장(場)이라는 특
질로 인해, 신국론이나 국체론으로 기울면서도 미묘한 이
단성(異端性)을 품은 여러 사상들이 형성된 것이다.[39]

야스마루에 의하면 근세 민중사상의 '이단성'은 어떤 형태가 되었
든 간에, 신국관념이나 권력비판, 혹은 '마음'의 관념을 참조하는 것
에서 싹텄다고 한다. 신·불·유의 삼교일치나 포섭이라는 구조와 더
불어 이렇게 근세 후기에 새로운 사상적 요소가 혼재했던 것을 야스
마루는 '정신사의 카오스'라고 부르며 '근대 천황제는 이러한 반질
서의 계기와 토붕와해(土崩瓦解)의 공포에 맞선 질서의 논리를 통해
가장 잘 이해할 수 있다[40]'고 통찰하고 있다. 그리고 야스마루의 이
러한 견해는 동시적이기보다는 오히려 '정신사의 카오스'로부터 성
립되는 이단적 민중의 주체화론 거울상으로 해석되어야 할 듯하다.
혼란으로부터 생겨난 이러한 주체화의 양상에 대하여 가라타니

---

39   安丸良夫(1992), p.96.
40   앞의 책, p.103.

고진은 포스트구조주의의 관점에서 마르크스의 가치형태론을 검토하는 중에 가치형태(화폐형태·상품) 발생 메커니즘의 근저에 그러한 '탈중심화'가 있다고 생각하였고 그것을 다시금 '차이(差異)의 유희'라는 명쾌한 말로 표현하고 있다. 그리고 거기에 '물론 화폐형태를 비중심화(非中心化)하는 것만으로는 우리들의 과제는 조금도 충족되지 않는다'고 하면서,

> 문제는 무슨 이유로 어떻게 그러한 중심화가 생겨났느냐 하는 것이다. 다시 말해 한 상품의 중심화야말로 그러한 시니피앙 관계의 유희를 지워 없애며 동일성을 형성하고 초월론적인 '가치'를 부여하는 것이므로 우리들은 단순히 '중심 없는 관계의 체계'를 찾아내어 구조주의자처럼 만족할 수 없다. 오히려 의심해야 할 것은 '체계'이고 '구조'이다.[41]

와 같이 거기에서 생겨난 '중심화'의 문제로 논의의 관심을 쏟고 있다.

그러나 여기에서 가라타니도 '차이의 유희'를 근저에 둔 시점을 가지고, '구조주의자는 그 때문에 시니피앙과 시니피에, 혹은 문화와 자연과 같은 이분법에 갇혀있다. 그것은 아직 형이상학이다'라고 비판한 것과 동일한 딜레마에 스스로가 빠져버린 것은 아닐까? '유

---

41   柄谷行人(1978),『マルクスその可能性の中心』, 講談社[講談社學術文庫(1990), pp.37-38.

희의 형이상학'이라고도 할 수 있는 중심화/탈중심화의 이분법이다.

오히려 가라타니 스스로가 인용한, '가치형태와 등가형태는 상관적(相關的) 의존관계에 있고, 서로에게 조건을 부여하여 떼어 낼 수 없는 계기이지만, 동시에 서로를 배제하는 관계 또는 서로가 대립하는 극위(極位)이다[42]'고 한 마르크스의 말을, 중심화나 비중심화라는 대전제 없이 단순한 분석개념으로 다시 읽어내는 것을 통해 주체화에 대한 새로운 논의가 가능해지는 것은 아닐까? 다시 말해 앞서 언급한 마르크스의 다양한 관계성이 복층적이고 역동적으로 구성되는 융통무애(融通無碍)한 중심화와 비중심화의 총체로서의 주체화론이다.

예를 들어 상술한 운쇼의 계율부흥운동에서는 십선계라는 '인간다운 길'을 호지(護持)함으로써, 각자가 '제천(諸天)'·'금륜왕(金輪王)'·'인간계의 모든 왕위'·'인간계의 호귀(豪貴)'와 같이 비유적이고 상호 대체 가능한 '인간'을 실현하는 것이 조정(措定)되어 있었다. 한편으로 지운이 '사람'을 중시할 때에는 '죽음을 두려워하고 삶을 즐기는 것은 같다'라는 현세주의적 혹은 근대적이라고 해도 좋을 '중심화'의 역학이 작용하고 있다. 그것은 대체 가능한 '십선의 왕'이면서도 만세일계의 대체 가능한 '현인신(現人神)'으로 묘사되는 천황의 경우도 그러하다.

또한 후칠일어수법 재흥운동으로 전개된 운쇼의 논의에서는,

---

42   앞의 책, pp.33-34.

서양세속주의나 '종교' 개념의 유입에 의한 그들 주변 상황의 변화—보다 구체적인 계기로는 수미산의의 포교금지—를 받아 밀교의례를 성립시킨 틀이 수미산의에서 십선계로 치환되었다. 천황은 역시 비유적인 '십선의 왕'임과 동시에 공통된 계를 지키는 국민의 정점에 서서 마치 그들의 '계체'가 되는 존재인 양, 의례를 통하여 상징적으로 드러나게 된다. 운쇼가 구상한 이러한 '중심화'는 이미 '상징적'인 주체화론을 말해주고 있다고 볼 수 있다. 그리고 여기에서 '상징적인 주체'로서의 천황은 '세간'과 '출세간'에 걸친 복수의 논리 지평을 통하여 '비유적인 주체'로서의 그것과 공존하고 있는 것이다.

지운에서 운쇼에 이르는 사상적 추이는 직선적인 근대화의 양상 하에서도 이해할 수도 있다. 하지만 상징적인 조작이 아직 명확히 보이지 않는다고 해서 전자(前者)를 왜소하다고 이해하는 것은 결코 좋은 방법이 아니다. 오히려 한층 복층적인 중심화와 비중심화의 다이나미즘이 향후 실증적·사상적인 연구를 통하여 도출될 가능성이 있을 것이다. 아마도 둘 모두 사상사 측면에서는 결코 특이한 사례가 아니다. 그들의 사상은 모두 '상징적인 주체화'와 '비유적인 주체화'를 상보적으로 이해해야 한다는 하나의 유형을 보여주는 듯하다.

마치며

야스마루는 『근대 천황상의 형성』의 후기에서, 제2차 세계 대전 패전일 '옥음방송(玉音放送)'을 들었던 에피소드를 소년 야스마루에게 건넨 어머니의 말을 빌려, 다음과 같이 인상적으로 전하고 있다.

> 그날 나는 집 안에서 확실히 '옥음방송'을 들었고 그후 밖에 나가 담벼락에서 혼자 울었다. 국민학교 5학년인 나는 남 못지 않은 군국 소년이었고 전쟁에 패했다는 사실이 너무나도 분했던 것이다. 그런데 어머니가 와서 "이미 졌으니까 네가 울어봤자 아무 일도 일어나지 않는다. 집에 들어가 어서 점심 먹어라"라는 말을 했던 것이다. (…중략…) 일개 서민이였기에 생활의 전문가인 나의 어머니 같은 사람은, 전쟁도 국가도 귀찮은 침입자로 여겼고, 그런 것들에 쉽게 얽매여 버리는 나와는 정신적인 위상이 달랐다는 것이리라. 어머니도 동네 사람들도 전쟁이나 국가라는 전체 사회에 자신들이 소속되어 있다는 사실을 잘 알고는 있지만 손이 닿지 않는 운명같은 것으로 여기고 어떻게든 받아들이며 참고 살아 온 것이다.[43]

본고에서는 야스마루와 가라타니의 논의를 참조하여 지운과 운쇼의 계율부흥운동을 검토하며 대체 가능한 '비유적인 주체화'와 대체 불가능한 '상징적인 주체화'라는 두 가지 주체화의 특징을 추출

---

43 安丸良夫(1992), p.328.

하였고 그것들이 결합함으로써 만들어지는 '복층적인 주체화'의 가능성에 대하여 전망해 보았다.

기존의 주체론에 의하면 주체화란 이른바 '중심화'나 다름없고 그 복층성을 처리하는 것은 '탈주체화'로서 대치적으로 이해되며 분명히 구별되어 왔는지도 모른다. 다만 위 야스마루의 회고에도 나와 있듯 제국주의적인 팽창 끝에 모든 자산을 동원하다가 결국 '패하고 만' 근대국가 일본과 그러한 침입자를 '어떻게든 받아들이며 참고 살아 온' 사람들의 모습을 대치적으로 비교해 보면 살아 남기 위한 복층적인 사상으로서의 민중사상에 대하여 생각하는 것은 결코 의미 없는 일은 아닌 듯하다. 일본의 근대화와 자본주의적 정신의 양성(釀成)이라는 테마에 대해서도 향후 역시 그러한 관점에서 재검토할 필요가 있을 것이다.

야스마루는 위 인용에 이어 '그렇지만 생활에서 불거진 과도한 관념에 사로잡혀 살게 되는 기묘한 소년은 마을생활의 주변부에서도 찾을 수 있다[44]'라고 하며 자신의 모습을 발견한다. 필시 야스마루 자신도 본고에서 언급한 복층성의 사고에 둔감했던 것이 아니다. 오히려 매우 민감했기 때문에 '마을생활'의 '주변부'에 스스로를 둔 것은 아닐까? 그리고 그러한 야스마루의 사상적 행동의 신중함을 어떻게 재구성할지, 혹은 어떻게 결합할지 하는 변형들이 '복층적인 주체화'라 불리는 양상의 가장 중요한 모습일 것이다.

---

44   앞의 책, p.329.

참고문헌

阿部貴子・阿部宏貴(2010),「雲照律師の世俗性」,『現代密教』21號.

阿滿利麿(1993),「近世日本における〈現世主義〉の成立」,『日本研究』9卷.

池田英俊(1957),「雲照の戒律主義について」,『印度學佛教學研究』5卷1號.

池田英俊(1960),「慈雲の明治佛教に與えた思想的な影響について」,『印度學佛教學研究』8卷1號.

伊藤尚德(2016),「慈雲の思想－神儒佛三敎一致の構造」,『蓮花寺佛教研究所紀要』9號.

伊藤尚德(2017),「雲傳神道における灌頂儀禮について」,『蓮花寺佛教研究所紀要』10號.

伊藤尚德(2018),「釋雲照の三敎融和思想－慈雲飲光との比較から」,『蓮花寺佛教研究所紀要』11號.

柏原祐泉(1980),「慈雲「十善戒」の歷史的役割」,『印度學佛教學研究』29卷1號.

龜山光明(2018),「戒律の近代－釋雲照における初期十善戒思想の展開」,『文藝研究－文藝・言語・思想』185集.

龜山光明(2018),「戒律主義と國民道德－宗門改革期の釋雲照」,『近代佛教』25號.

龜山光明(2019),「持戒僧の近代－釋雲照のメタヒストリーをめぐって」,『大阪大學日本學報』38號.

龜山光明(2019),「舊佛教の逆襲－明治後期における新佛教徒と釋雲照の交錯をめぐって」,『宗教研究』93卷1號.

柄谷行人(1978),『マルクスその可能性の中心』,講談社[講談社學術文庫(1990)].

空海(822),「平城天皇灌頂文」,『弘法大師全集』2輯,六大新報社(1910).

草繫全宜(1913),『釋雲照』上,德教會[東洋書院(1978)].

境野黃洋(1933),「大內靑巒先生のことども」,『現代佛教』明治佛教の研究・回顧 十周年記念特輯號(105號).

佐藤弘夫(1998),『神・佛・王權の中世』,法藏館.

慈雲(1922),『十善法語 卷第一』(長谷寶秀編『慈雲尊者全集』11卷,高貴寺[思文閣(1974)]).

慈雲(1922),『十善法語 卷第二』(長谷寶秀編『慈雲尊者全集』11卷, 高貴寺[思文閣(1974)]).

島地默雷(1872),「三條教則批判建白書」,『島地默雷全集』1卷, 本願寺出版協會(1973).

釋雲照(1882),『大日本國教論』, 眞言宗法務出張所.

釋雲照(1882),「宗敎祈禳辯」,『明敎新誌』1882年11月8日號.

釋雲照述·月海隆圓聞記(1879),「菩薩戒之說」,『說教要誌』36號, 弘教新聞局.

守覺,『秘鈔』卷第3「光明眞言 後七日〈付加持香水〉」,『大正新脩大藏經』78卷.

高木博志(1997),『近代天皇制の文化史的研究 — 天皇就任儀禮·年中行事·文化財』, 校倉書房.

土宜法龍(1881),「宗教と社會の關係(上篇)」,『明教新誌』1881年11月18日號.

土宜法龍(1881),「宗教と社會の關係 上篇(前號の續き)」,『明教新誌』1881年11月20日號.

二條昭實,「又秘說」(「二條家文書」同志社大學藏).

中川善教(1984),「有部の戒體」,『佛教における戒の問題』, 平樂寺書店.

安丸良夫(1992),『近代天皇像の形成』, 岩波書店[岩波現代文庫(2007)].

廣安恭壽(1893),『宮中後七日御修法沿革記』, 傳燈會.

『明教新誌』1882年8月26日號.

일본근세의 '괴이怪異'와 자본주의 정신

기바 다카토시

들어가며

이 글에서는 상품화와 합리화를 중심으로 자본주의와 관련된 동향을 살펴보면서 일본근세의 '괴이'를 둘러싼 문화적 상황을 고찰하고자 한다. 여기에서 말하는 괴이는 편의상 '괴상한 현상을 가리키며, 천변지이를 포함한 괴물[化物]·요괴(妖怪)·불가사의 등으로 표현하는 대상을 포괄하는 개념'으로 정의한다.

먼저 자본주의 동향을 고찰하는 데 있어 괴이에 착목한 이유를 가네다마[金靈]라는 괴이를 예로 들어 설명하도록 하겠다.[1]

가노파[狩野派][2] 화가 도리야마 세키엔[鳥山石燕]은 괴물 그림의 그림본을 다수 출판했다. 그 가운데 1779년에 출판된 『곤자쿠가즈쇼쿠햣키[今昔畵圖續百鬼]』에는 저택 창고로 금과 은이 들어오는 '가

---

1   가네다마에 대해서는 다음 논문을 참고했다. 香川雅信(2006),「妖怪としての貨幣　金靈をめぐって」, 小松和彦編, 『日本人の異界觀』, せりか書房.
2   역주: 가노파는 무로마치 후기 가노 마사노부[狩野正信]로 시작된 일본화의 최대 유파이다.

[그림 1] 『곤자쿠가즈쇼쿠핫키』의 '가네다마'

네다마'가 묘사되어 있다[그림 1].[3] 여기에 그려져 있는 고반[小判][4]은 화폐를 사용하는(금화를 중심으로 경제가 움직이는) 에도가 무대라는 것을 의미한다. 그림에는 "가네다마는 금기(金氣)이다. 당(唐)나라 시에는 '탐심을 내지 않으니 금과 은의 기운을 알고[不貪夜識金銀氣]'라는 표현이 있다. 또한 논어에도 '부귀는 하늘에 있다[富貴在天]'는 글이 있다. 사람이 선한 일을 하면 하늘이 복을 주는 것은 필연적 이치이다"라는 설명이 적혀있다.

1785년 간행된 도라이 산나[唐來參和]의 기보시[黃表紙][5] 『기루나노네카라가네노나루키[莫切自根金生木]』는 부유함에 실증을 느끼고 가난해지기를 원하는 만만선생(萬萬先生)이 큰 손해를 보려고 돈을 투자하지만 오히려 이윤이 발생해 더 큰 부자가 된다는 이야기이다.[6] 내용을 일부 소개하면 ① 가격 하락을 예상하고 쌀을 매점하면

---

3 『곤자쿠가즈쇼쿠핫키』에 대해서는 다음 논문을 참고했다. Hiroko Yoda and Matt Alt(2017), *Japandemonium Illustrated : The Yokai Encyclopedias of Toriyama Sekien*, Dover Publications.

4 역주: 고반은 16세기 후반부터 에도시대에 걸쳐 유통된 타원형의 금화이다.

5 역주: 기보시는 에도시대 출판된 소설책의 한 종류로 그림의 비중이 높고 해학적인 내용이 많다.

6 『기루나노네카라가네노나루키』에 대해서는 다음 논문을 참고했다. 三好純(1991),

[그림 2] 『기루나노네카라가네노나루키』

흉작으로 쌀 가격이 치솟아 돈을 벌고, ② 어부를 고용해 후릿그물을 끌게 하면 금과 은이 걸리고, ③ 미호[三保] 소나무 숲을 개간하면 금이 나오는 식이다. 참고로 ①은 쌀도매상, ②는 호시카[干鰯 작은 물고기를 말려서 만든 비료. 구매하는 비료]도매상, ③은 목재도매상에 대한 비유이다. 마지막에는 자신의 창고에 들어있던 금과 은을 전부 바다에 버린다. 그러나 버려진 금과 은이 한 덩어리가 되어 공중으로 날아올라 온 세상의 금과 은을 끌어 모으고, 결국 2배가 되어 창고로 돌아온다[그림 2]. 책은 그 장면을 다음과 같이 적고 있다.

버린 금과 은이 하나의 덩어리가 되어 공중으로 날아오르니, 그 기세에 끌려 온 세상의 금과 은이 한데 모여 만만

「黄表紙の資本論―『莫切自根金生木』の再解釋―」, 『江戶文學』 6.

의 보물창고를 향해 날아오는 장면은 차마 눈 뜨고 볼 수 없는 광경이었다. 집안사람들을 보물창고 지붕에 올려보내 가네다마를 막도록 했다.[7]

도라이 산나는 날아서 돌아오는 금과 은의 덩어리를 '가네다마'로 표현했다.

『기루나노네카라가네노나루키』는 만만선생이 비록 신앙의 대상을 재물신 다이코쿠[大黑][8]에서 가난의 신으로 바꿨어도 신불(神佛)에 대한 신앙을 간직한 상태에서, 자본의 투하와 이윤의 발생이라는 자본의 운동을 이야기로 표현한 것이다. 여기서 가네다마는 이윤을 자기증식하는 자본 그 자체에 대한 풍자이다.

지금까지 두 가지 사례를 통해 살펴본 가네다마는 18세기 후반 이후에 에도를 중심으로 형성된 도시 민중의 화폐관에서 탄생한 도시 전설이다. 이 이야기에는 부와 가난이 가네다마라는 외부에서 찾아오는 요소에 의해서 발생한다고 여기는 사람들의 생각도 담겨 있다.

가네다마처럼 에도시대의 문화(에도문화)에서도 자본주의'적' 현상을 다수 발견할 수 있으며, 괴이를 둘러싼 문화상황 역시 예외가 아니다. 그런데 이러한 자본주의'적' 현상은 당시 사람들에게 어떤 의미가 있었을까? 당시의 실태를 파악하는 작업은 칼 마르크스가 말

---

7 水野稔校注(1958), 『日本古典文學大系 59』(『黃表紙洒落本集』), 岩波書店, p.131.
8 역주: 다이코쿠는 칠복신(七福神)의 하나로 복덕과 재물을 관장하는 신으로 알려져 있다.

하는 '자본주의' 또는 막스 베버가 말하는 '자본주의 정신'을 과거의 문화에서 발견하고자 하는 후세 사람의 시선을 상대화(相對化)한다.

이러한 문제의식을 바탕으로 본 논문에서는 에도문화의 상품화와 합리화(탈주술) 국면을 인간과 괴이의 관계를 통해 고찰해보고자 한다.

상품화

먼저 상품화에 대해서 살펴보겠다.[9] 18세기 후반 이후 전개된 에도 중심의 도시문화를 살펴보면 기뵤시 등의 문예작품에 괴물이 인간적 캐릭터로 등장하고, 오니무스메[鬼娘][10]와 인어 등의 괴이한 모습을 한 존재가 미세모노[見世物][11]로 흥행되었으며, 가부키[歌舞伎]에서는 유령이나 괴물이 대규모 장치를 사용해 등장하고, 마술에 의해 괴이가 탄생하기 시작한다. 즉 오락에서 괴이는 상품화, 바꿔 말하면 탈(脫)신비화하여 인간이 제어할 수 있는 존재가 되었다. 가가와 마사노부[香川雅信]는 이러한 도시문화의 동향을 '요괴혁명', 다시 말해 '요괴'를 인공적 기호로 만들어 현실성을 제거함으로써 가

---

9 마르크스 자본주의에 대해서는 다음 책 등을 참고했다. 佐佐木隆治(2016), 『カール・マルクス─「資本主義」と闘った社會思想家』, 筑摩書房.

10 역주: 오니무스메는 외모가 흉하거나 무섭게 생긴 젊은 여자. 에도시대 시체를 먹는다는 등의 설명이 더해져 구경거리로 등장했다.

11 역주: 미세모노는 진귀한 물건이나 예능 등을 돈을 받고 보여주는 흥행 또는 그 전시물을 가리킨다.

상의 존재로 변용시켰다(요괴의 "표상"화)고 평가했다. 그렇게 함으로써 '요괴'의 의미가 공포에서 오락의 대상으로 전환되었다는 것이다.[12]

이러한 괴이의 상품화(요괴혁명)가 성립하기 위해서는 발신·생산자(흥행주·한모토[版元][13]·작가들)와 수신·소비자의 관련성이 전제되어야 한다. 그런 이유에서 괴이의 상품화에 나타나는 발신자·수신자의 관계성을 ① 미세모노와 ② 우키요에[浮世繪][14]를 통해서 검토해보도록 하겠다.

① 미세모노

근세의 미세모노에 대해서 구로다 히데오[黒田日出男]는 "근세의 '미세모노'는 시대와 사회의 변동·변화·발전을 민감하게 반영하는 징후적인 것"으로 파악하고[15], 아사쿠라 무세이[朝倉夢聲]가 분류한 미세모노의 세 가지 유형인 기술류(伎術類), 천연기물류(天然奇物類), 세공류(細工類) 가운데 천연기물류는 "사람들에게 이인성(異人性)·이류성·이계성의 극치를 보여주는 것"으로 "이들의 기괴함이 호기

---

12 香川雅信(2013), 『江戸の妖怪革命』, 角川學藝出版.
13 역주: 한모토는 도서 등 인쇄물의 출판 주체, 책의 발행처를 말한다.
14 역주: 우키요에는 주로 목판화로 제작된 에도시대의 풍속화이다.
15 黒田日出男(1994), 「見世物と開帳」, 『歷史を讀みなおす 17 行列と見世物』, 朝日新聞社, p.70.

248 일본자본주의 정신사

심에 가득 찬 사람들을 끌어들였다"고 설명했다.[16]

이러한 천연기물류의 예로 인어의 미세모노를 소개하겠다. 미세모노 홍행에 출품된 인어의 미이라는 큰 인기를 누렸다.[17] 미세모노 홍행에서는 히키후다[引札]라는 광고용 인쇄물이 제작되고 판매되었다. 인어의 모습을 부적이나 가와라반[かわら版][18] 등의 인쇄물로 판매하는 경우도 있었다(명칭은 진자히메[神社姬] 등으로 변경되었다).[19] 이러한 발신에는 미세모노의 홍행주는 물론이고 그림을 그리는 화공과 그것을 판매하는 한모토가 함께 참여했다. 인어의 광고글에 주목하여 홍행주(발신자)와 고객층(수신자)의 관계를 살펴보고자 한다.

1805년 5월에 작성된 『인어도』에는 현재 도야마현[富山縣]에 해당하는 엣추 지방[越中國]의 호조가후치 요모노우라[放生淵四方浦]에 나타난 인어의 특징(몸길이 약 10.5m, 양쪽 옆구리에 눈이 세 개씩 있다 등)이 적혀 있다. 글의 끝부분에는 "이 인어를 한번 본 사람은 수명이 길어지고 나쁜 일과 재난을 벗어나 한평생 행복하며 능히 복과 덕과 행복을 얻는

[그림 3] 『인형어 악병제』

---

16 위의 책, p.60.

17 山中由里子(2017),「捏造された人魚―イカサマ商賣とその源泉をさぐる」, 稲賀繁美編, 『海賊史觀からみた世界史の再構築 交易と情報流通の現在を問い直す』, 思文閣出版, 참조.

18 역주: 가와라반은 에도시대 다양한 사건을 목판으로 인쇄해서 판매한 한 장으로 된 출판물이다.

19 笹方政紀(2018),「護符信仰と人魚の効用」, 東アジア恠異學會編, 『怪異學の地平』, 臨川書店.

다"고 적혀 있다.

또 다른 자료인 [그림 3] 『인형어 악병제(人形魚 惡病除)』에는 인어의
미이라로 추정되는 그림과 "이것을 보면 수명이 길어진다"는 한 줄의 문
장이 들어 있다.

이렇게 인어가 그려진 히키후다와 가와라반에는 단순히 인어의
진귀함뿐 아니라, 인어를 보면 장수하거나 병에 걸리지 않고 재난을
면한다는 등의 효능이 함께 적혀 있었음을 알 수 있다. 낙타와 표범
등 진기한 짐승의 미세모노 흥행에 대해서 고찰한 요시다 노부유키
[吉田伸之]는 "한편 진기한 이류는 즉시 박물학적 식견에 비추어 사
실에 입각해서 과학적으로 설명하려고 했다. 또한 진기한 짐승의 영
성(靈性)과 주술성이 과대하게 강조되면서 동시에 약효 등의 실용성
도 선전되었다"[20]고 지적했다. 인어의 경우도 마찬가지였다(인어를
먹으면 장수한다는 속설은 에도시대 널리 알려져 있었다). 요시다는 또한
"민중의 이류관·타자관(他者觀)은 적어도 진기한 짐승의 미세모노
에서는 순수하게 존재 그 자체로서의 짐승을 직접 마주하고 형성되
지 않았다. 그곳에는 흥행주 그리고 흥행주의 지시를 받은 히키후다
작가들에 의해서 여러 단계의 해설과 의미부여가 개재되어 있다"[21]
고 말한다. 돈을 내고 인어의 미이라를 구경하거나 인쇄물을 구매하
는 소비자, 다시 말해 인어를 소비할만한 가치가 있는 대상으로 판

---

20   吉田伸之(2003),「「珍禽獸」の見世物と異類觀」,『身分的周緣と社會=文化構造』, 部落問題研
      究所, p.160.
21   앞의 책, p.160, 171.

단한 사람들의 욕구에 부응하기 위해서 발신자(흥행주·한모토·화공들)는 소비자가 원하는 새로운 가치(실용성)를 인어에게 부가했다.

미세모노의 또 다른 예로 '히토쓰야[一つ家]'를 살펴보겠다. '히토쓰야'는 무사시 지방[武藏國]의 아사지가하라[淺茅ヶ原], 현재 도쿄 센소지[淺草寺]의 동쪽에 있던 들판에 살면서 여행자를 집에 묵게 하고 죽여서 금품을 빼앗는 괴노파 '오니우바[鬼姥]' 전설을 소재로 삼고 있다. 1856년 2월부터 아사쿠사 오쿠야마[淺草奧山]에 위치한 와카미야이나리신사[若宮稻荷神社] 앞에서 마쓰모토 기사부로[松本喜三郎]가 제작한 '이키닌교(生人形)'의 미세모노 흥행이 시작되었다.[22] 이키닌교는 마치 살아있는 것처럼 만들어진 등신대 인형으로, 기사부로는 당시 이키닌교 작가로 평판이 높았다. 이키닌교는 세공류의 미세모노로 분류할 수 있다. '히토쓰야'에는 생생함과 더불어 불쾌감이 두드러졌다. 1855년 우타가와 구니요시[歌川國芳]가 그린 거대한 '히토쓰야'의 에마[繪馬][23]를 센소지에 봉납한 것을 계기로 기사부로는 히토쓰야의 이키닌교를 제작했다. 풍속을 문란하게 만든다는 이유로 약 한 달 반 뒤에 흥행은 중지되었지만, 그 사이에도 에마를 그린 우타가와 구니요시 본인과 제자들은 히토쓰야의 이키닌교를 그려서 팔았다.

22　'히토쓰야'의 이키닌교 흥행에 대해서는 다음을 참고했다. 小松和彦(2018), 「二つの「一つ家」—國芳と芳年の「安達ヶ原」をめぐって」, 德田和夫編, 『東の妖怪·西のモンスター 想像力の文化比較』, 勉誠出版.

23　역주: 에마는 소원을 빌 때나 소원이 이루어진 사례로 말 대신에 신사나 절에 봉납하는 그림판이다.

[그림 4] '에혼반즈케'

여기서 주목할 부분은 '히토쓰야'를 포함해 1856년 센소지에서 개최된 흥행에 관한 에혼반즈케[繪本番付][24](한모토 야마구치야 도베[山口屋藤兵衛])가 작성되었다는 점이다[그림 4]. 표지에는 "센소지 오쿠야마에서 흥행하다[淺草寺奧山に於て興行仕候]"라고 적혀 있고, 표지 뒷면에는 "그대로 옮겨 그린 이키닌교[正うつし生人形]"라는 글과 함께 제작자 "히고 지방 구마모토 세공인 마쓰모토 기사부로·동문 헤이쥬로[肥後國熊本細工人 松本喜三郎·同平十郎]"와 흥행주 "다유모토 고지마 만베이[太夫元 小嶋萬兵衛]"가 명기되어 있다. 안에는 '히토쓰야'를 비롯한 이키닌교 그림이 수록되어 있다.[25] 미세모노 흥행의 경우, 미세모노를 주최하는 흥행주(고지마 만베이), 이키닌교 제작자(마쓰모토 기사부로), 광고를 맡은 반즈케의 한모토(야마구치야 도베) 그리고 이키닌교를 그린 화공이 함께 발신을 담당했다.[26] 이러한 상황에서 실물을 전시하는 미세모노뿐 아니라 출판을 포함한 미디어믹스적 요소를 발견할 수 있다.

---

24   역주: 에혼반즈케는 작품과 배우 등의 대상에 순서를 매겨 그림과 함께 차례대로 기록한 것이다.

25   國立歷史民俗博物館(2010), 『見世物關係資料コレクション目錄』, p.133.

26   요시다 노부유키는 가부키 등의 예능 = 상품으로서의 예능은 예능자집단, 연기관련자, 자야[茶屋]의 공동 작업으로 성립되었다고 설명한다. 吉田伸之(2003), 「「江戶」の普及」, 『身分的周緣と社會=文化構造』, 部落問題研究所.

미세모노를 통해 살펴본 괴이의 상품화에서 발신자(홍행주·인형 제작자·화공·한모토 등)는 소비자(관람자·구매자)가 무엇을 원하는지 파악하고 새로운 가치를 생산해 나갔다. 이러한 전개에는 인간(생산자)에게 괴이는 통제할 수 있는 존재이며, 소비자 역시 통제할 수 있다는 자각이 전제되어 있다고 할 수 있다.

② 우키요에: 우타가와 구니요시의 1843년 작품
『미나모토노요리미쓰코 야카타쓰치구모사쿠 요괴도[源賴光公舘土蜘作妖怪圖]』를 중심으로

이어서 우키요에를 살펴보겠다. 우키요에는 당시의 풍속이나 공연장면 등을 그린 그림으로 괴물이나 유령을 그린 것도 다수 판매되었다.

이 글에서는 1843년에 출판된 우타가와 구니요시의 『미나모토노

[그림 5] 『미나모토노요리미쓰코 야카타쓰치구모사쿠 요괴도』

요리미쓰코 야카타쓰치구모사쿠 요괴도』를 살펴보고자 한다[그림 5]. 이것은 헤이안시대의 무사 미나모토노 요리미쓰의 저택을 배경으로, 자고 있는 요리미쓰와 휴식을 취하는 수하인 사천왕(四天王)을 쓰치구모[土蜘蛛]를 필두로 하는 괴물 무리가 습격하는 그림이다. 에도의 민중은 이 그림을 풍자화로 해석했다. 다시 말해 괴물은 당시 덴포개혁[天保の改革]27으로 고통을 겪고 있던 민중, 미나모토노 요리미치는 막부의 수장인 쇼군 도쿠가와 이에요시[德川家慶], 사천왕은 개혁을 추진한 막부의 수뇌부(사천왕 중 한명인 우라베 스에타케[卜部季武, 그림 오른쪽에서 두 번째 인물]의 옷에 그려진 가문(家紋)이 개혁을 추진한 지도자 미즈노 다다쿠니[水野忠邦]의 가문과 동일했기 때문)로 여겨졌다. 에도의 민중은 괴물의 의미를 장사 등으로 다양하게 해석하면서 이 그림을 감상하며 즐겼다. 예상외로 많이 판매되자 한모토는 막부를 풍자한 죄로 처벌받을 것을 우려해 자발적으로 출판을 중단했지만, 민중의 요구에 부응하는 형태로 해적판과 유사한 그림이 다수 제작되었다. 그러나 결국 적발되어 관계자는 처벌을 받았다.28

이 사건에는 한 장의 우키요에 판화에서 정치 비판을 (멋대로) 발견하는 민중이 존재하는 동시에 민중의 동향을 제어하지 못하는 한모토가 존재한다. 다시 말해 소비자를 제어할 수 없는 생산자의 존

27　역주: 덴포개혁은 덴포연간(1830~1844)에 이루어진 막부와 번의 정치개혁이다. 검약과 풍속단속을 단행하여 서민생활을 통제하고 물가인하 등의 정책을 실시했다.

28　이 주제에 대해서는 다음 책이 자세히 다루고 있다. 南和男(1997), 『江戸の風刺畫』, 吉川弘文館.

재가 확실하게 드러나고 있다. 상품(주물 呪物)에 의해서 인간이 크게 영향을 받는 물상화(物象化)가 일어났다고도 표현할 수 있다.

근세의 도시문화에서는 괴이, 베버가 말하는 자본주의 정신으로 표현하면 주술적 영역의 대상조차도 인간이 제어할 수 있는 매매의 대상 다시 말해 상품으로 여겨졌다. 상품화된 괴이는 발신자와 수신자 사이를 오가면서 다양하게 전개되었다. 그러나 때로는 발신자가 의도하지 않은 방향으로 나아가 제어할 수 없는 경우도 발생했다.

합리성

이어서 베버가 설명하는 자본주의 정신과도 관련이 있는 합리화[29]와 괴이에 대해서 살펴보도록 하겠다. 이번 장에서는 근대화에 관한 민중사상사의 주요 연구에서 나타나는 괴이의 부정(제거·극복·계몽)에 대해서 검토할 것이다.

야스마루 요시오[安丸良夫]는 「일본의 근대화와 민중사상」[30]에서 유명한 통속도덕론에 대해 설명하고 있다. 통속도덕론이란 민중의 근대화는 근면·검약·금욕 등의 통속화된 유학적 덕목을 실천함으로써 이루어지는 주체적 자기실현과 깊은 관련이 있으며, 그러한 실

---

29 베버가 생각하는 합리화(탈주술화)에 대해서는 다음 책을 참고했다. 橋本努(2019), 『解讀ウェーバー『プロテスタンティズムの倫理と資本主義の精神』』, 講談社.
30 安丸良夫(1999), 『日本の近代化と民衆思想』, 平凡社. (초출 1974)

천은 유심론적 세계관('마음'의 철학)에 의해 뒷받침된다는 이론이다. 야스마루는 유심론적 세계관에서 유래한 통속도덕을 실천한 선구자의 예로 가와치야 가쇼[河內屋可正]를 소개했다. 가와치야 가쇼는 현재 오사카부 미나미카와치군 가난초[大阪府南河內郡河南町]에 해당하는 가와치 지방[河內國]의 이시카와군[石川郡] 다이가쓰카[大ヶ塚] 마을에 살던 상류농민이자 상인이었다. 야스마루는 17세기말부터 18세기 초에 걸쳐 작성된 가쇼의 문집 『가와치야 가쇼 구기[河內屋可正舊記, 별칭 大雅塚來由記]』에 실린 "괴물은 외부세계에 있는 것이 아니다. 내 마음의 혼란으로 인해 없는 존재가 눈에 보이고 다른 형상의 무엇인가가 나타나는 것이다"[31] 라는 내용에 착목했다.[32]

야스마루는 또한 논문 「'근대화'의 사상과 민속」[33]에서 민속신앙을 중심으로 하는 '주연(周緣)적 현재 실태'를 '민속적인 것'으로 표현하고, 그러한 주연성과 반질서·반도덕, 욕구·희망·불안의 표출 등의 특징이 근대화 과정에서 배제·극복·계몽되어 최종적으로는 근대천황제로 편입되었다고 주장했다.[34]

히로타 마사키는 논문 「'민중봉기[世直し]'로 보는 민중의 세계

31 野村豊·由井喜太郎編(1955), 『淸文堂史料叢書 1』(『河內屋可正舊記』), 淸文堂 p.92.
32 가와치야 가쇼의 유심론적 괴이 인식에 대해서는 다음 논문에서도 다룬바 있다. 기바 다카토시(2019), 「에도 문화 속 요괴」, 한양대일본학국제비교연구소편찬, 『요괴 또 하나의 일본의 문화코드』, 역락.
33 安丸良夫(1986), 「「近代化」の思想と民俗」, 『日本民俗文化大系 1』(『風土と文化＝日本列島の位相』), 小學館.
34 다음 논문도 참고했다. 安丸良夫(1992), 「民俗と秩序との對抗」, 『近代天皇像の形成』, 岩波書店.

상」[35]에서 야스마루가 주장하는 통속도덕으로는 설명할 수 없는 비합리적이고 반도덕적인 가치들의 존재를 '요괴'라고 표현했다. 그는 통속도덕의 범위 외부에 존재하는 초자연적인 부분(토속신앙이나 하야리가미[流行神][36], 경제발전에 따른 욕망의 발로 등)이 에도막부 말기의 민중봉기 상황의 원동력이 되었다고 설명한다.

실제로 문명개화의 문화동향을 살펴보면, 예를 들어 후쿠자와 유키치[福澤諭吉]와도 관련이 있는 계몽학술단체 메이로쿠샤[明六社]가 발행한 대표적 계몽잡지 『메이로쿠 잡지』에는 쓰다 마미치[津田眞道]의 「덴구설[天狗說]」(14-4)[37], 사카타니 시로[阪谷素]의 「호설(狐說)에 대한 의문」(20-3)과 「호설의 광의」(20-4), 쓰다 마미치의 「괴설」(25-3) 등이 실려 있다.[38]

또한 후쿠자와 문하에서 수학하고, 게이오기주쿠[慶應義塾]의 교장이 된 오바타 도쿠지로[小幡篤次郎]는 과학계몽서 『천변지이(天變地異)』(게이오기주쿠, 1872)를 출판했다.[39] 이 책은 번개, 지진, 혜성 등을 유학에서 설명하는 음양오행의 이기론(理氣論)이 아닌 근대 서양과학의 지식으로 해설한다. 책의 마지막 항목은 '음화(도깨비불)'인데, 음화를 "한 조각의 인화수소"로 인해 발생한 현상으로 설명하고

---

35   ひろたまさき(1998), 『差別の視線 近代日本の意識構造』, 吉川弘文館. (초출 1987)
36   역주: 하야리가미는 한 지역에서 일시적으로 폭발적인 인기를 얻어 많은 신자를 보유한 신을 가르키는 말이다.
37   역주: 덴구[天狗]는 신통력을 가지고 하늘을 날아다닌다고 전해지는 얼굴이 붉고 코가 큰 요괴이다.
38   모두 1974년에 발표된 논설이다. 山室信一・中野目徹校注(2008), 『明六雜誌』中, 岩波書店.
39   일본 국립국회도서관 소장.

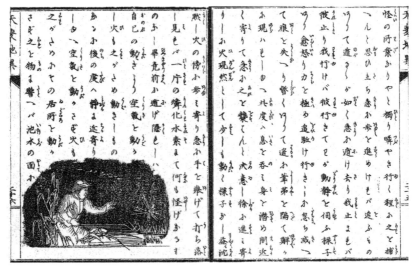

[그림 6] 『천변지이』의 '음화'

있다[그림 6].[40]

　이처럼 문명개화의 추진자가 수행하고, 민중사 연구자도 주목한 근대화(자본주의화) 과정에서 발생한 괴이의 부정은 베버가 말하는 탈주술화(주술에서의 해방), 다시 말해 종교적 의례에 의지하지 않고 일상생활을 철저하게 합리화하여 살아가는 것(『프로테스탄티즘 윤리와 자본주의 정신』)과 관련이 깊다.[41] 근대화 과정에서 발생한 이러한

40　다음 논문을 참고했다. 門脇大(2018), 「怪火の究明―人魂・火の化物」, 堤邦彦・鈴木堅弘編, 『俗化する宗教表象と明治時代 縁起・繪傳・怪異』, 三彌井書店.

41　マックス ヴェーバー(1989), 「第2章 1 世俗内的禁欲の宗教的諸基盤」, 『プロテスタンティズムの倫理と資本主義の精神』, 岩波書店. 아울러 베버는 저서 『직업으로서의 학문』에서 탈주술화를 주지주의적 합리화라는 의미로 사용했다. マックス ヴェーバー(1980), 『職業としての學問』, 岩波書店, pp.31-33.

괴이의 부정과 관련해, 근대 잉글랜드문화의 '악'에 대해 고찰한 알란 맥파렌의 연구를 참고할 수 있다.[42] 근대 잉글랜드 문화(17세기 이후)에는 선과 대항하는 절대적 '악'이 존재하지 않았다. 즉 악에 대한 공포와 관심이 결여되어 있었다(그러나 마녀, 요정, 악마를 믿지 않았던 것은 아니다). 맥파렌은 자본주의 사회는 "선과 악의 세력이 항상 경쟁하는 세계도 아니고, 악의를 가진 인간 내지는 정령에 의한 파괴와 위협에 직면한 세계도 아니다. 궁극적으로 개인은 마음의 순수함과 신의 이해를 통해서 세계를 통제할 수 있다"[43]고 주장하면서, 그 상징적 대상이 선악의 양면성을 지니는 화폐라고 말했다. "자본주의사회에서 악은 선이 되고 선은 악이 된다".[44]

이처럼 괴이에 대한 부정(탈주술화)의 전제로는 근대적 합리(근대적 사유)를 우위로 여기는 인식, 그리고 그런 인식과 표리관계에 있는 괴이는 즉 전근대라는 암묵적 인식이 존재한다.

그렇다면 근대에 있어 합리는 어떤 것이었을까? 앞에서 언급한 오바타의 『천변지이』 서문에는 "세상에서 말하는 천변지이는 모두 이치가 존재하니 본디 신기하게 여길 것이 못 된다. 늘 보고 들어 익숙해 이변이라 생각하지 않는 것이 오히려 놀랍고 두렵다"라고 적혀있다.

『천변지이』보다 약 150년 전인 1715년, 니시카와 조켄[西川如見]

42　アラン・マクファーレン(1992),「惡」,『資本主義の文化』, 岩波書店. (Alan Macfarlane(1987), *The Culture of Capitalism*, Blackwell, Oxford)

43　앞의 책 p.134.

44　앞의 책 p.138.

은『화한변상괴이변단 천문정요(和漢變象怪異弁斷 天文精要)』를 저술하여 출판했다. 이 책은 유학적인 운기론(運氣論)을 통해서 천변지이를 비롯한 괴이를 논단하고 있다.[45] 조켄은『조닌부쿠로소코바라이[町人囊底払]』에서도 천변지이는 "세상에 늘 있는 일"이며, 또한 "천지에 불길한 일은 없다. 불길함은 인간에게 있다"[46]고 설명한다. 천변지이는 '늘 있는 일'이며 인간이 길흉을 보는 것이다. 괴이에 대해서 납득할 수 있게 설명하고자 하는 서양과학과 유학의 노력은 근세에서도 쉽게 찾아볼 수 있다. 야스마루가 예로 제시한 가와치야 가쇼의 유심론적 괴이 인식도 가쇼 본인이 체험한 여우불에 대한 설명을 책에서 찾고자 한 것이 계기가 되었다.

야마가타 반토[山片蟠桃, 1748~1821]는 오사카 도지마[堂島]의 쌀 중계상 마스야[升屋]의 지배인으로 일하면서 막부가 공인한 학문기관 가이토쿠도[懷德堂]에서 공부한 인물이다. 주자학적 무귀론(無鬼論)을 배운 그는 1802년에서 1820년 사이에 완성된 대표 저서『꿈대신에[夢ノ代]』의 발문에 "신 부처 괴물도 없는 세상에 기이하고 묘한 일 불가사의한 일은 더더욱이 없다(神佛敎化物もなし世の中に奇妙ふしぎのことは猶なし)"[47]는 와카(和歌)를 실었다. 반토의 무귀론은 주지주의(主知主義)적이었다. 불가사의한 일은 '없다', 다시 말해 이(理)와 기(氣)로 전부 설명할 수 있다는 입장을 취했다.

---

45   西川忠亮編輯(1899),『西川如見遺書』5.

46   飯島忠夫·西川忠幸校訂(1985),『町人囊·百姓囊·長崎夜話草』, 岩波書店, p.116.

47   水田紀久·有坂隆道(1973),『日本思想大系 43』(『富永仲基 山片蟠桃』), 岩波書店, p.616.

한편 반토와 같은 시기에 성리학을 배워 에도의 막부학문기관 쇼헤이코[昌平黌]에서 유학을 가르친 고가 도안[古賀侗庵, 1788~1847]이라는 인물이 있다. 도안은 국제 정세에 관심을 가졌던 인물로 최근 주목을 받고 있는데, 실은 그는 괴이에도 관심을 가지고 있었다.[48] 1810년 정편(正編)과 속지(續志)가 만들어진 한문괴담집 『긴세이카이[今齊諧]』의 자서(自序)에는 도안이 괴이를 어떻게 인식했는지 적혀있다. 그 내용을 요약해보면, 만물은 세상에 항상 존재하는 것으로 의심할 필요가 없지만 세상 사람들은 무지몽매하여 놀라는 경우가 있고 그것이 바로 괴이이다. 그렇기 때문에 도안은 박식해짐으로써 괴이를 극복할 필요가 있다고 말한다.

도안의 괴이에 대한 인식은 오바타의 천변지이관과도 중복된다. 필자는 이처럼 괴이가 무지와 무경험에서 유래한다고 보는 인식을 '경험론적 괴이 인식'이라 부르는데[49], 이러한 인식은 17세기 중엽에는 이미 나타나기 시작한다. 반도와 도안 모두 주자학적 주지주의를 통해서 괴이를 이해하려고 했지만 괴이에 대한 관점은 서로 달랐다. '없다' 즉 부정을 강조한 반도와 달리, 도안은 (무지한 민중에게) '있다'고 파악하고 부정하는 것이 아니라 지식을 습득함으로써 괴이를 해소하려 했다. 갓파[河瞳][50]에 관한 자료집 『스이코코랴쿠[水虎考略]』(1820년 성립, [그림 7])를 집필한 것은 지식을 습득함으로써 괴

---

48   木場貴俊(2015),「近世社會と學知―古賀侗庵と怪異から―」,『ヒストリア』253.

49   木場貴俊(2012),「一七世紀の怪異認識」,『人文論究』62 - 2.

50   역주: 갓파는 강과 호수 등 물 속에 산다고 전해지는 요괴이다.

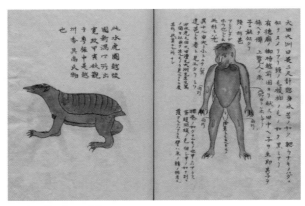

[그림 7] 『스이코코라쿠』

이를 평상화(平常化)하기 위한 하나의 성과였다.

이와 같이 근세의 괴이에 대한 납득의 방법, 다시 말해 합리의 방식은 다양했다. 그러나 근대화 과정에서 나타나는 괴이의 부정이라는 합리가 반드시 우위는 아니었다. 이는 앞에서 예로 든 영성, 주술성, 약효가 실용성으로 화제가 된 인어의 미세모노가 흥행된 사실과도 연관이 있다.

합리의 다양성은 괴이 이외의 부분에서도 확인할 수 있다. 예를 들어 근세 의료에서는 동양의학과 서양의학 그리고 기도 등의 종교의례를 진찰 받는 사람이 주체적으로 취사선택하여 병용했다. 또한 괴이를 부정한 근대 일본에서도 계몽에 대한 반동으로 괴담이 유행하기 시작했다.[51] 심지어 유럽의 심령연구(근대 스피리추얼리즘)가 나

---

51   東雅夫(2010), 『遠野物語と怪談の時代』, 角川學藝出版.

쓰메 소세키[夏目漱石]와 아쿠타가와 류노스케[芥川龍之介]를 비롯한 문호의 작품에 큰 영향을 주기도 했다.[52]

합리는 어떤 사태에 대해서 무엇을 통해 납득할지 주체적으로 선택하는 것이 중요하다. 괴이에 대한 다양한 대응과 어떤 것을 선택했는가 여부는 당시 사람들에게 있어서의 합리를 재고하는 단서가 된다.

마치며

이 글에서는 자본주의(정신)와 관련된 상품화 및 합리화라는 관점에서 근세 일본의 괴이를 둘러싼 문화상황을 살펴보았다. 에도문화에는 자본주의'적' 사물은 절대적 입장이 존재하지 않았다. 괴이에 있어서도 마찬가지였다는 점은 앞에서 설명한 바와 같다. 이러한 문화상황은 근세사회의 밑바탕에 생산양식으로서의 자본주의가 존재하지 않았다는 사실과 연동되어 있을 것이다. 그것은 근대화의 흐름 속에서 괴이에 대한 부정이 일종의 계몽으로 작용한 것과 관련이 있다.

그러나 인어의 미세모노에서 확인했듯이, 주술의 상품화와 탈주술화가 동시에 진행된 점은 주의할 필요가 있다. '자본주의 방식'과 '자본주의 정신' 사이에 간격이 발생하면서도 두 가지가 동시에 기능했음 보여주기 때문이다. 근대사회에서도 비합리(주술)는 꾸준히

---

52   一柳廣孝(2014), 「怪談の近代」, 『文學』15-4. 등.

상품으로 만들어지고 있다.

　자본주의(정신)를 통해서 근세의 괴이를 살피는 시도는 근세 사람들이 생각하는 괴이의 '가치'를 밝히는 시도이기도 했다. 근세의 다양한 가치관 속에서 자본주의'적' 가치관을 규정하는 작업을 통해서 자본주의'적' 상황이 발생한 이유에 대해 탐구해 나갈 필요가 있다.

참고문헌

東雅夫(2010), 『遠野物語と怪談の時代』, 角川學芸藝出版.

アラン・マクファーレン(1992), 「惡」, 『資本主義の文化』, 岩波書店.

飯島忠夫・西川忠幸校訂(1985), 『町人囊・百姓囊・長崎夜話草』, 岩波書店.

香川雅信(2006), 「妖怪としての貨幣 金靈をめぐって」, 『日本人の異界觀』, せりか書房.

香川雅信(2013), 『江戶の妖怪革命』, 角川學藝出版.

門脇大(2018), 「怪火の究明―人魂・火の化物」, 『俗化する宗敎表象と明治時代 緣起・繪傳・怪異』, 三彌井書店.

木場貴俊(2012), 「一七世紀の怪異認識」, 『人文論究』62-2.

木場貴俊(2015), 「近世社會と學知―古賀侗庵と怪異から―」, 『ヒストリア』253.

黑田日出男(1994), 「見世物と開帳」, 『歷史を讀みなおす17 行列と見世物』), 朝日新聞社.

國立歷史民俗博物館(2010), 『見世物關係資料コレクション目錄』.

小松和彦(2018), 「二つの「一つ家」―國芳と芳年の「安達ヶ原」をめぐって」, 『東の妖怪・西のモンスター 想像力の文化比較』, 勉誠出版.

佐佐木隆治(2016), 『カール・マルクス――「資本主義」と闘った社會思想家』, 筑摩書房.

笹方政紀(2018), 「護符信仰と人魚の効用」, 東アジア恠異學會編『怪異學の地平』, 臨川書店.

橋本努(2019), 『解讀ウェーバー『プロテスタンティズムの倫理と資本主義の精神』』, 講談社.

一柳廣孝(2014), 「怪談の近代」, 『文學』15-4.

ひろたまさき(1998), 『差別の視線 近代日本の意識構造』, 吉川弘文館(初出 1987).

マックス ヴェーバー(1980), 『職業としての學問』, 岩波書店.

マックス ヴェーバー(1989), 『プロテスタンティズムの倫理と資本主義の精神』, 岩波書店.

水田紀久・有坂隆道(1973), 『日本思想大系 43』(『富永仲基 山片蟠桃』), 岩波書店.

水野稔校注(1958), 『日本古典文學大系 59』(『黃表紙洒落本集』), 岩波書店.

南和男(1997), 『江戶の風刺畵』, 吉川弘文館.

三好純(1991), 「黃表紙の資本論―『莫切自根金生木』の再解釋―」, 『江戶文學』6.

西川忠亮編輯(1899), 『西川如見遺書』5.

野村豊・由井喜太郎編(1955),『清文堂史料叢書 1』(『河內屋可正舊記』), 清文堂.

安丸良夫(1986),「「近代化」の思想と民俗」,『日本民俗文化大系 1』(『風土と文化 = 日本列島の
　　　　　位相』), 小學館.

安丸良夫(1992),「民俗と秩序との對抗」,『近代天皇像の形成』, 岩波書店.

安丸良夫(1999),『日本の近代化と民衆思想』, 平凡社(初出 1974).

山中由里子(2017),「捏造された人魚―イカサマ商賣とその源泉をさぐる」, 稲賀繁美編『海賊史
　　　　　觀からみた世界史の再構築 交易と情報流通の現在を問い直す』, 思文閣出版.

山室信一・中野目徹校注(2008),『明六雜誌』中, 岩波書店.

吉田伸之(2003),「「江戸」の普及」,『身分的周緣と社會=文化構造』, 部落問題研究所.

吉田伸之(2003),「「珍禽獸」の見世物と異類觀」,『身分的周緣と社會=文化構造』, 部落問題研
　　　　　究所.

Alan Macfarlane(1987), *The Culture of Capitalism*, Blackwell, Oxford.

Hiroko Yoda and Matt Alt(2017), *Japandemonium Illustrated : The Yokai Encyclopedias of Toriya-
　　　　　ma Sekien*, Dover Publications.

[그림 1]『곤자쿠가즈쇼쿠햣키』「가네다마」(Hiroko Yoda and Matt Alt.(2017), *Japan-
　　　　　demonium Illustrated: The Yokai Encyclopedias of Toriyama Sekien*, Dover Publi-
　　　　　cations에서 전재).

[그림 2]『기루나노네카라가네노나루키』(水野稔校注(1958),『日本古典文學大系 59』
　　　　　(『黃表紙洒落本集』), 岩波書店에서 전재).

[그림 3]『인형어 악병제』(國立歷史民俗博物館所藏, 國立歷史民俗博物館編(2015),『大ニ
　　　　　セモノ博覽會 贋造と模倣の文化史』, 歷史民俗博物館振興會에서 전재).

[그림 4] '에혼반즈케'(『見世物關係資料コレクション目錄』國立歷史民俗博物館, 2010에서 전재).

[그림 5]『미나모토노요리미쓰코 야카타쓰치구모사쿠 요괴도』(慶應義塾大學メディ
　　　　　アセンター所藏).

[그림 6]『천변지이』「음화」(國立國會圖書館所藏).

[그림 7]『스이코코랴쿠』(國立公文書館所藏).

18세기 우키요조시로 보는 도시 상공인의 양상과 윤리

-『도세이 미모치 단기』를 중심으로 -

고영란

들어가며

현대 일본 자본주의의 토대가 되는 인식과 문화 형성에 에도시대 (1603~1868) 도시 상공인인 조닌[町人]의 그것이 직접적인 영향을 끼쳤다고 할 수는 없지만, 적어도 그 연원으로서 탐구할만한 가치는 있다고 보인다. 여기서 일컫는 조닌의 인식과 문화라는 것은 평화가 도래한 새로운 사회문화적 환경 속에서 일반 서민이 겪게 되는 경제적 시행착오를 통해 다듬어져 갔다고 볼 수 있다. 요컨대 에도시대에는 반복되는 출전(出戰)이 더는 발생하지 않았고, 이에 따라 적당한 녹봉(祿俸)이 주어지지 않는 대다수의 일반 서민이 스스로 경제적 독립을 해 나아가야 했으며, 그 과정에서 수없이 많은 시행착오를 경험하며 보다 안정적인 경제환경 구축을 위해 선택하고 체화시켜 나아가야 했던 인식과 문화가 바로 에도시대 조닌의 인식과 문화였고, 이것이 오늘날의 일본 자본주의의 인식과 문화의 연원이 되었다고는 할 수 있을 것이다.

한편 조닌 계층, 즉 도시 상공인이 스스로 집필하고 즐긴 문학 중에 대중소설 장르의 하나인 우키요조시[浮世草子]가 있는데, 그 속에서 도시 상공인의 삶과 애환이 묘사되곤 했다. 나아가 우키요조시에는 도시 상공인들이 선택하고 체화해 갔던 윤리가 골계적이고 흥미롭게 묘사되기도 하여, 지금까지 필자는 다음과 같은 관련 연구를 진행해왔다. 우키요조시의 효시라고 할 수 있는 이하라 사이카쿠[井原西鶴, 1642~1693]가 도시 상공인의 성공담과 실패담을 그린 『닛폰 에이타이구라[日本永代蔵]』(1688)에 관한 연구[1], 이하라 사이카쿠를 뒤이은 작가 에지마 기세키[江島其磧, 1666~1735]의 작품 속 상인의 모습과 인식 등에 관한 연구[2], 이하라 사이카쿠 및 에지마 기세키의 도시 상공인 등장 작품 전반을 통해 이해할 수 있었던 17~18세기의 도시 상공인의 축재 양상과 경제 인식 등 관련된 경제문화 양상을 연구해왔다.[3]

그런데 1735년에 간행된 에지마 기세키 작 우키요조시 『도세이

---

1 졸고(2007), 「『닛폰 에이타이구라[日本永代蔵]』에 드러난 교훈의 이면(裏面)」, 『일본어문학』, 한국일본어문학회, 201-220면.

2 졸고(2017), 「호에이기[寶永期] 일본 상인의 재기(再起)」, 『비교일본학』 39, 한양대학교 비교일본학연구소, 237-252면.; 졸고(2017), 「에도시대(江戸時代) 소설에 보이는 낭만과 경제적 현실」, 『일본어문학』 76, 일본어문학회, 213-234면.; 졸고(2016), 「돈[銀]과 유곽문화 -『게이세이이로자미센[けいせい色三味線]』의 경우」, 『일본문화학보』, 한국일본문화학회, 57-73면.

3 졸고(2019), 「에도[江戸]시대 우키요조시[浮世草子]에 묘사된 일본 산업혁명의 전야」, 『인문과학연구논총』, 명지대학교인문과학연구소, 13-38면.

미모치단기[渡世身持談義]』에 관해서는 선행 작품의 문장이나 세계를 답습하였다는 연구[4], 혹은 선행 상공인을 묘사한 작품들보다 수세적인 상공인 묘사가 두드러진다는 연구[5]가 있을 뿐, 구체적으로 당대 도시 상공인이 어떠한 양상을 보이는지, 혹은 도시 상공인의 삶에 어떠한 윤리가 내재되어 있는지에 관한 연구는 아직 이루어지지 않았다. 이에 이 글에서는 『도세이 미모치단기』가 묘사한 도시 상공인의 양상과 윤리를 상세히 들여다보고, 에도시대 중기에 도시 상공인에게 공유된 인식과 문화가 어떠한 것인지 이해하고자 한다. 나아가 에도 중기 도시 상공인의 경제문화를 보다 입체적으로 이해하기 위해서, 『도세이 미모치단기』 전후에 간행된 다양한 글에서 보이는 도시 상공인의 양상과 윤리는 어떠한 것인지 비교적으로 살펴볼 것이다. 흥미롭게도 도시 상공인의 양상과 윤리는 비단 상공인층을 위한 우키요조시에만 드러나는 것이 아니라, 에도 초기인 17세기 초반부터 줄곧 다양한 계층이 집필한 다양한 장르의 서적을 통해 유포되어 갔기 때문이다. 예컨대 『일본사상대계 59 근세조닌사상』[6]에는 에도시대 도시 상공인의 가업과 윤리에 관해 학자, 낭인, 도시 상공인이 남긴 글이 다수 소개되고 있는데, 그중 『도세이 미모치단기』 이전에 간행된 서적을 시기별로 소개하자면, 작자 미상의

---

4 山田登志子(2008), 「〈再錄〉西鶴と其磧—町人物の一部を通して」, 『浮世草子研究資料叢書』 5 권, クレス出版, pp.537-544.

5 吉田澄夫(2008), 「〈再錄〉八文字屋本について」, 『浮世草子研究資料叢書』 5권, クレス出版, p.60.

6 中村幸彦校注(1975), 『日本思想大系 59』(『近世町人思想』), 岩波書店, pp.3-445.

교훈서 『조자쿄[長者敎]』(1627), 낭인이었던 사무카와 마사치카[寒河正親] 저, 『시손카가미[子孫鑑]』(1667), 학자 니시카와 조켄[西川如見]의 『조닌부쿠로[町人囊]』(1719), 대상(大商) 미쓰이 다카토시[三井孝房]가 남긴 가훈서 『조닌코켄로쿠[町人考見錄]』(1728)가 이에 해당한다. 나아가 18세기 일본의 상업 윤리를 보다 풍부하게 이해하기 위하여 『도세이 미모치단기』 이후에 간행된 서적 중에서는 석문심학(石門心學)의 시조 이시다 바이간[石田梅岩, 1685~1744]이 쓴 『도비문답(都鄙問答)』(1739)과 쓰시마[對馬]의 조선 담당 외교관이었던 아메노모리 호슈[雨森芳洲]가 남긴 수필 『다와레구사[たはれ草]』(1789)도 살펴볼 만하다.

그러므로 이 글에서는 우선 『도세이 미모치단기』를 통해 당대 대중소설에서 묘사된 상공인의 양상과 윤리를 살펴보고, 이후에 이를 다양한 계층의 글에서 서술된 것과 비교하여 당대 도시 상공인의 양상과 윤리의 일단을 이해하고자 한다.

『도세이 미모치단기』 속 도시 상공인의 양상과 윤리

『도세이 미모치단기』가 간행된 1735년은 교호의 개혁[享保の改革]이 막바지에 이른 시기였다. 에도시대 8대 쇼군[將軍] 도쿠가와 요시무네[德川吉宗, 1684~1751]가 단행한 교호의 개혁은 열악해진 막부(幕府)의 재정 개혁을 위한 것으로서 사농공상 사민(四民)은 기본적으로 긴축하고 검약하며 막부의 재정 향상에 도움을 주어야만 했다. 이와 같은 사회경제적 상황에서 관심의 대상이 되는 것은 자연히 '돈[金銀]'이 될 수밖에 없었다. 돈을 모으기 위해서 열심히 일하는 것은 당연하지만, 한편으로 갖고 있는 자산을 잃지 않고 보유해 나아가는 것 또한 중요한 일이었다. 이와 같은 인식은『도세이 미모치단기』서문에 다음과 같이 보다 구체적으로 보인다.

여러분, 우리 같은 검약하지 않는 자는 두 계절 사이에 고통을 받으며 힘든 상황에 빠지게 되오. 특별히 다른 사람이 만든 일이 아니오. 스스로의 사치를 자책하게 되오. 무릇 근래의 색도, 사재기, 노름 세 개의 낭비 때문인데, 이는 원하지 않았지만 마치 손해의 삼존법사처럼 오셔서 돈을 빌리는 늪으로 빠지게 하오. (…중략…) 가업에 능숙지 않고 돈을 낭비하는 중생들에게 널리 검약질박의 종문을 권하여 안락세계의 집안에서 처자, 식솔들과 함께 평등하게 안심하며 살라고 생활불법을 알리고, 빈구에 빠진 자들을 돕고자 하오. 이는 여러분의 성공한 삶을 위한 담의설법으로 하나도 빠짐없이 검약을 요점으로 하여 한 푼도 낭비하지 말지어다. 아미타전만큼 빛나서 세상을 밝히니 거짓은 없오. 나무아미타불.[7]

---

7 長谷川強編(1997),『八文字屋本全集 十三』(『渡世身持談義』), 汲古書院, p.251. 「各我等ごときの不始末者は二季の際に困みを受て修羅を燃す。更に他の成云爲に非ず。己が奢己を責是皆近來色道買置諸勝負の三つの費へより願はねども此三損來迎あって借錢の淵に沈淪す。(中略)家業に疎く金銀を費す衆生等に普く始末質朴の宗門を勸めて安楽世界の家の内に妻子從類と

위의 밑줄 친 부분에서 알 수 있듯이 작가는 거듭 낭비를 지양하고 검약질박할 것을 강조한다. 즉 반년 만에 경제적 곤궁에 빠지지 않으려면 '색도, 사재기, 노름'이란 낭비의 원인을 멀리하고 검약해야 하는데, 그렇지 못한 사람들이 많아 마치 불교승려가 설법을 하듯 검약을 요점으로 교화코자 한다는 것이 『도세이 미모치단기』서문의 내용이다.

서문에서 언급하듯『도세이 미모치단기』는 이후에도 강박적으로 '검약'의 두 글자로써 교화코자 하는데, 예컨대 1권 1장의 내용을 자세히 살펴보면 다음과 같다. 술을 받아다가 팔던 어떤 가게 주인은 욕심을 내어 쇠락하였다. 아들은 아버지와 달리 정직하게 저울질하고 술에 공을 들여 이득을 줄이며 팔았고, 이내 입소문이 자자해져서 나중에는 직접 주조하기에 이른다. 이렇게 49년간 돈을 벌어 저 울산 은궤 부자 스님[天秤山丁銀有德上人, 이하 부자 스님]이라고 불릴 정도가 되었다. 이 부자 스님이 빌린 돈에 허덕이는 중생을 구하고자 17일간의 불법을 기획하는데, 그와 뜻을 같이하는 간략사 검약 스님(簡略寺始末上人, 이하 검약 스님)이 찾아와서 자신이 인정사정없이 검약해왔던 바를 설법한다. 부자 스님이 검약과 인색함은 다르므로 요즘 사람들이 검약 스님의 말을 듣지 않을 것이라고 하자, 작은 것이라도 낭비하면 곧 빈곤지옥으로 떨어질 것이라며 자신의 주장

俱に平等に安心なさしめんと世帯佛法を弘め貧苦の輩の助けとする。是偏に面面常住行跡(みもち)の爲の談義說法鰭の尾まで捨ず始末を肝要として一文も仇にすべからずあみだは錢ほど光十方を照らしたまふに噓はなし。南無阿みだ佛々。」이하, 『도세이 미모치단기』의 텍스트로 삼는다.

을 한층 더 강변한다.

흥미로운 것은 부자 스님과 검약 스님의 부모는 공통적으로 곱게 자라 사치하고 낭비하여 집을 빼앗길 정도로 쇠락했는데, 아들들인 스님들은 검약하고 정직하게 일하여 가문을 재기시켰다는 사실이다. 에지마 기세키 작 『세켄 무스코 가타기[世間子息氣質]』(1715) 등 1710년대 작품에서는 부자가 삼대를 가지 못하고, 부모의 자산을 탕진하는 경제적 감각이 없는 아들이 등장했는데, 이제 경제적으로 실패한 아버지의 사업을 이어받아 성공하는 아들들이 주인공으로 거듭난 것이다. 이처럼 쇠락해가는 가문을 성실과 검약으로써 재기시키는 희망적인 경제 상황을 작품 모두에 설정시킨 것을 보면, 『도세이 미모치단기』는 작가 말년의 개인적인 염원이 담긴 작품이라고 볼 수도 있는데, 이와 같은 재기의 염원은 검약 스님이 1권 2장에서 아래와 같이 강변하는 대목에서 이해할 수 있다.

> "길흉화복은 변화하여 정해진 것이 있다고 할 수 없다. 그 변화에 맞추어 가업을 접어야 할 때는 그 장소를 떠나 다른 지역으로 가서 다시 돈을 벌어 고향으로 돌아와서 아내에게 비단을 입히는 것이야말로 사내대장부인 상인이라고 할 수 있다. (…중략…) 그러나 상인은 자산을 위한 뜻이 중요한 것이다, 탱탱."[8]

---

8   텍스트 p.285. 「吉凶兇禍福は變化して定りありといふべからず。そのまはり合せにて、其家 たたむ時は、所を去って他國へ行、二度稼出し故郷へ立帰りて、妻にも錦をかざらせてこそ、大

비록 상황이 좋지 않아 가업을 일단 접더라도 다시 재기할 수 있다는 희망적인 염원이 보이는 위의 검약 스님의 발언에 이어, 1권 3장에서는 재기에 방해가 되는 색을 경계시키는 내용이 전개된다. 모쪼록 색을 경계하고 열심히 일해야 하는데, 자식에게 색을 경계시키지 않는 것은 부모의 잘못이라며 교화하는 것이다. 나아가 색에 빠져 탕진한 자식의 예를 2권 1장에서 들고, 2권 2장에서는 색만큼 무서운 것이 노름이라 하며 구체적인 예를 묘사한다. 또한 2권 3장에서는 욕심 많은 부잣집에 지참금이 있는 며느리를 알선하였는데, 알고 보니 며느리는 가문이 좋지도 않은 여성이었으나 할 수 없이 며느리로 들인다는 일례로부터 과도한 욕심을 지양시키고 있다. 3권 1장에서는 투기했다가 재기한 좋은 예를 다음과 같이 보여주며, 재기를 위해 지양해야 하는 투기도 묘사하고 있다.

욕심 때문에 광산개발, 염전개발에 투기했다가 망한 그릇가게 아들은 검약 스님의 설법을 듣고 마음을 다잡아 가업인 그릇가게를 재기시키고자 한다. 이를 위해 돈을 맡겨두었던 친척 아주머니 집에 다녀오는데, 귀갓길에 색도로 빠지게 하는 괴물인 덴구(天狗)들의 대화를 몰래 엿보게 된다. 덴구들은 중생들을 색도로 빠지게 해야 하는데, 근래에 부자 스님, 검약 스님이라는 두 사람이 검약하라며 교화하고 다닌다고 하니, 덴구들의 종파의 쇠락을 막기 위해 그릇가게 아들을 자신들의 종파로 끌어들이자고 한다. 이 말을 엿들은 그

丈夫の商人とはいはめ。（中略）しかく賣人は身代（＝財産）の志學が肝心かなめでござるチンチン。」

릇가게 아들은 마음을 다잡고 재기하게 된다는 것이다. 이상과 같이 부자 스님과 검약 스님은 1권 2장에서 재기의 가능성을 언급한 이후 3권 1장까지 줄곧 색, 노름, 과도한 욕심, 투기를 지양시키고 열심히 일하여 재기할 것을 당부한다.

그런데 3권 2장에서부터는 『도세이 미모치단기』의 새로운 구도가 전개된다. 색종(色宗)을 권하는 유녀 스님들이 유녀(遊女)들의 시조인 에구치노키미[江口の君]의 고향이 색도와 어울리지 않아 전국적으로 기부금을 받아 본당을 세우고 중생들을 색도에 빠지게 하고자 하는데, 부자 스님, 검약 스님이 중생들에게 검약을 가르친다고 하니 담판을 짓고 오겠다고 한다. 이후 작품은 부자 스님, 검약 스님과 색종 스님들의 입장이 대결하는 구도로 진행된다. 3권 2장에서 유녀 스님인 하나마에[花前] 스님이 부자 스님과 검약 스님에게 젊을 때 유곽놀이를 하지 않았냐고 질문하자, 답하기를 '효도'와 '후세'를 위해서 색도에 빠져서는 안 된다고 한다. 이와 같은 논조는 3권 3장의 아래 언설에서도 확인된다.

여하튼 도시 상공인은 부모로부터 받은 가업에 열중하고, 주인님 덕분인 상업을 게을리하지 않고 그 가문을 확실히 번창하게 하여 가업을 자식에게 넘기고, 세상살이에 여유가 생긴 환갑 지나서 기분 전환으로 유곽놀이도 하는 것이다.[9]

---

9 텍스트 p.293. 「とかく町人は親よりゆづりの家業をはげみ、主親方の影成商をゆだんなく、其家確に繁昌させて、世間をむす子に渡し、浮世隙に成て、六十過て年月の氣ばらしに、女郎ぐ

위와 같은 부자 스님, 검약 스님의 입장에 대해 하나마에 스님은 4권 1장에서 노인이 되어 유곽놀이 하는 것은 민폐요, 쌓아두기만 하는 돈은 소용이 없다고 반박하자, 부자 스님은 "도시 상공인은 정기적인 녹봉이 없기에 오래도록 부귀를 유지하기 어렵다. 그러므로 돈이 항상 많이 있는 것처럼 부잣집 아들들이 생각하는데, (…중략…) 자산은 선조로부터 자손이 영속하도록 저금해 둔 것이니, 자신 일대의 영화를 위해 써버리는 것은 큰 죄를 짓는 것이다. 자신의 일대를 잘 마치고 자식들에게 가산을 넘기는 것은 선조로부터 맡은 것을 선조에게 돌려드리는 도리이다. 이것이 효행의 제일이라, (…중략…) 저세상에 가져가는 것은 아니지만 자손에게 남겨두면 상속하여 오래도록 선조를 재사 모신다. 이것은 유산유흥보다 낫다."[10]고 한다. 이처럼 가산을 유지하고 후손에게 물려주는 것은 '효도'와 '후세'를 위한 것인데, 녹봉이 없는 도시 상공인으로서는 가문의 영속을 위해 색도에 빠질 수 없다는 논리는 기존 상인 등장의 우키요조시에서 보이는 것과 다르지 않다고 하겠다. 즉 도시 상공인이 가산을 유지하고 후대에 넘겨야 하는 궁극적인 이유는 '녹봉이 없는 신분'을 자각하고 있기 때문이다.

るひはするものと。」

10   텍스트 p.299.「町人は常の祿なければ、久しく富貴をたもちがたし。然るに金銀を不斷澤山に有もののやうに、銀持の子は思ひ、(中略)金銀家財は先祖より子孫榮久の爲に貯へ置れし物なれば、我身一分の榮耀榮華についやし失ふは、大き成罪人也。をのれを全ふして又我子にゆづりあたふるは、先祖よりの預り物を又先祖にかへす道理也。是孝行の第一によって、(中略)冥途へ取てゆくにはあらねど、子孫へ殘しをけば、家相續して永く先祖を祭る。是遊山遊興にまされり。」

한편 4권 2장에서는 유녀 스님이 가산 유지를 위한 인간관계도 돈에 의한 것인데, 구두쇠처럼 일만 하면 자식 좋은 일만 시키는 것이요, 인간관계를 위한 예능이나 교양을 유녀를 통해 배양해야 한다고 주장한다. 이에 부자 스님은 여러 예능이나 교양을 하지 말라는 것이 아니라, 가업을 뒷전으로 하니 매몰되지 말라고 하는 것이요, 연말정산 때 마음 편한 사람이 예능 교양 있는 사람보다 낫다고 반박한다. 나아가 4권 3장에서는 유곽놀이도 돈 없이는 못하니 가산유지가 중요하다는 입장과 유녀도 돈을 얻기 위해 하는 업이니 나쁘지 않다는 입장이 대립하고, 5권 1, 2장에서는 기둥서방을 두는 것은 상업이 아닌 사기라는 검약 스님의 입장과 기둥서방은 일종의 상술이라는 유녀 스님의 입장이 대립한다. 격렬해지던 의견 대립은 마지막 5권 3장에서 유곽도 일종의 가업이고 아들들에게 자산에 비례하는 유녀를 만나도록 권하면 검약종과 색종이 무승부라는 결론에 이른다.

이상과 같이 『도세이 미모치단기』는 '녹봉이 없는 신분'을 자각한 도시 상공인들이 가산을 부모로부터 이어받고 유지하여 다시 후손에게 이어주고자 한 과정에서 빠지기 쉬운 색, 노름, 과도한 욕심, 투기를 지양시키고자 한 것인데, 작품의 제목 그대로 '당대 도시 상공인으로서의 신분을 유지하기 위한 담론'을 고스란히 담고 있다고 하겠다. 즉 『도세이 미모치단기』에 보이는 도시 상공인은 '녹봉이 없는 신분'을 자각한 서민층으로서 '효도'와 '후손'을 위해 가업을 유지하고 이어주어야 한다는 점을 의식하여 가문의 영속을 위해 가장 우선되어야 하는 '돈'을 가장 큰 가치로 본다는 사실을 이해할 수 있었다. 『도세이 미모치단기』 1권 3장에서도 언급되듯이 돈이 곧 세상살이의 보증수표이므로[11], 배금주의가 권장될 수밖에 없는 것이다. 그러므로 도시 상공인에게 윤리는 곧 가업의 영속을 위한 것이요, 구체적으로는 돈 그 자체가 삶의 목적이 될 수밖에 없는 것이다. 이와 유사한 도시 상공인의 양상과 윤리는 다음의 글들에서도 확인되니, 비교의 차원에서 다음 장에서 살펴보도록 한다.

상인의 윤리를 긍정하는 사민(四民)

부자들의 이야기를 통해 도시 상공인에게 널리 영향을 끼쳤던 글로서는 1627년에 간행된 작자 미상의 교훈서 『조자쿄』가 유명한데, 이는 이하라 사이카쿠의 『닛폰 에이타이구라』는 물론, 그 이전의 다양한 교훈서에도 이용되었다.[12] 다만 에도 초기의 교훈서인만큼, 앞서 살펴본 『도세이 미모치단기』 보다도 훨씬 더 돈벌이에 희망적인 메시지를 담고 있는데, 구체적인 내용은 다음과 같다.

무릇 돈을 버는 것은 일상의 노력에 의한다. 한 푼도 없

11 　텍스트 p.263. 「同じ人と生れ有德成人のいはるる事は道理にはづれた事でも御尤と詞を用ひ、世をくらしかぬる貧者のいふ事は、人の爲に成ても是をよきとは聞ず。何につけても金なくては世にすすめるかいなき事今さら申には及びませぬ。」
12 　앞의 책, 『日本思想大系59』(『近世町人思想』), p.410. 이하 『조자쿄』, 『시손카가미』, 『조닌부쿠로』, 『조닌코켄로쿠』의 텍스트로 삼는다.

다고 해도 부자가 되고 싶다고 생각하면 될 수 있는 것이
다. (…중략…) 티끌 모아 태산이 되어 일억 부자가 된다.
(…중략…) 필요한 것은 남을 만큼 구하고 필요 없는 것은
부족한 대로 놔둘지어다. 첫째, 돈이 드는 색, 첫 물건 사기
를 중지하고 아까운 것을 팔고 갖고 싶은 것을 사지 말고
돈을 주인님이라고 생각해라. 주인님을 혹여나 사용할까
나. (…중략…) 그 무엇보다도 돈이 갖고 싶은 것이요, 무
릇 금은 불에 들어가도 손해나지 않고 물에 들어가도 썩
지 않고 이윽고 반짝이는 것이니, 가마다야, 나바야, 이즈
미야 이 세 가게는 돈을 잘 분별하여 한 푼, 한 리도 허투루
쓰지 말지어다.[13]

위로부터 알 수 있듯이, 『조자쿄』도 역시 색도나 사치를 경계하
고, 성실하고 검약하여 주인님과 같은 돈을 가능한 사용하지 말 것
을 당부한다. 이처럼 '검약'으로써 돈을 모으며 돈을 숭배하는 배금
주의를 체화해 갔던 에도 초기 도시 상공인들이 밑줄 친 부분과 같

---

13 텍스트 p.9.「それ、かねをまうくるは、つねのせいなり。一りんももたずして、長じゃになり
   たきと、おもへば、なり給ふものなり。(中略)みじんつもって、山となり、一おくの長者とな
   る。(中略)入物をば、あまる程もとめ、いらざる物をば、ふそくすべし。第一、ぜにしあうぶ、
   をんなぐるひ、しょくわいがう、ちやうじして、をしき物をうりて、ほしき物をかわずして、
   銀をば、しうとおもへ。しうを、そもやつかふもの。(中略)なにつけても、かねのほしさよ。
   それきんは火に入ても、そんぜず、水に入ても、くちず、いよいよひかります物なれば、かま
   だや・なばや・いづみ屋、この三人のきんげんを、よくよくふんべつして、一ふん一りんに
   ても、おろそかにつかふべからず。」

이 무일푼에서 시작한 경제적 성공에 대해서도 수긍할 수 있었던 것은 아직 이 글이 다양한 경제적 시행착오를 겪기 이전인 에도 초기의 것이기에 가능했던 것이다.

한편 낭인으로 알려진 사무카와 마사치카의 『시손카가미』에는 저자의 신분과 어울리게 무사를 위한 교훈담도 다수 전개되지만, 도시 상공인에 관련된 언설도 확인되니 이를 다음에서 살펴보자.

> 살아있는 모든 생명 중에 사람이라면 가업을 소중히 여기지 않는 자는 없지만, 경제 상황이 좋을 때는 모든 충분히 있는 것으로 생각하고, 여러 가지 일에 <u>부모가 전해준 보물을 낭비하고 어느새 세상에서 버려져서</u> 그 몸도 악행은 악행인 줄 알면서도, 도박이나 도둑질, 혹은 걸식 등을 하며 살아간다.[14]

위에서 주목할만한 것은 밑줄 친 부분과 같이 돈은 "부모가 전해준 보물"이고 이를 잃으면 "세상에서 버려져서" 쇠락한다는 냉엄한 현실 인식이다. 저자의 신분이 낭인이기에 직접적인 돈벌이를 찬미하기보다는 가업을 소중히 할 것, 탕진하지 말 것을 설파하면서도,

---

14 텍스트 p.56. 「いきとし生けるものの中に、人としては身のすぎはひを、大事におもはぬものはなけれども、手前よき時分は万事たくさんにおもひ、いろいろの事に、<u>おやのつたへられ</u><u>したからをついやし、いつのまにかは世にすてられて、其身もあくはあくと知りながら、ある</u>ひは博奕あるひはきんちゃくきり、さてはこつじきなどして、日をおくりけり。是も因果なりと云也。」

그 내면에는 부모로부터 물려받은 자산을 탕진하면 세상에서의 떳떳한 존립이 어렵다는 현실 인식이 내재되어 있고, 이는 앞서 살펴본『조자쿄』보다 더욱 현실을 직시한 것이라고 하겠다.

다음에서는 도시 상공인의 윤리와 가치를 봉건적인 사회구조 속에서 입체적으로 설파한『조닌부쿠로』를 살펴보자. 1719년에는 8대 쇼군 도쿠가와 요시무네의 천문학에 대한 질문에 직접 답하기 위해 에도에 체재할 정도로 유명했던 저자는 "무릇 도시 상공인은 아랫사람이지만 언제부터인가 천하의 돈을 사용하는 사람이 되어 천하의 금은재화 모두가 도시 상공인이 주도하게 되어 귀인 앞에도 나가는 일도 생기고, 자연스레 그 품위가 농민 위에 있는 것처럼 되었다. (…중략…) 조닌은 사민의 가장 아래 품위이고 윗분들 다섯 신분의 인륜에 이용된다. 이와 같은 세상에 태어나 이와 같은 품위로써 진실로 행복한 것이 아닌가?"[15]라고 언급한다. 도시 상공인은 신분상 아랫사람이지만 현실적으로는 금은재화를 주도하는 사회적인 역할을 하여 이제는 행복한 계층으로 거듭나고 있는 것이 바로 18세기 초기의 현실이었던 것이다. 저자는 사치는 만악의 근원이라며 이를 경계하고[16], 검약은 공을 위한 절약이요, 인색함은 사를 위한 절약

---

15   텍스트 p.88.「一町人は下座なりといへども、いつ比よりか天下金銀づかひとなりて、天下の金銀財寶みな町人の方に主(つかさ)どれる事にて、貴人の御前へも召出さるる事もあれば、いつとなく其品百姓の上にあるに似たり。(中略)町人は四民の下に位して上五等の人倫に用あり。かかる世に生れかかる品に生れ相ぬるは、まことに身の幸にあらずや。」

16   텍스트 p.90.「ある人の云、「驕るもの久しからずといふこと、中にも町人に多き事也。驕るといふは強ちに財寶を費し失ふをのみいふにあらず。かりそめにも町人の分際に過たるよそほひをなせるを驕りとはいふべし。況や過美を風流の遊びにおいてをや。傲は万惡の基とか

이라며 아오토 자메몬[靑砥左衛門][17]의 예를 드는데, 이와 같은 논리는 앞서 살펴본『도세이 미모치단기』와 흡사하다. 나아가 아래글을 보면『도세이 미모치단기』의 저자 에지마 기세키가『조닌부쿠로』를 이용했음은 자명하다.

그 중에도 도시 상공인은 녹봉이 없기에 오래도록 부귀를 유지하기 어렵다. 그렇다고 해서 마음대로 사치하여 (가산을) 낭비하는 것은 아버지의 뜻을 어기는 도리이니, 이는 가장 큰 불효이다. 가산은 선조로부터 자손이 영원히 번영하게 하도록 저금해 둔 것이니 내 일신의 영화를 위해 낭비하여 잃는 것은 큰 죄를 짓는 것이다. 자신의 대를 잘 유지하여 다시 내 자식에게 양도하는 것은 선조로부터 물려받은 것을 다시 선조에게 되돌려 드리는 일과 같다. 이것이 효행의 첫 번째다.[18]

위와 같이 도시 상공인은 녹봉이 없는 신분이기에 가산 유지를 우선해야 하고, 이는 곧 '효도'와 '후세'를 위한 것이라는 내용은『도세

や。よろづのわざはひ是より起れり。」
17   가마쿠라(鎌倉)시대 무사인데 공리를 위해 사리를 버린 인물로서 유명하다.
18   텍스트 p.92.「中にも町人は常の祿なければ、久しく富貴をたもち難し。さりとて驕りほしいままにして費し失ふは、父の志をやぶりそこなふ道理なれば、不孝の罪尤ふかし。家財は先祖より子孫榮久のために貯へ置れし物なれば、我身一分の榮華に費し失ふは大なる罪人なり。おのれまっとうふして又我子に讓りあたふるは、先祖よりの預り物を、又先祖にかへす道理あり。これ孝行の第一なり。」

이 미모치단기』 4권 1장의 부자 스님의 언설과 흡사하다. 다만『도세이 미모치단기』에서 유곽놀이는 탕진으로 이르니 경제적인 이유에서 지양하라고 하지만,『조닌부쿠로』에서 유곽이란 원래 예의 없는 자들의 세계이니 유곽놀이를 하면 예의 없는 사람이 되는 것이라며[19], 궁극적으로 유곽을 경시하는 학자로서의 입장이 글 속에서 명확하게 드러난다.

'효도'와 '후세'를 위한 가업을 강조한 사람 중에는 대상 미쓰이 다카토시도 있었다. 그가 남긴 가훈서『조닌코켄로쿠』의 서문을 보면 그가 실제 상인이었던 만큼 가산의 영속을 강조하고 있는데, 부는 삼대를 가지 못한다고 경계하면서 다음과 같이 언급한다.

교토, 에도, 오사카의 도시 상공인은 원래 조상 대대로, 혹은 시골 사람은 종업원으로부터 시작하여 경험을 쌓아 상업이 커져서 부를 자손에게 이어주고자 그 일대는 열심히 일하고 가업 외에는 마음을 두지 않으며 환난신고를 경험한다. 그 자식은 이 가문을 이어 부모의 고생을 생각하고, 혹은 집안의 부자가 되는 과정을 태어나면서 배우기에 그때까지는 가문을 지키며 열심히 일하지만, 그 손자의 대에 가서는 <u>원래부터 부잣집에 태어나 사물의 어려</u>

---

19 텍스트 p.130.「元来不作法なる人のため、止事を得ずしてたて置ける遊女町なるゆへ、是を渡世とするものをも万人いやしむ故、四民の内に交る事あたはず。此理を知りながら遊女を翫ぶ人は、止むことを得ざるの不作法者の同類と成行も口惜し。」

움이나 돈을 소중히 해야 함을 모른다. (…중략…) 가업에 관해 모르고 비용이 많이 드는 대로 빚쟁이들로부터 돈을 꾸어 이윽고 이자를 못 갚아 파산하는 자, 세상에 자주 있는 일이다.[20]

밑줄 친 부분과 같이 부자의 삼대에 가서 가산 유지의 필요성을 모르는 도시 상공인이 출현하니, 이를 경계하고자 저자는 가훈서를 남긴 것이다. 이는 18세기 초에 간행되기는 했지만, 그 이전의 약 100년 동안의 도시 상공인의 경험이 바탕이 된 것이니, 위의 파산하던 손자들이란 『도세이 미모치단기』 1권 1, 2장에서 쇠락한 것으로 설정되어 있는 아버지들의 세대에 해당한다. 그런데 자신 스스로도 도시 상공인이었던 에지마 기세키는 『도세이 미모치단기』에서 가산을 탕진해 버린 아버지들의 다음 세대가 윤리적으로 다시 가문을 부흥시키는 희망적인 이야기를 묘사하고 있었다. 이와 같은 윤리적인 도시 상공인의 삶을 유지 시키고자 노력한 또 다른 이가 있었으니, 그가 바로 이시다 바이간이다. 그의 『도비문답』이 『도세이 미모치단기』과 비슷한 시기에 세상에 나온 것도 우연은 아닐 것인데,

---

20 텍스트 p.176.「京・江戸・大坂の町人は、其元祖、或は田舎又は人手代より次第に經上り、商賣をひろげ、富を子孫に傳へんと、其身一代身をつめ、家職の外に心をおかず、かんなんしんくを積で、其子家を繼、其ものは親のつましきことを見覺へ、又は其家のさまで富ざるうちに生立習ふ故に、愈(やうやう)其一代は守り勤といへども、又其孫の代に至りては、はや家の富貴より育て立ち、物ごとのかんなん、金銀を大切と云事をしらず。(中略)家業のみちをしらず、物入の多くなるにまかせ、手廻しに人の金銀を請込、次第に利まどひに成、果は家をつぶす者、世のならはしと成。」

『도비문답』속 상인의 길을 논한 내용의 대강은 다음과 같다.

　　　　상인은 계산을 잘하여 오늘날을 살아가는 자이므로 한
　　　　푼이라도 가볍게 생각하면 안 된다. 이를 중요시 생각하여
　　　　부를 이루는 것이 상인의 길이다.[21]

　요약하자면 '검약'이 곧 도시 상공인의 윤리인 것이다. 이와 같은
인식은 『도세이 미모치단기』의 인식과 상통한다고 하겠다. 이렇듯
'검약'으로써 도시 상공인의 삶을 살아간다면 이들의 행위는 개인적
인 욕심이 아닌 공공을 위한 '검약'으로 연동되어 하늘의 도리에 맞
고 후손을 위한 길이 된다는 것이 이시다 바이간의 주장이다.[22] 이처
럼 도시 상공인의 윤리가 곧 공공을 위한 '검약'이고, 역설적으로 이
를 행하면 '효도'와 '후세'를 위한 가업의 영속성도 보장되는 것이 바
로 상업이라는 점을 이시다 바이간은 『도비문답』을 통해 설파하고
있는데, 이는 앞서 살펴본 『도세이 미모치단기』에서 강조된 '검약',
'효도', '후세'와 상통한다고 하겠다.

21　石田梅岩著, 足立栗園校訂(2007), 『都鄙問答』, 岩波書店, p.26. 「商人は勘定委しくして、今
　　日の渡世を致す者なれば、一錢輕しと云べきに非ず。是を重て富をなすは商人の道なり。」 이
　　하, 『도비문답』의 텍스트로 삼는다.
22　텍스트 p.29. 「欲心なくして一錢の費を惜み、靑戶左衛門が五十錢を散して、十錢を天下の
　　爲に惜まれしか心を味ふべし。如此ならば天下公の儉約にもかなひ、天命に合ふて福を得べ
　　し。福を得て万民の心を安んずるなれば、天下の百姓といふものにて、常に天下大平を祈るに
　　同じ。(中略) 商人といふとも聖人の道を不知は、同金銀を設けながら不義の金銀を設け、子孫
　　の絶ゆる理に至るべし。」

마지막으로 18세기 후반의 유학자이자 외교관이었던 아메노모리 호슈가 남긴 수필 『다와레구사』 속에 재화에 관한 단상을 살펴보자. 그에 의하면 일본에서는 금은이 많다고 생각하여 금은 광산을 채굴하고 함부로 낭비하고 다른 나라에 보내니 앞으로 안 좋은 일이 생길 것이라고 한다.[23] 도시 상공인의 윤리에 관한 직접적인 언설은 아니지만, 재화의 중요성과 그 낭비에 대해 우려하는 노학자의 고심이 고스란히 담겨있는 글을 통해 그 또한 천하를 위한 공적인 '검약'이 중요함을 논하고 있는 것이다. 그러므로 18세기 이후에도 일본 도시 상공인은 늘 공과 사를 위한 '검약'을 통해 천하와 가문을 인식하며 상업에 임했을 것은 상상하기 어렵지 않다.

나가며

일본 자본주의를 구축한 인식과 문화의 연원을 이해하기 위해, 지금까지 18세기 일본 도시 상공인들의 양상과 윤리를 우키요조시 『도세이 미모치단기』와 관련 글들을 통해 살펴보았다. 『도세이 미모치단기』의 작중에 묘사되는 도시 상공인은 가업을 유지하고 후대

---

23 佐竹昭廣外校注(2000), 『新日本古典文學大系 99』(『たはれ草』), 岩波書店, pp.52-53. 「もろこしには金銀少なく、この國には多しといへる人ありしに、ある人のいへるは、さにはあらず、この國は金銀をおしむこころなく、みだりに山より掘り出せばこそ、多くは見ゆれ、天地のものを生じ給ふ、おほかたは過ぐる事もなく、または足らざる事もなし。(中略)世の人、この國は金銀多しとのみこころえ、その實をしらざるゆへ、おもきたからをみだりに堀り出し、あるひはみだりについやし、あるひは他國にをくりて、この國のゆくゆくわざはひとなる事を、かへり見ざるかなしさのあまり、かくはいへるなりとこたえしとぞ。」

에 남김으로써 효도하고 가문을 영속시키고자 했는데, 이는 '녹봉이 없는 신분'을 자각했기 때문이었다. 간혹 색, 투기, 노름 등 개인적 욕망을 이루고자 한 이들도 묘사되었지만 그들은 늘 탕진하여 사회적으로 버려졌으며, 이를 반성하고 그 아들들은 재기에 성공하는 모습으로 설정되어 있었다. 이에 도시 상공인이 가장 우선한 것은 '돈' 그 자체였고, 이를 위해 늘 '검약'을 의식하며 배금주의가 권장될 수밖에 없었다. 즉 작중 도시 상공인에게 윤리는 곧 개인을 위한 것이 아닌 가업의 영속을 위한 것이요, 구체적으로는 돈 그 자체가 삶의 목적이 되고 있음을 알 수 있었다. 이와 같은 양상은 『도세이 미모치단기』 전후에 간행된 글들에서도 유사하게 확인되었다.

교훈서 『조자쿄』의 경우는 색도나 사치를 경계하고, 성실하고 검약하여 무일푼이라도 경제적으로 성공할 수 있다는 낭만적인 인식을 보여주었다. 다음으로 『시손카가미』에서는 자산을 탕진하면 떳떳한 존립이 어렵다는 현실 인식이 서술되며 보다 냉엄한 경제사회의 양상과 돈에 대한 맹목성이 강화되어감을 짐작할 수 있었다. 내용의 흡사성으로부터 에지마 기세키가 확인했다고 보이는 『조닌부쿠로』에서는 『도세이 미모치단기』와 동일하게 '효도'와 '후세'를 위한 가산 유지가 강조되고 있었는데, 이는 도시 상공인이 '녹봉이 없는 신분'임을 자각했기 때문에 가능한 발상이었다. 즉 『조닌부쿠로』에서 도시 상공인이 발견한 가산 유지를 위한 윤리는 봉건적 사회구조 속에서 자신의 입지를 자각했기에 가능했던 것이다. 『조닌코켄로쿠』의 경우는 가산의 영속을 강조하며 채무를 경계하였고, 『도비문답』은 '검약'이 천하를 위해 도시 상공인이 실천해야 할 윤리라는 점을 역설하고 있었다.『다와레구사』에서도 천하의 재화의 중요성과 그 낭비에 대한 우려가 서술되며, 공적인 '검약'이 강조되고 있다고 볼 수 있었다.

　앞서 살펴본 글들을 통해, 18세기 도시 상공인들은 작게는 가산을 유지하고 크게는 국가 재정을 유지하기 위해 '검약'이란 윤리를 체화해 가야만 했는데, 이와 같은 노력은 모두 개인을 위한 것이라기보다는 가문과 천하를 위한 것이었다. 이에 저항하고자 한 개인들은 색, 투기, 노름 등 낭비와 사치에 빠져 탕진했었지만, 결국 떳떳한 사회적 존립을 위해 개인적인 욕망은 자제하고 다시 윤리적인 상업으로써 재기해야만 하는 시행착오를 반복해 갔다. 이렇듯 18세기 도시 상공인들은 개인이 아닌 가문과 천하의 안녕을 위해 '검약'으로써 '돈'을 쫓아가야만 했는데, 그와 같은 인식과 문화가 오늘날의 일본 자본주의의 경제문화를 구축하는 데에 끼친 영향이 적지 않다고 하겠다.

참고문헌

石田梅岩著, 足立栗園校訂(2007), 『都鄙問答』, 岩波書店.

佐竹昭廣外校注(2000), 『新日本古典文學大系 99』(『たはれ草』), 岩波書店.

中村幸彦校注(1975), 『日本思想大系 59』(『近世町人思想』), 岩波書店.

長谷川強編(1997), 『八文字屋本全集 十三』(『渡世身持談義』), 汲古書院.

졸고(2007), 「『닛폰 에이타이구라(日本永代藏)』에 드러난 교훈의 이면(裏面)」, 『일본 어문학』, 한국일본어문학회.

＿＿(2016), 「돈[銀]과 유곽문화 - 『게이세이이이로자미센[けいせい色三味線]』의 경 우」, 『일본문화학보』. 한국일본문화학회.

＿＿(2017), 「호에이기[寶永期] 일본 상인의 재기(再起)」, 『비교일본학』 39, 한양대학 교 비교일본학연구소.

＿＿(2017), 「에도시대(江戶時代) 소설에 보이는 낭만과 경제적 현실」, 『일본어문학』 76, 일본어문학회.

＿＿(2019), 「에도[江戶]시대 우키요조시[浮世草子]에 묘사된 일본 산업혁명의 전 야」, 『인문과학연구논총』, 명지대학교인문과학연구소.

山田登志子(2008), 「〈再錄〉西鶴と其磧一町人物の一部を通して」, 『浮世草子研究資料叢書』 5 권, クレス出版.

吉田澄夫(2008), 「〈再錄〉八文字屋本について」, 『浮世草子研究資料叢書』 5권, クレス出版.

기업가 정신과 노동의 의미를 재고하다

- 시부사와 에이이치를 중심으로 -

조관자

지식과 노동, 그 역사적 진화는?

1900년 무렵까지 자본주의 경제는 이익 추구를 위한 생산 활동 및 시장의 현상으로 이해되었다. 이때 자본은 화폐, 토지, 공장과 같은 물질적 생산수단을 의미한다. 제1, 2차 산업혁명 당시, 기업 활동의 목표는 생산력의 증대를 위한 자본의 축적 및 팽창, 원료와 시장의 확보에 있었고, 경제의 핵심 개념도 물질적 풍요의 제공과 이윤 추구에 있었던 것이다.

미국의 작가들은 그러한 초기 자본주의의 성장 모습, 특히 1865년 남북전쟁 이후 1893년 시장 과열과 철도 버블로 불황이 일어나기까지의 경제 발전을 '도금 시대(Gilded Age)'로 표현했다.[1] 가짜 황금시

---

1   『톰소여의 모험』으로 친숙한 마크 트웨인의 공저 소설의 제목이 『도금 시대: 오늘의 이야기』이다(Mark Twain Charles/ Dudley Warner, *The Gilded Age: A Tale of Today*, 1873). 미국의 19세기에 대해서는 橫山良, 「金ぴか時代と19世紀末のアメリカ」, 『アメリカ合衆國の

대를 의미하는 그 용어는 독점 자본주의가 정경유착의 부정부패와 경제 불황을 야기하면서도, 기술 향상과 임금 인상을 동반하며 국민 경제를 형성하던 시기의 모순을 꼬집은 것이다. 자본주의를 통제하는 국가 법규도 자본주의 자체의 규범도 아직 정립되지 않은 채, 성장을 위한 기업의 행동양식이 무소불위의 탐욕으로 나타났던 시대이다. 19세기 말, 신제국주의가 대두하는 와중에 일본은 제2차 산업혁명을 따라잡으며 자본주의 국가 대열에 진입하고, 아시아 유일의 제국주의 국가로 성장했다.

제1, 2차 산업혁명의 성과로 1900년 무렵부터 대량생산과 대량소비에 의한 물질적 풍요가 대중적으로 확산되고, 라디오와 축음기, 카메라 필름의 개발 등으로 대중문화가 발전하기 시작했다. 기업 경영에서도 기계기술 연구에서의 창의성과 인적 자원에 대한 대우의 공정성이 중시되고, 관리(management)의 개념이 제시된다. 생산력의 향상과 불황을 이미 수차례 경험한 차원에서, 관리는 계획하고, 조직하고, 지휘하고, 조정하고, 통제하는 과정으로 정의된다.[2]

이렇게 선진 자본주의 국가에서 물질 생산의 풍요와 그 지속성을 위한 관리와 연구가 진척되는 가운데, 20세기에는 지식 문화 산업이 본격적으로 발전한다. 이제 인적 자본, 지적 소유권 등 비물질 형태의 자산에 의한 자본 증식 활동이 활발해지고, 이로써 지식 정보

歷史』(野村達朗 編著), ミネルヴァ書房, 1998, 제2부.

2 프랑스의 광산 기술자에서 경영자, 다시 경영학자로 변신해간 앙리 파욜이 1916년의 저서『산업 및 일반 관리』에서 내린 정의다. 井原久光,『テキスト經營學 [第3版] 基礎から最新の理論まで』, ミネルヴァ書房, 2008, 제8장.

라는 새로운 분야의 자본과 산업 개념이 생겨난다. 경제학자 프리츠 마흐럽(Fritz Machlup)은 정보의 경제적 활용과 가치에 주목하여 1962년 저서 『미국의 지식 생산과 분배』에서 '지식 산업'에 관해 설명한다. 프리츠는 지식 산업을 교육, 연구 개발, 미디어 커뮤니케이션, 정보 기기, 정보 서비스의 다섯 분야로 정리하고, "지식: 그것의 창조, 분배 및 경제적 의의"라는 시리즈의 저서 3권을 발행하기도 했다.[3]

지식산업은 컴퓨터와 인터넷 기술과 함께 진화했다. 전쟁 당시 군사적 비밀 정보를 다루기 위해 탄생한 컴퓨터가 제2차 세계대전 이후 일반에 보급된 이래, 1990년대 탈냉전으로 인터넷의 상업화까지 허용되었다. 이로써 지식, 정보로 연결되는 새로운 정보화 사회가 출현한다. 엘빈 토플러가 '제3의 물결'(1980)로 지칭했던 제3차 산업혁명의 진전으로 지식의 대중화를 통한 사회적 진보의 가능성이 확대된 것이다. 돈과 군사력이 여전히 위력을 발휘하지만, 20세기 후반 인류 사회에서 지식이 권력의 원천이자 미래 사회를 변화시킬 동력으로 새롭게 부상한 것도 사실이다.

지식은 더 이상 파워 엘리트나 선진 자본국의 전유물이 아니다. 인터넷에 올라온 지식은 국경을 넘어 전파되는 새로운 공공 자본으

---

3 *The Production and Distribution of Knowledge in the United States,* https://books. google.co.kr/books?id=kp6vswpmpjoC&printsec=frontcover&redir_esc=y#v=one-page&q&f=false (최종 검색일. 2019.11.20.) 일본어 번역본은 高橋達男·木田宏共譯, 『知識産業』, 産業能率短期大學出版部, 1969. *이하 이 글의 인터넷 자료의 최종 검색일은 모두 2019.11.20.

로 공유되고 있다. 지식의 축적으로 기술 발전이 이루어지고 그것이 다시 물질 생산을 도모하며, 교육과 문화사업을 일으킨다. 인공지능이 지식의 공유와 운용 범위를 확장시키고 있지만, 그 장치를 가동시키는 권한은 인간에게 있다. 지식 생산은 인간에게 고유한 사회적 재생산 능력이자 개개인의 성장 동력인 것이다. 이 지식의 산업화와 대중화를 가능하게 만든 조건이 자본주의의 성장에 있었다. 그 성장은 모순에 차 있으며, 지식이 그 모순의 해소에 기여할 필요가 제기된 지도 오래다.

지식의 진화가 사회문제의 해결로 연결되지 못하는 현실에서도 지식 산업은 발전하여 제2차 정보혁명으로 불리는 제4차 산업혁명이 시작되었다. 이제 경제와 경영의 목표는 더 이상 물질적 풍요나 인간 노동의 생산성에 머무르지 않는다. 모바일, 인공 지능, 사물 인터넷, 클라우드, 빅데이터 등의 기술이 사물의 지능화를 추진함으로써, 지식과 생활의 글로벌 네트워크화가 확산하는 중이다. 3D 프린팅, 로봇공학 등의 지능정보 기술이 기존 산업 및 서비스에 융합되어, 우주항공 시대 등 새로운 차원의 세계를 열어가는 중이다.

한편, 언론에서는 당장에 어떤 직업이 사라지는가를 따지며, 무슨 일을 하여 먹고살 것인가를 걱정한다. 기술을 진보시킨 인간 스스로가 기술이 노동을 해방시키는지, 일자리를 박탈하는지를 가늠하지 못한다. 빅데이터가 인간을 감시하고 지배할 것이라고 걱정한다. 이렇게 불신과 미래 불확실성이 가중되는 실정에서 과연 지식의 사회적 공유 기술이 인간의 행복과 사회 발전을 기약할 수 있겠는가?

거대한 사회 변동의 시기에 인류는 늘 현상을 새롭게 설명하며 대안을 제시해 왔다. 당시에도 완벽한 이론은 없었고, 과거의 질문과 답이 오늘의 문제를 해명해 줄 수 없다. 그래도 역사는 미래를 위한 지식 창고이다. 과거를 잘 정리하면 오늘 우리에게 필요한 질문을 다시 던질 수 있다. 그 질문을 통해 오늘의 할 일을 끄집어낼 수 있다. 오늘 우리가 무엇을 하느냐에 따라 내일의 모습이 달라질 수 있다.

로봇이 노동하고, 사물이 지식을 운용하는 시대에 무엇보다 인간관이 달라져야 할 것이다. '노동하는 존재'라는 근대적 인간 규범과 '노동의 소외'라는 근대 비판의 논리는 이미 시대적 문맥과 의미를 상실하고 있다. 물질 생산의 풍요를 가져온 인간의 지능과 노동이 더 이상 인간에게 고유할 수 없다면, 인간은 어떤 존재이며 무엇으로 존엄할 수 있는가? 새로운 패러다임의 인간과학이 인간과 사물의 관계, 지식과 노동의 의미를 해명해야 한다. "나는 누구인가?", "인간은 무엇으로 사는가?"라는 오랜 존재론의 질문에 새로운 답을 내놓을 필요가 절실해졌다.

애덤 스미스는 『국부론』과 『도덕감정』에서 각각 인간의 이중성, 즉 이기적 자기사랑과 타자에 대한 공감 능력을 찾아내어 자본주의 발전을 설명했다. '정의의 규칙'을 집행할 의무가 국가에 있지만, 자신의 이익을 보호하려는 개개인의 자유로운 이윤 추구 활동 속에서 사회 질서와 공익이 증대한다고 본 것이다.[4] 이러한 시장자유주의

---

4 에이먼 베틀러 저, 이성규 역, 『애덤 스미스의 도덕감정론 및 국부론 요약』, 율곡출판사, 2018.

경제학의 낙천적 질서의식에 반대하며 자본가와 그 이익을 대변하는 국가권력에 저항하는 마르크스주의가 등장했다. 인간의 노동이 가치를 창조하며, 생산력의 발전과 생산관계의 모순이 역사발전을 추동한다는 유물론적 경제사관이 펼쳐진 것이다.

자유주의·자본주의와 사회주의·공산주의가 반목하는 가운데, 막스 베버는 독일의 2차 산업혁명을 일으킨 기술자와 자본가들이 근면을 종교적 열정으로 설명하는 프로테스탄티즘의 윤리에 주목했다. 그들에게는 "사람이 일하지 않고 허비한 시간은 하느님에게 더 큰 영광이 돌아가게 하는 일을 할 수 있는 시간을 허비한 것"이며, "직업적인 노동을 통해서 적극적으로 하느님의 뜻을 수행하는 것이 그런 묵상보다 훨씬 더 하느님을 기쁘게 할 수 있"는 것이었다.[5] 이윤 추구와 노동 규율을 내면화하는 직업적 소명의식이 캘빈의 구원 예정설과 같은 청교도 윤리의식과 융합한 것이다. 이렇게 자본주의의 '신성화'와 종교의 '세속화'가 동시에 진행되면서 자본주의가 시대정신으로 정립되었다.

자본주의 정신에 대한 베버의 종교적 고찰 이후, 인류 사회는 자본주의 모순에 맞서 사회주의·공산주의에 입각한 정치체제를 만들어 보았고, 자본주의의 폐해를 수정하고 노동자의 권리를 보강할 수 있는 복지체제도 추구해 왔다. 지난 세기 동안 자본주의는 구조적 위기를 반복하고, 그 와중에 자유주의와 보호주의, 통제와 신자유주

---

5   막스 베버 저, 박문재 역, 『프로테스탄트 윤리와 자본주의 정신』, 현대지성, 2018, p.308.

의, 통합과 고립주의 등의 사상 조류가 변덕을 부리며 교차했다. 그리고 이제, 4차 산업혁명이 진척되면서 기존의 노동 윤리로 해명하기 어려운 사회 변화가 예고되고 있다.

사실, 노동 시간과 일자리는 서서히 축소되어 왔다. 하지만 구조적으로 주어진 일상의 여유가 누구나에게 취미와 오락을 겸비한 '자기 개발'이나 '자기 발견'으로 승화되지는 않았다. 고도한 생존경쟁 대열에서의 낙오가 능력주의 사회의 밑바닥 인생으로 점지되거나 '먹고 사는 일'이 삶의 목적이 된다. 청년 실업을 걱정하는 사회 담론이 청년들의 의식을 '먹고 사는 일자리'에 맴돌게 한다. 사회에 필요한 일을 찾으려는 청년기의 인생관이 사라지고, 출신 배경이 인생을 결정한다는 식의 '금수저와 흙수저' 타령이 늘어났다. 교육이 사회적 출세를 위한 수단으로 변질되고, 조직과 대인관계의 긴장 속에서 우울증과 욕구 불만이 심화된다. 한국에서는 조현병 환자들의 범죄 보도가 양산되고, 일본에서도 '묻지마 범죄'로 불리는 사회 증오가 해마다 다수의 희생자를 양산하고 있다.

고도성장의 풍요와 자본주의 성장이 임계점에 이르고 제4차 산업혁명으로 산업구조가 재편되고 있지만, 사회 시스템은 여전히 '노동하는 인간'에게 필요했던 성장과 분배의 패러다임으로 운영된다. 사회복지 예산도 해마다 증가하고 있지만, 살아가는 이유를 찾지 못한 사람들에게 활력을 불어넣고 새로운 사회 병리 현상을 치유할 수 있는 사회정책은 아직 없다. 세대 및 젠더 갈등, 빈부의 양극화와 성장 정체, 개인과 조직의 이기주의 풍조도 증폭하여, 고소 고발이 남발

하는 사회가 되었다. 특히 기업에 대한 불신과 부의 상대적 박탈감에 대한 불평불만이 사회적 불신을 가중시켰다. 이러한 시대 환경에서 이 글은 기업가 정신과 지식, 그리고 노동의 의미를 되돌아보고자 한다.

'지식 자본'으로서의 기업가 정신

경제학에서 지적 자본(intellectual capital)이란 저작권, 특허 등 무형 자산에 의해 산출된, 주주 자본의 부가(簿價; 장부 잔고)에 대한 시장 가치의 초과 부분을 말한다. 여기에는 창의적인 생각이나 업무 노하우, 디자인, 컴퓨터 프로그램이나 출판 등이 해당하며, 이는 다시 인적자원(human resource)과 지적 소유권(intellectual property) 등으로 이루어진다.[6] 즉, 경제학에서 말하는 '지적 자본'은 산술적 수치로 환산되고 이윤으로 전환되며, 개인이나 기업체가 소유권을 갖는 '지적 자산(intellectual assets)'과 동의어인 셈이다.

그러나 지식 자체는 본질적으로 사회적으로 공유되는 비물질적 재화이다. 이 글에서는 개별 기업이나 주식 소유자의 자산 총액의 수치가 아닌, 사회적 공유 자본으로 기능한다는 의미에서 '지적 자본'에 주목한다. 그 사회적 공유 가치는 기존 경제계에 통용되는 '지적 자산'의 의미와 구별될 필요가 있다. 그를 위해 '지적 자본'이란

---

6   [네이버 지식백과] 지적자본 (매일경제, 매경닷컴)

일반 통념을 피해서, 이 글은 '지식 자본'이란 용어를 쓰기로 한다. 여기에서 지식이란 국경을 넘어 인터넷으로 공유되고 사회의 재생산에 기여 가능한 공유 자본이다.

지식은 인류 사회 발전의 원동력이었지만, 결코 완전무결한 '선한 가치'가 아니다. 과거의 지식은 인류 사회의 모순을 간직한 채 미래의 지식 생산자들에게 전수되지만, 토머스 쿤이 지적했듯이 패러다임의 전환으로 지식의 유효성과 그 사회적 영향력도 상실된다.[7] 하지만 물질과학의 이론이 변화해도 끓는점이나 질량보존의 법칙은 자연의 원리로서 지식의 근간을 이룬다. 마찬가지로 인간이 생산하는 지식은 개인과 민족이 쟁투하는 현실에서 배양된 만큼, 그 모순의 해결을 기다리는 사람들을 행복과 복지로 이끌기 위한 교육의 근간으로 활용될 수 있다. 따라서 '지식 자본'은 지식의 시대적 유한성을 인정하면서도, 인류의 진화와 맞물려 있는 지식의 공공성과 교육적 유용성을 인정하는 개념이다.

고전 경제학에서 자본으로 인정된 토지와 화폐도 개인이나 기업체의 소유 여부를 떠나 그 쓰임과 가치는 사회적으로 공유되고 있다. 기업가의 자산도 그것이 사람들의 노력으로 얻어진 사회적 가치인 만큼, '사적 소유'에서 탈피하여 사회적 자본의 형태로 전환되어야 할 필요성을 갖는다. 노벨재단, 록펠러재단 등도 제2차 산업혁명기에 자산을 축적한 기업가가 인류복지의 증진을 목적하며 사적 소

---

7 패러다임의 전환은 사회적 위기에 대응한 세계관의 혁명적 변화까지 수반한다. 토머스 쿤 저, 홍성욱 역, 『과학혁명의 구조』, 까치글방, 2013, 7–10장 참조.

유로서의 자산을 사회적 자본의 형태로 전환하여 운영하는 것이다.[8]

사회적 자본이란 사회적 협력과 발전을 위해 공유된 제도, 규범, 네트워크, 신뢰 등 일체의 사회적 자산을 포괄한다. 그렇다면 자본 운영의 대표적 책임자인 기업가의 경영 이념을 '지식 자본'으로 재인식할 가능성도 열린다. 일본에서 '경영의 신'으로 평가받는 마쓰시타 고노스케가 통찰했듯이, 기업 자체가 사회적으로 기능하는 '공적 기구'(公器)이다. 나아가 '기업-사회-복지'는 세금과 고용으로 구조적으로 연계된 사회의 운영 시스템이다.[9]

마쓰시타는 1927년 자전거 램프를 생산하면서 '국민을 위하여'라는 의미를 담아 '나쇼나루(ナショナル, NATIONAL)'라는 상표를 달았다.[10] 당시 그 생산의 목적은 전 국민에게 물질적 풍요와 혜택을 선사하는 것이었다. 그러나 전후에 마쓰시타는 물질적 차원을 넘어서는 기업 이념으로서 물질과 정신, 평화와 행복의 문제를 정립해야 할 과제를 찾아내었다. 패전 후 사회적 혼란과 경영의 난관을 헤쳐 나갈 목적으로 1946년, 그는 PHP(Peace and Happiness through Prosperity) 연구소를 설립하고 기관지를 발행했다. 이 연구소는 1950년에 활동을 중지했다가 1961년에 재건된다.

---

8 이들 재단의 활동이 과거와 같은 활력을 상실한 것은 세계경제의 발전과 인류공영의 당위성에도 불구하고 기아와 빈곤, 국지전과 난민 문제가 해소되지 않은 채 갈등의 복합성이 커진 현실에 있다.

9 松下幸之助, 『實踐經營哲學/ 經營のコツここなりと氣づいた價値は百万兩』, PHPビジネス新書, 2014, pp.40-42, 48.

10 마쓰시타전기산업(松下電氣産業)을 대표했던 상표 '나쇼나루'는 2008년부터 '파나소닉(パナソニック, Panasonic)주식회사'로 사명이 통일되면서 공식 폐기된다.

1987년, 고령의 마쓰시타는 「인류의 보다 나은 미래를 위해」라는 제목의 글에서 PHP의 활동 목적이 역사적 격변기에 인류의 "갖은 희생을 수반하지 않고서, 물질도 마음도 더불어 풍요로운 참 평화와 행복을 가져오는 것"이라고 말한다.[11] 그 활동 방향은 "인간의 본성, 본질을 연구"하여 "인간의 가능성을 연마하고 지혜를 집합시키는 것"으로 제시된다.[12] 사회적 혼란기에 인간을 궁구함으로써 개개인의 행복과 인류 사회의 진보에 기여하겠다는 것이 마쓰시타의 기업가 정신이다. 물론 오늘날 PHP연구소의 활동이 그 취지를 어떻게 실현하고 있는지의 문제는 따로 냉철하게 돌아볼 과제이며, 그 후계자들의 기업 경영이 정체된 문제도 당대와 오늘의 환경 속에서 엄밀하게 점검할 필요가 있다. 다만, 그것은 이 글의 본령을 벗어나기에 차후의 연구 과제로 남긴다.

일본에서 기업의 사회적 책임이 부각된 것은 고도성장을 구가하며 공해 문제가 대두하던 시대 분위기에서다. 1960년대 전반, 가전산업이 대중의 소비생활을 이끌고 풍요와 복지가 기약되면서, 기업가도 노동자도 사회 운영의 주체로 재인식되었다.[13] 기업의 사회적 성격과 책임에 대해 자각적이었던 마쓰시타의 기업가 정신은 그의 사후에도 사회의 '지식 자본'으로 기능하며 계승되고 있다. '공익 재단법인 마쓰시타 정경숙'이나 '마쓰시타 고노스케 경영숙', PHP연

---

11   創設者からのメッセージ, https://www.php.co.jp/company/message.php
12   PHPの考え方, https://www.php.co.jp/company/think.php
13   財團法人日本生産省本部, 『調査研究 : 企業の社會的責任: その指標化と意見調査』, 勞使協議制常任委員會調査報告書74, 1964.

구소 등 마쓰시타가 남긴 재단과 민간연구소가 사회적 가치의 재생산을 자신의 임무로 삼고서 활약하는 중이다.[14]

세계적인 제2차 산업혁명 시기 일본에서 기업을 일구고 산업화를 촉진시킴으로써 '일본자본주의의 아버지'로 불리게 된 시부사와 에이이치는 어떠한가. 그가 남긴 업적과 기록물도 '공익 재단법인 시부사와 에이이치 기념재단'을 통해 사회적으로 확산, 공유되고 있다. 이 재단은 박물관 운영, 자료의 정보 자원화와 그 활용 촉진, 지적 네트워크의 구축, 시부사와 에이이치 연구의 추진을 핵심 사업으로 삼는다. 그 활동 목적은 시부사와가 주장하고 실천했던 '도덕경제 합일주의'를 확산시켜 경제적 도의를 고양하는 것이라고 한다.[15]

시부사와 에이이치와 마쓰시타 고노스케와 같은 기업가 정신은 단순한 기업 자산의 액면가 창출을 넘어서, 일본에서 당대와 후세에 새로운 감화력을 일으키며 전파되는 중이다. 두 사람은 생존 당시, 동아시아 차원의 경제 교류에서도 활약했다. 마쓰시타 고노스케는 덩 샤오핑의 개혁개방 정책을 지원했으며, 그 교류 업적은 중국인들 사이에서 '군자의 약속'으로 회자된다.[16] 마쓰시타는 한국의 삼성을

---

14 公益財團法人松下政經塾, 松下幸之助經營塾, https://www.php.co.jp/seminar/m-keiei-juku/ PHP연구소와 마찬가지로 이들 교육기관과 연구소가 일본 사회를 실제로 어떻게 이끌고자 했으며 실제로 어떻게 활약했는가를 비판적으로 고찰하자면 논점은 정치적 입장 차이에 따라 더 복잡해진다. 이 글은 그 평가 문제와 관련한 정보를 결여하고 있기 때문에 직접 언급을 삼가고 있다.

15 公益財團法人澁澤榮一記念財團, https://www.shibusawa.or.jp/eiichi/index.html

16 「チャイナネット」2008年11月3日, 松下幸之助と鄧小平の「君子の約束」, http://japanese.china.org.cn/jp/qshn/2008-11/03/content_16703605.htm

비롯한 기업가들에게 가장 많은 영향력을 미치고, 시중의 처세술 관련 서적에서도 존경을 받는 인물이다.

한편, 시부사와는 1878년 '거류지 무역체제'하에서 조선 최초의 은행인 제일은행을 부산에 설립하여, 일본 금융의 조선 진출을 위한 기반을 다졌다.[17] 이 은행은 조선 정부에 일본의 공금을 대부하는 한편, 1884년까지 인천, 원산에 출장소를 설치하여 무역항에서의 관세 취급권과 일본 통화의 유통권을 획득한다. 초기에 경영난을 겪었지만, 1888년부터 인천항의 발달과 대부 이자수입으로 수익이 개선되었다. 하지만 삼국간섭 이후 러시아와 친러파의 영향력 강화로 정치적 어려움을 겪는 등, 제일은행 관계자들은 조선에서의 활동을 수월하지 않았던 것으로 회고한다.[18] 제일은행은 1909년 한국은행이 중앙은행으로 기능하게 되면서 민간 예금과 상업·산업 자본을 취급하는 근대적 은행으로 탈피한다.

시부사와는 강화도조약을 빌미로 조선의 화폐를 강제적으로 정리하고 지폐제도를 도입했으며, 1902년 일본 화폐의 유통이 제약당하자 자신의 얼굴을 인쇄한 은행권(어음)을 발행한 적도 있다.[19] 조

---

17 波形昭一, 『日本植民地金融政策史の研究』, 早稻田大學出版部, 1985, pp.41-48. ; 島田昌和, 「第一(國立)銀行の朝鮮進出と澁澤榮一」, 『文京女子大學經營論集』 9(1), 1999, pp.55-67. ; 村上勝彦, 「第一銀行朝鮮支店と植民地金融」, 大石嘉一郎編, 『日本産業革命の研究』下卷, 東京大學出版會, 1975, p.280.

18 大倉喜八郎, 「釜山開港五十年之回顧」, 『第一銀行五十年史稿』, 青淵記念財團龍門社編, 第16卷, 1960, pp.10-18, 34-35. ; 青淵記念財團龍門社編, 『澁澤榮一傳記資料』, 澁澤榮一傳記資料刊行會, 別卷10卷, 澁澤青淵記念財團龍門社, 1960. ; 第一銀行八十年史編纂室, 『第一銀行史』, 1957.

19 시부사와가 개입한 화폐정책에 대해서는 今野昌信, 「朝鮮後期貨幣·金融制度の改革と

선의 근대 무역과 화폐경제로의 이행에서 악역을 담당한 그 행적은 일본의 경제 침탈을 문제 삼는 한국사회의 검열로부터 자유롭지 않다. 하지만 그 얼굴이 2024년부터 일본의 만 엔 지폐를 장식하게 될 것이라 하여 관심이 커진 만큼, 한국에서도 시부사와의 조선 내 활동과 경제인으로서 시부사와에 대해 냉철하게 주목할 필요가 있다. 한국어로도 번역된 『논어와 주판』은 공자학교의 세계적 진출을 시도해온 중국에서나 한국에서 재해석될 여지를 남기고 있다.[20]

그렇다면 조선의 화폐 개혁에도 깊이 개입했던 시부사와 에이이치의 기업가 정신은 어떠했으며, 오늘날 어떤 의미를 제기하는가? 일본 자본주의를 개척한 시부사와는 1910년대부터 기업 경영의 차원을 넘어서 사회정책과 시대정신을 이끄는 활동에도 주력했으며, 그 기록을 일기와 자서전에 세세하게 남겼다. 이런 점에서 그 경영 철학을 사회의 '지식 자본'으로 이해하면서 그 당대 환경에서의 의미와 오늘의 시사점을 찾아보기로 한다.

'도덕 없이 경제 없다'

'일본의 설계자'로도 불리는 시부사와 에이이치는 스스로 '지식 자본'을 산출하고, 자본의 사회적 선순환에 기여한 기업가, 자선가

第一國立銀行」, 『高崎經濟大學論集』 47(2), 2004, pp.43-46. 시부사와가 고종을 알현하고 조선화폐의 사용이 불이익이라고 말한 것에 대해서는 島田昌和, 「第一(國立)銀行の朝鮮進出と澁澤榮一」, pp.61-62.

20　시부사와 에이이치, 노만수 역, 『논어와 주판』, 페이퍼로드, 2012.

라 할 수 있다. 농민 출신으로 막부 신하가 된 그는 파리 만국박람회를 견문하고서 주식회사제도를 의미하는 합본(合本)주의와 관존민비를 타파하는 사상을 배운다. 유신정부의 대장성(大藏省)에서 각종 조사와 제도 개혁에 3년간 종사하고 나온 그는 이후 500여 개의 기업을 창설하고, 600여 개의 교육기관과 사회공공단체를 설립하고 지원했다.

일본의 재정·금융사를 연구한 노농파 경제학자 쓰치야 다카오는 시부사와의 생애를 "일본실업 나아가 일본사회의 건전한 발달이라는 목적을 위해 바친" 것으로 평가했다.[21] 고도성장 이후에 성장한 세대도 시부사와를 일본자본주의와 사회사업의 선구자, 즉 '사회 기업가'로 기억하고 있다.[22] 시부사와의 생전에 그를 추앙하는 기업인들의 모임인 류몬샤[龍門社, 1887]의 태동과 그 활동의 확산에서도 시부사와에 대한 일본 내 평가가 입증된다.

92세까지 장수한 시부사와(1840~1931)는 베버(1864~1920)보다 먼저 태어나서 더 오래 살다갔다. 고희(古稀)를 넘긴 1912년에 자서전 『청연백화(靑淵百話)』를 펴낸 시부사와는 1916년에 저서 『논어와 주판(論語と算盤)』을 출판했다. 기업가 정신을 피력하고 당대 노동

21   土屋喬雄, 『澁澤榮一』, 新裝版; 吉川弘文館, 1989, p.154.
22   島田昌和, 『澁澤榮一 : 社會企業家の先驅者』, 岩波書店, 2011. 현대 경영학을 확립한 피터 드러커는 "나는 기업의 목적과 경영의 본질을 시부사와 에이이치에게 배웠다." 는 말을 남겼다고 한다. 시부사와 에이이치 저, 박훈 역주, 『일본의 설계자, 시부사와 에이이치: 망국의 신하에서 일본 경제의 전설이 되기까지』, 21세기북스, 2018. 출판사의 광고문(띠지) 참조.

자 의식의 확립을 요청한 그 내용은 1904년부터 베버의 논문「프로테스탄티즘의 윤리와 자본주의 정신」이 발표된 이래, 1910년대 미국에서 노동생산성을 높일 과학적 관리론이 제기되었던 현상과 비교해 볼 수 있다.[23] 공자와 논어, 맹자와 중용을 차용한 시부사와의 신념들은 종교적 윤리나 과학적 관리론이 아닌 '동양의 고전'과 메이지유신의 현실 역사를 바탕으로 펼쳐졌다.『도덕감정론』(1759) 이후 나온『국부론』(1776)의 일본어 번역본이 1910년에 보급된 상태였다.

시부사와의 기업가 정신은 '도덕 없이 경제 없다'는 '도덕경제 합일론'으로 요약된다. 그는 국부의 원천을 자본의 축적이나 노동 생산력, 또는 이기적 본성에서 찾지 않았다. 스스로 상거래와 경제활동을 실천하면서 얻은 그 결론은『논어』의 '천도'와 '인의도덕'에 이른다. 상업적 재주와 부의 근원은 '인의도덕'의 작용과 지정의(智情意)의 조화로 정리된다. 이익이나 부귀의 욕망을 버리라는 이치가 아니라, 그 공익을 위한 그 근본을 잊지 말라는 도리를 강조한 것이다.『대학』에서도 "덕(德)은 본(本)이고, 재(財)는 말(末)"이라고 했다.[24]

유학자들은 '인의왕도'(仁義王道)와 '화식부귀'(化殖富貴)를 대립적으로 파악했지만, 공자는 도리 없는 부귀를 경계했을 뿐이라고 한

---

23 동시대 프랑스의 파욜은『산업 및 일반의 관리』(1916)와『公共心の覺醒』(1917)을 출판하고(관련 자료 https://data.bnf.fr/en/11902450/henri_fayol/), 미국의 테일러는『과학적 관리의 원칙』(1911)을 출판했다(*The Principles of Scientific Management* by Frederick Winslow Taylor, http://www.gutenberg.org/ebooks/6435).

24 澁澤榮一,『論語と算盤』, 忠誠堂, 1927, p.116. http://dl.ndl.go.jp/info:ndljp/pid/1195171

다. "나라에 도가 있어도 빈천하다면 수치이고, 나라에 도가 없는데 부귀하다면, 그 또한 수치"라는 뜻이다.[25] 만일 이기주의에 빠지거나 물질적 이익에 소홀하다면, 그 어느 쪽도 국가적 멸망으로 이어질 위험이 있다.[26] 국가의 이익을 중시하는 경우에도, 실업계의 힘으로 국가의 정치적 목적이나 군사적 패권을 경계해야 한다. 무엇보다 부의 근원은 '인의도덕'에 있기 때문에, 경제 활동은 바른 도리에 부합해야 영속할 수 있다.

논어와 주판에 대해 한 문장으로 쓴다면, 도리와 사실과 이익이 반드시 일치한다는 것이다. (…중략…) 어떠한 경우에도 커다란 욕망으로 이식(利殖)을 꾀하는 것에 충분하지 않은 것은 결코 진전되지 않는다. 다만, 헛된 도리를 취하여 허영을 좇는 국민은 결코 진리의 발달을 이룰 수 없다. 따라서 우리들은 반드시 정치계, 군사계가 홀로 발호하지 않고, 실업계가 가능한 힘을 발휘하도록 희망한다. 이것이 물질을 증식하는 우리의 임무다. 이것이 완전하지 않으면 그 부는 이루지 못한다. 부를 이루는 근원이 무엇인가? 인의도덕. 바른 도리의 부가 아니라면, 그 부는 완전하게 영속할 수 없다.[27]

---

25   위의 책, p.117.
26   위의 책, pp.138-140.
27   앞의 책, pp.2-3.

실업계가 실력을 보유함으로써 이타적이며 공적인 차원의 인의 도덕을 자율적으로 수행할 수 있어야 한다는 점이 특별히 부각된다. 이와 같은 소명의식은 공자의 '천명'과 통한다. 천명은 "은탕주무의 성상이 나타나 어지러운 사회를 다스려 스스로 천하의 백성을 이끄는 생살여탈권을 한 손에 넣는 것과 같아서", "혁명이란 말도 여기에서 비롯되었다"고 한다.[28] 실업계를 대표하며 사회사업에 주력한 그의 실천적 의지는 백성의 삶을 살피려는 천명 의식과 결합되어 있다. 즉, 정권을 탐하는 욕망과는 결이 다른, 난세를 평정하고 문명과 문화를 창생하려는 '지도자' 정신이 그 삶의 궤적에 깔려있는 셈이다.

　혁명적 지도자의 생살여탈권을 인정하는 점에서 천명은 막부를 타도한 메이지유신의 주역들, 즉 무사들의 혼과도 통한다. 시부사와는 천황제의 일본 전통에 근거한 '화혼상재(和魂商才)'가 아닌, '사혼상재(士魂商才)'를 강조한다. 이때, 사혼상재는 무사도와 결합하지만, 그 근본은 논어의 도덕에 있다.[29]

　후쿠자와가 유교를 비판하며 문명개화를 설파한 것과 달리, 시부사와는 사서삼경으로 국부와 실업의 근본을 밝혔다. 그는 미신과 종교를 경원시하며 공자의 천도를 피력한다. 자신이 중용에 비추어 천명을 "실천궁행"하고 있다고도 자부한다. 『논어와 주판』의 제2절

28　澁澤榮一, 『靑淵百話. 乾』, 同文館, 1912, p.2. http://dl.ndl.go.jp/info:ndljp/pid/781539
29　『論語と算盤』, pp.3-5. 시부사와는 신앙에 대해 회의적이었지만 각종 종교 및 수련 단체의 대중 교육 활동을 지원했다. 특히 메이지신궁 창건 과정에 깊이 개입한 시부사와가 화혼 그 자체를 부정한 것은 아니다.

'입지와 학문'에서는 서양인들의 충고와 정보를 적극 수용하자고 제안하면서도, 정신 수양의 근본이 한학적 도덕 소양에 있음을 재차 강조한다.

"논어는 만인 공통의 실용적 교훈"이다.[30] 이러한 시부사와의 논어 사랑은 역시 논어를 '최상의 지극한 우주 제일의 책'으로 꼽았던 이토 진사이의 논어 이해에 닿는다. 이토 진사이가 『논어』의 오래된 원뜻을 밝히려는 의도에서 『논어고의(論語古義)』를 집필하고 보급한 이래, 막부의 하급무사들이나 초닌[町人], 그리고 농민층의 학습자들은 문답체로 이루어진 논어에서 유익한 배움의 즐거움을 얻었다. 진사이의 고의학(古義學)은 에도 말기 생활세계의 통속도덕론으로 확장되고 근대로 계승된다. 일본인들은 소박한 옛말[古語]의 진수를 자신들의 생활 체험에서 확인하면서, 옛 뜻[古義]을 자연의 이치로 확신했을 것이다.[31] 반면 독자적인 주석학의 체계를 정립하고 성인(聖人)의 학문 탐구를 추구했던 주희의 『논어집주(論語集註)』는 '식자의 현학'으로 비판되었다.[32]

---

30 위의 책, p.17.
31 주자학의 실천이 '수신제가치국평천하'에 있는 만큼, 그 바른 실천이 진사이의 '인 → 덕행'과 무관하지 않다. 단지 일본에서 주자학이 막부체제의 지배이념을 보완하는 관학의 매너리즘에 빠질 무렵, 진사이는 논어의 생활윤리를 환기시키며 반주자학적 실천 논리를 전개했다.
32 이토 진사이는 『童子問』에서 주자학을 삿된 말[邪語]로 표현한다. 이토 진사이, 최경열 역, 『동자문』, 그린비, 2013, p.26. 주자학의 관념성을 배제하는 태도는 가라타니 고진에게서도 발견되는 바, 주자학의 '천일합일'을 독아론의 관점에서 비판하고 있는 점에 대해서는 황인석, 「가라타니 고진(柄谷行人)의 이토 진사이(伊藤仁齋) 독해 – '내재=초월' 관념의 비판을 중심으로」, 『인문논총』 제76권 제4호, 2019, pp. 295–324.

논어를 중시하는 실용적 관점에서 천명도 해석된다. 사람이 세상을 살아가면서 자연계에 무엇인가 자신을 돕는 힘을 필요로 하는데, 이것이 소위 공자가 말하는 천명이라는 것이다. 단, 천명에 따른다는 의미가 하늘에 기도하여 부귀를 얻거나 병해를 떨치려는 기복 행위는 결코 아니다. 공자가 천명을 위대하게 여기는 까닭도 천명의 공명정대함에 있다. 천명은 개인을 이롭게 하려는 편협함을 허락하지 않는다.[33]

천명은 공명한 것이다. 정대한 것이다. 널리 사회를 위한 생각은 한 사람에게 화복(禍福)을 주려는 것이 아니다. 때문에 사회를 위해 스스로를 바치는 사람에게 하늘은 행운을 준다. 사회를 위해 스스로 책무를 다함은 우리의 의무이다. 이를 만족스럽게 행함으로써 우리는 본분을 완수한 것이며, 여기에 행운이 찾아온다고 생각하기에 나는 하늘에도 신에게도 행운을 달라고 기도한 적이 없다. 오직 나의 본분을 행함에 부족함이 없는가를 자성할 뿐이다. 안심입명(安心立命)이 여기에 있다. (…중략…)
천명을 알 때, 사람은 비로소 사회적으로 순서 있고 계통 있는 행동이 가능하고, 그 일도 영구한 생명 있는 것으로 된다. 즉, 천우 천운이 일어나는 것이다.[34]

33　『靑淵百話. 乾』, pp.5-7.
34　위의 책, pp.8-9.

프로테스탄트 윤리가 이웃사랑과 신앙의 열정으로 자본주의적 활동을 정당화했다면, 시부사와의 천도는 개별 인간에 머물지 않고 사회의 필요에 부응하려는 공도(公道)이자, 만물생성의 자연적 이치로 제기된다. 만물이 스스로 생하도록 "자연의 힘이 집합한 것"이 하늘이다.[35] 그렇다고 만물을 생육하는 하늘이 사람을 벌하는 일은 없다. 사람이 자연의 이치에 부합되지 않는 무리를 범할 때, 인과응보의 상벌이 저절로 인간계에서 드러난다.[36] 스미스의 '보이지 않는 손'이 시부사와에게는 '천도'로 나타난 셈이다.

천도는 요행이 아니라 '자조'의 사상이다. 천운, 천벌, 천우, 천조와 같은 것은 "주로 사람의 마음먹기 여하에 있는 것"이다. 이는 서양에서 말하는 "하늘은 스스로 돕는 자를 돕는 도리(self-help)"와 통한다.[37] 시부사와는 사회의 혁명적 설계와 이윤 추구 활동, 사람의 직업적 소명과 사회복지의 실현을 모두 천도와 천명이라는 '자연의 도리'로 설명함으로써 근대적 인간의 진취적 행보를 적극 옹호하고 있다.

실업계의 정치, 군사적 독립성을 옹호하며 민력(民力)을 우선시키는 태도는 후쿠자와와 시부사와가 일맥상통한다. 그렇다고 이들이 현실의 전쟁에 반대하는 평화론자는 결코 아니다.[38] 시부사와는 "적국이나 외환이 없으면, 나라는 반드시 멸망한다"는 맹자의 현실

---

35 위의 책, p.5.

36 『論語と算盤』, pp.10-12.

37 『靑淵百話. 乾』, p.6.

38 후쿠자와는 근대 개혁세력을 거세한 조선과 청의 왕권을 적대시하고 주전론을 펼쳤다. 月脚達彦, 『福澤諭吉の朝鮮 日朝淸關係のなかの「脫亞」』, 講談社, 2015, p.103.

인식을 수용하고 있다. 명분 없는 싸움을 해서는 안 되지만, "사방을 포위한 적에게 괴롭힘을 당할 때에도 필승하리라는 기운이 없다면 결코 발달 진보할 수 없다."[39] 후진 양성에서도 후배에게 '적국'과 같은 행동을 취하는 선배가 결과적으로 후배의 분발심을 키우고 그 성장을 돕게 된다고 말한다.[40]

분쟁을 분발의 계기로 긍정 해석하는 태도는 서세동점의 시대 위기에 필사적으로 대응하여 위기를 진보적 변화의 계기로 삼았던 메이지 유신 당시 자신의 체험에서 우러나온다. 양이론에 가담했던 시부사와는 유럽 방문 이후에 개국의 필요성을 깨우치고서 태도를 바꾸었다. 그에게 제국주의는 통상 교역과 지식 전파를 실행하는 '자연의 집성된 힘'으로 다가왔을 것이다. 불어 닥치는 태풍을 거부할 수 없지만, 스스로 방비하여 생활환경을 바꾸려 노력하는 것이 천명에 순응하는 바른 태도가 아니겠는가.

시부사와는 사람이 사회를 위해 살아갈 의무를 갖고 태어났다고 믿었다. 그는 실업가와 노동자의 일하는 자세에 대해서도 언급했다. 오다 노부나가 밑에서 신발을 챙기던 머슴이었던 도요토미 히데요시의 일화에서 사소한 임무에도 충실한 근로 자세를 강조하는 등, 봉건시대를 내려다보는 근대인의 우월감도 없다.[41] 오히려 구시대의 규범에서도 근대화에 필요한 도리를 발견하고 공도의 인격적 내면

---

39 『論語と算盤』, p.31.
40 위의 책, pp.31-32.
41 위의 책, pp.64-67.

화를 추동한다. 이토 진사이가 인(仁), 정(情), 충서(忠恕)의 생활 도덕을 강조했듯이, 시부사와도 인을 이루는 '극기복례(克己復禮)', 참된 마음을 바탕으로 타인의 마음을 헤아리는 충서, 사소한 것도 게을리 하지 않는 성의를 중시한다.

다만, 현실의 혼란과 질서를 대비시킬 때에는 맹자가 주로 인용된다. "노동자가 일하는 것은 자신의 본문이며, 반드시 자신의 이익만을 얻으려는 것이 아니다. 즉 가족을 위해, 부모를 위해 일한다고 생각하면 불만도 생기지 않고, 고용자에게도 만족과 안심을 주며, 나아가 국가의 이익에도 연결된다."[42], "모두가 이런 생각으로 일한다면 사회는 평화를 이루고 번영으로 향한다. 그러나 반대로 노동자를 비롯해 모두가 주관적으로 생각하여 자신 혼자의 이익만을 생각하고 행동한다면, 사회 질서는 유지되지 않고, 일국의 통치도 도저히 행할 수 없게 된다. 이는 맹자에서 말하는 '빼앗지 않고서는 만족할 수 없는(不奪不饜)' 극치에 이르는 것이다."[43]

시부사와는 노동자에게 봉건적 직분 윤리에 근거한 충효와 '자아를 떠난 객관적 태도' 즉, 사회적 환경과 공익을 중시하라고 요구한다. 시부사와가 쓰는 용어 '주관적'은 '이기적'이라는 뜻을 갖는다. 반면 노동자가 헌신하는 대상으로서 가족, 회사, 국가가 모두 '공'에 포섭된다. 평등을 부정하지는 않는다. "사람은 평등해야 한다."[44] 다

---

42 『靑淵百話. 乾』, p.17.
43 위의 책, p.17.
44 『論語と算盤』, p.26.

만, 평등은 지위나 권리의 수평적 동등성을 의미하지 않는다. 그 평등이란, 상하가 모두 서로 교만하지 않고, 서로에게 절제와 예의로 대하는 태도를 의미한다. 모두가 적재적소에서 재능을 발휘하면서 서로에게 덕이 되어야 한다는 것이다.[45]

산업사회에서도 가족 부양을 책임진 가장이나 독자 생계를 유지하는 일반 노동자들에게 시부사와가 강조하는 이타성이 통용되었다. 인재 양성을 위한 그 도덕은 노동자들을 교육하고 관리하는 규율 권력으로도 작용해왔다. 시부사와의 논리는 다이쇼 데모크라시의 다양한 권리 요구를 억제하며, 멸사봉공의 정치 광풍에 흡수될 위험성을 내재하고 있었다. 시부사와는 만주사변 발발 직후에 92년의 생애를 마감했지만, 실제로 세계대공황 이후 일본의 기업경영과 사회담론에서 '봉공'의 대상이 국가로 집중되었다. 1930년대 국가는 자본주의 모순에 대한 통제와 국토방위를 명분으로 총동원 체제를 구성해갔다.

수양단, 사회 교육에서 '봉공'의 도장으로

시부사와는 사회문제의 해결을 위한 공공사업이 실업가의 근본 의무라고 보았다. 실업가와 노동자에게 '봉공'의 의무가 있다면, 국가는 가난을 구제하고 예방할 정치적 의무가 있다고 한다. 가난 구

---

45 위의 책, pp.28-29

제 사업은 경제적으로 풀어야 한다. 부호는 국가 사회의 도움으로 재산을 취득하고 보존하고 있으며, 그 재산은 사적 전유물이 아니기 때문에 사회사업을 의무로 삼아야 한다는 것이다.[46] 그 일환으로 세워진 것이 부랑자 시설과 직업 훈련원 등의 복지시설과 실업학교 등이다.

시부사와가 사회정책에 관여한 것은 1875년 경영회의소(1872년 도쿄회의소로 개칭)의 위원 자격으로 양육원을 감독하면서부터다. 당시 우에노의 양육원은 버려진 아이들과 노쇠자, 정신질환, 백치, 간질 환자를 함께 수용하고 있어서 혼란이 가중되고 있었다. 그는 구제와 양육을 구분하는 일부터 착수했다. 양육의 기본은 교육과 직업 안내에서 찾았다.[47] 이후에도 시부사와는 양육원의 원장직을 지속하면서 교육 기관과 보양소(保養所)를 확장하는 데 기여했다. 재정 충당을 위해 도쿄회의소 소유의 부동산을 매도하여 제일국립은행과 협정을 맺고 그 이자 수익으로 운영했다.[48]

1910년 대역(大逆)사건이 일어나고 사회주의가 발흥하자, 정부 관계자들은 '종교의 통일'로 '현대 사상계의 개선'을 꾀하기 위해 귀일협회(歸一協會)를 설립했다. 종교가, 학자, 고위 관료들 속에 시부사와도 참가했으나 만족스러운 결과는 없었다. 유교, 불교, 신도의 구별 없이 궁극의 도리가 통일을 이루는 대종교(大宗敎)의 연구와

46 위의 책, pp.151-153.
47 澁澤榮一, 『澁澤榮一自叙傳』, 澁澤翁頌德會, 1938, pp.452-453.
48 島田昌和, 『澁澤榮一 : 社會企業家の先驅者』, p.183.

출현을 기대했던 시부사와는 경제적 관념이 없는 종교가들의 굼뜸에 실망한다. 종교 통일의 불가능성을 깨닫게 된 시부사와는 '공자의 가르침' 하나로 만족하자는 결론을 얻는다.[49]

1914년 제1차 세계대전이 일어나자, 시부사와는 "약육강식의 길밖에 없는가?"를 회의하며, "우리는 어디까지나 내가 원하지 않는 것을 남에게 베풀어서는 안 되며, 동양 나름(東洋流)의 도덕으로 나아가 더욱 더 평화를 계속하여 각국의 행복을 진화"시킬 것을 제창한다.[50] 시부사와 자신은 '동양의 도덕'이 세계사적 모순과 얽혀서 독자적으로 진화할 수 없음을 모른 채 만주사변이 발발한 직후에 세상을 떠났다.

하지만 만년의 시부사와는 사회문제의 확산과 난관에 부딪혀 씨름해야 했다. 1919년 무렵부터 시부사와는 마르크스주의의 영향을 배제하고 노동문제를 예방하기 위해 '관민일치의 민간기관'인 협조회를 설립한다. 또한 수양단이란 단체를 후원하여 노동자를 위한 강연회와 강습회 등을 주최하도록 도왔다.

다이쇼 시대에 '수양' 개념은 여러 무술, 종교 단체의 수련 프로그램과 결합하면서 국민적 교육운동으로 보급된다. 처세술 관련 책자에서도 "실업가의 경력은 수양의 극치"이며, "격렬한 생존경쟁에

49　島田昌和, 『澁澤榮一 : 社會企業家の先驅者』, pp.188-189. 시부사와의 사회사업가로서의 면모와 활동에 대해서는 島田昌和, 『澁澤榮一 : 社會企業家の先驅者』, 제5장 참조.

50　島田昌和, 『澁澤榮一 : 社會企業家の先驅者』, pp.189-190. 원자료는 澁澤榮一, 「時局に對する國民の覺悟」, 『龍門雜誌』 第328號, 『澁澤榮一傳記資料』, 澁澤榮一傳記資料刊行會, 別卷 46卷, 「國際交流を推進する平和主義教育思想」.

서 우승자가 되려면 어떤 경우에도 수양을 궁리하고 쌓아나가야 한다."고 강조한다.[51] 기독교에 귀의한 어느 석공이 1921년에 출판한 간증 기록은 산업 발전 및 개인의 성공을 가져올 실천 덕목으로 수양을 제시하고, 사회교육의 필요성을 역설하는 내용이다.[52]

대학과 산업 현장에서도 수양 단체들이 생겨났다. 상업강습소에서 재편된 도쿄상과대학(현 히토쓰바시대학)의 1925년 기록에서는, 1904년부터 여의단(如意團)이라는 불교의 수양단체가 발족되어 참선 수련을 실시하고, 기독청년단체도 생겨나서 교풍 쇄신을 도모한 것을 평가하고 있다.[53] 1920년에 출간된 『안심근로의 생활』이란 책에서는 "생생 발전은 실로 일본 국도의 근본정신"이자, "병의 치유원리"라고 정의하면서, 사회 구제사업의 근본적 개선을 위해 정신 수양과 신체 수련에 정진하는 진령회(眞靈會)를 창립한다고 선언한다.[54]

진령회의 구라미쓰[倉光吉郎]가 1914년에 시부사와를 방문한 기록이 있다. 그는 수산강습소의 창립정신을 이유로 강습소가 농상무성 관할에서 문부성으로 이관하는 것에 반대한 인물이었고, 시부사와도 그 반대 운동을 지지하여 언론에 그들의 반대 의견을 발표했다. 학제 및 교육기관의 통일을 꾀하는 문부성의 통합 정책에 반대했던 그들의 의견서에는 수산 실업가 단체를 중심으로 특수한 전통

---

51   蘆川忠雄, 『世渡上手の人々』(蘆川靑年叢書 第8卷), 城北書房, 1919, pp.4-5.
52   本間俊平, 『一石工の信仰』, 隆文館, 1922.
53   東京商科大學一橋會 編, 一橋五十年史, 東京商科大學一橋會, 1925. pp.104-106.
54   倉光吉郎, 『安心勤勞の生活』, 眞靈會本部, 1920, pp.2-3.

과 독자의 교육 방식을 펼쳐온 역사를 지키겠다는 의지가 표명되었다.[55] 관에 의존하기보다 민간의 실력과 자율성을 지킨다는 명분이었다.

시부사와는 한학, 양명학, 기독교, 신도 등 다양한 도덕, 종교 단체 및 대중적인 수양단체를 지원했다. 가령, 무술을 통해 '정력선용(精力善用)'을 표어로 내걸고, '자타공영(自他共榮)'을 수행 목적으로 삼았던 유도 도장인 강도관(講道館)에 기부금을 지원하고, 행사에도 꾸준히 참석했다.[56] 전간기 사회교육 및 수양단체 중에서도 '인간 교육의 도장'으로서 가장 주목을 받고 전국적인 조직을 확대하여 영향력을 행사한 것이 수양단이다.[57] 무술 사범들은 수양단의 프로그램 운영에 투입되기도 했다.

학교의 공교육과 다른 차원에서 수양 운동을 매개로 전국적인 사회교육을 이끈 활동가는 소학교 교사였던 하스누마 몬조[蓮沼門三]였다. 수양단은 1906년 도쿄부[東京府]사범학교(현 도쿄학예대학) 기숙사에서 벌어진 '생활미화운동'에서 출발하고 조직되었다. 청년들의 흐트러진 기숙사 생활에서 하스누마는 스스로 청소하는 모범을 보여 지지자를 얻기 시작했다. 그 결과 청년들이 명상과 청결, 학문 탐구와 위인 숭배 등을 수칙으로 삼고, 전교생이 담화회를 여는 등, 자율적 방법의 수양단을 조직하게 된다. 하스누마는 1910년 교직을

---

55 『澁澤榮一傳記資料』第46卷, pp.224-225.
56 『澁澤榮一傳記資料』第43卷, pp.351-354.
57 山口彰, 『人間をひとまわり大きく變える法—人間道場·修養團教育の秘訣』, 日本實業出版社, 1977.

사퇴하고 수양단 운동에 전념하면서, 시부사와를 비롯한 기업가들에게 서신을 보내 그들의 신뢰와 후원까지 얻는다.

수양은 몸과 마음을 건강하게 키우고, 뛰어난 인격을 갖추려는 노력이다. 수양의 사회적 확산에 앞장선 하스누마의 심성은 종교사상사가 야스마루 요시오[安丸良夫]가 탐구했던 '통속도덕'의 영역에 더욱 가깝다. 하스누마를 사회교육에 뛰어들게 한 원동력은 가난과 병마에 지쳐 스스로 죽음을 결행했던 어느 날이었다. 암울한 병상에서 어머니의 간호를 받던 그는 불현 듯 밝은 빛이 다가오는 신비한 체험을 한 후, '밤이 깊어 빛이 밝아오는 이치'를 깨우친다. 1926년의 자서전에서 그는 "역경에서 번민하는 한 사람을 위로하는 것이 인생 최대의 사업이고, 자신에게 주어진 사명임을 자각"했으며, "밝은 세계의 현현도, 도의 나라 일본의 완성도, 그 실천에 있음"을 확신했다고 회고한다.[58]

1917년, 시부사와가 고문을 맡던 수양단은 센슈대학의 창립자로 대장성 관리를 역임한 다지리 이나지로[田尻稲次郎]를 초대 단장으로 추대했다. 취임 후 그는 도쿄시장(1918~1920)으로도 활약한다. 1921년 10월 1일 마루노우치 은행 집회소에서 '수양단회관 건설협의회'가 열렸다. 그 보고서에 따르면, 당시 수양단 단원은 7만 명에 이르고, 매월 새로운 참가자가 3000여 명을 유지한다. 수양단이 경영하는 청년들의 공동 합숙소인 향상사(向上舍)를 비롯하여 각지에

---

58   蓮沼門三, 『光を仰ぎて』, 修養團, 1926, pp.8-10.

서 열리는 청년강습회와 수양회를 지원하고, 잡지 발행 등에 필요한 사무원이 30여 명에 이르는 실정에서 새롭게 수양단회관의 건설을 후원하자는 취지의 모임이었다.[59]

찬조자는 일본우선(郵船)회사와 일본전기회사 등의 기업가, 농업대학이나 공업대학의 교수, 문부성 사회과장과 법조계 관료와 대심원장, 실업의일본사[實業之日本社] 사장과 같은 출판문화인 등 모두 41명에 이른다. 참석자들은 "수양단의 취지와 계획은 사상문제·사회문제를 해결함에도, 중견 청년·대표 학생을 선도함에도, 가장 온건 적절한 국가적 윤리 운동으로 인정되므로, 수양단의 발전을 꾀하기 위해 더 한층 원조할 것"을 결의했다.[60]

수양단에 대한 시부사와의 신뢰와 기대는 두텁다. "저는 본 단의 고문으로 십 몇 년간 힘이 닿는 한 조력해 왔습니다. 수양단도 오늘에 이르러서는 풍기 개선의 일대 세력이 되어서, 유식 계급보다 두터운 신용을 얻게 있습니다. (…중략…) 이처럼 순조롭게 발전한 것은 본 단의 간부 일동이 어떤 사욕도 떨치고, 십육 년 동안 헌신적으로 노력한 결과입니다. 요즘은 각지의 단원이 환경 개선과 지부 설립을 위해 자발적인 활동을 하고 있습니다. 나는 늘 여러 방면에서 그들을 관찰하고 있습니다만, 그 온건한 행동과 급속한 발달에 몰래 기뻐하고 있습니다."[61]

59　修養團會館建設協議會報告書,『澁澤榮一傳記資料』第43卷, pp.590-591.

60　위의 책, p.591.

61　위의 책, pp.591-592. https://eiichi.shibusawa.or.jp/denkishiryo/digital/main/index.php?c-md=read&page=DK430127k_text&word=%E8%AC%9B%E7%BF%92%E4%BC%9A

회의에 참석한 하스누마도 발언한다. "현대의 청년은 세계적으로 인도주의에 눈떠왔습니다. 그들은 사회 조직의 불공평, 특권 계급의 횡포를 저주하고 있습니다. 만약 그들을 지도할 방법을 얻지 못한다면 어떤 사태가 벌어질지 예측할 수 없습니다. 저희는 청년의 각성을 촉구하기 위해 각지에 강습회를 열고, 그 지역의 중견 청년을 한자리에 모아, 침식을 같이하면서 좋은 바람 일으키기[善風作興]의 원동력이 되고자, 진검 지도를 펼치고 있습니다."[62]

당대 청년들이 사회적 모순에 대한 원망이 정치적 급진성을 띠는 가운데, 수양단 청년들은 분노의 진정과 정욕의 진정, 동정심과 상대 비판의 절제, 땀 흘리는 생활환경의 정화를 위해 노력했다. 수양단의 생활 도덕은 1920년대 전반에 정부 정책과 만나게 된다. 수양단이 민간 주도의 수양단체에서 정부 지원의 '사회공공단체'로 변신하도록 이끈 것은 사회의 혼란상이었다. 1921년 11월, 전화망과 철도망을 비롯한 사회기반의 확충 공사에서 입헌정우회와 미쓰이 재벌의 정경유착이 논란되는 가운데 하라 다카시[原敬] 수상이 암살되고, 한 달 후 야스다 재벌의 야스다 젠지로[安田善次郎]도 암살되었다. 1923년 도쿄대진재의 혼란이 수습되는 가운데, 1925년 당시 황태자 신분으로 섭정했던 히로히토(쇼와천황) 저격 미수 사건이 발생한다.

1925년 시부사와는 수양단의 초대 후원회장 겸 고문을 역임한다.

---

62 위의 책, pp.593.

동시에 법조계의 수장 격인 히라누마 기이치로[平沼騏一郎]가 수양단의 2대 단장으로 취임하여 수양단에 '군민일치'와 '왕도주의'에 입각한 국가주의 이념을 고취시켰다. 일본 전역과 만주, 조선, 대만에도 수양단이 조직되어 수시로 강습회를 열었다. 수양단원은 흰색 셔츠를 입고 이른바 '백색윤리운동'을 벌였다. 흰색은 일곱 가지 무지개색의 융합과 친화를 의미한다. 그들은 동포 사랑, 땀 흘리는 단련, 헌신보국(同胞相愛·流汗鍛鍊·獻身報國)의 애국애족과 근로정신을 생활도덕으로 내면화하기 위해 실천했다.

수양단은 히라누마가 1927년부터 추진한 '쇼와유신'의 국민정신총동원을 민간 차원에서 자율적으로 추진했다.[63] 1920년대 후반 정계의 히라누마가 수양단에 개입하면서부터, 재계의 시부사와, 통속적 생활세계의 하스누마가 삼위일체가 되어 수양단의 국민정신 고취 운동을 이끌어 온 셈이다. 이것이 1937년 중일전쟁 이후 국민총동원 체제의 조직적 기반으로 흡수되었음은 물론이다.

수양단은 전후 지식인들에게 우익 단체로 지목된 적이 있다.[64] 하지만 수양단은 니노미야 손토쿠[二宮尊德]의 사상을 기리며 시즈오카를 중심으로 활약했던 보덕사(報德社)와 더불어 GHQ의 단체해산 명령에서 제외되었고, 현재에도 사회교육단체로 존속한다. 전후 고도 성장기에는 국가에 대한 봉공의 이념은 퇴색되거나 망각되었고, 1930년대와 1940년대의 '국가'는 '사회'라는 용어로 바뀌었다.

---

63   平沼騏一郎,『建國の精神と修養團の使命 (愛と汗叢書 第6輯)』, 修養團, 1925.

64   堀幸雄,『戰後の右翼勢力』, 勁草書房, 增補版, 1993, p.240.

1997년 설립된 '일본회의'가 과거 수양단과 같은 풀뿌리 조직을 흡수할 가능성도 있기에 조사해 보았으나, 구체적 단서는 발견되지 않는다. 헌법개정을 추진하는 '일본회의'가 여성의 천황계승이나 부부별성 제도, 농업시장 개방과 외국인참정권 등에 반대한다면, 오히려 공익재단법인으로서 현재의 수양단은 정치성을 탈피한 개방적인 사회운동에 주력한다. 그 중점 사업은 어린이 자연 체험 캠프, 해외 불우 아동들과의 교류, 가정교육과 사회인 교육, 신입사원 수련 등에 있다.[65]

기업가 정신과 지식의 새로운 의무

시부사와의 '도덕경제 합일설'에는 밥 먹고살기 위한 돈벌이로서의 노동관이 보이지 않는다. 현상적으로 볼 때, 똑같이 일하고 임금을 손에 넣는다. 그런데 그 노동의 실질이 밥 먹고살기 위한 돈벌이나 자기실현을 위한 과정이 아니라, 사회적 선순환을 위한 '이타적인 행'으로 설명된다. 시부사와는 '근대적 자아'를 이기적 본성으로 해석하고 배제했지만, 노동자를 임금(돈)과 교환되는 '근대적 시스템의 노예'로 인식하지 않는다. 노동자는 인격을 도야하고 공익 가치를 확장시키면서 사회의 직분을 담당하는 '경제=도덕'의 실현자이자, 천도에 부합하는 자연의 주체로 인정된다.

---

65   수양단 홈페이지, https://syd.or.jp/

반면, 마르크스주의는 '부-잉여'의 원천을 노동에서 찾았고, 노동자가 자본가에게 빼앗긴 '노동가치'를 탈환함으로써 역사 진보의 주체가 될 수 있다고 믿었다. 20세기 산업사회에서는 노동자가 고도성장의 '주역'으로 일하며, 노동의 대가를 임금으로 보상받기 위한 생존권투쟁을 벌였다. 하지만 오늘날, 노동생산력에 의한 산업의 발전은 더 이상 진보하지 않고, 오늘의 젊은이들은 물질 생산을 위해 땀 흘리며 노동하기를 원하지도 않는다. 이러한 상황에서 청년 실업이 문제라고 한다면, 청년들에게 필요한 일자리는 무엇이며, 사회에 필요한 일은 무엇일까?

'초식남', '득도 세대'로 일컬어지는 일본의 청년들은 고도성장기의 기성세대와 같은 경쟁의식이나 소유욕을 보이지 않는다. 그 모습은 청년들이 빚어내는 사회문제가 아니라, 노동의 의미가 변화한 시대의 풍속이다. '노동하는 존재'로서의 인간관이나, 이기적·경쟁적 소유욕에 입각한 자본 축적의 관념은 인간의 본성에 기초한 영구불변할 진리가 아니기 때문이다. 자본과 노동에 대한 이해가 시대적 효용을 다한 이상, 이제 새로운 인간 이해 및 경제의 패러다임이 정립되어야 한다.

사서삼경을 독송하며 수양을 본분으로 삼던 유교적 사대부들에게 노동은 일상의 생물학적 삶을 유지하기 위해 아랫사람들이 대행해 주는 일과였다. 노동에서 해방된 사대부들은 입신출세를 못해도, 학문을 연마하여 '수신제가치국평천하'에 기여해야 했다. 근대화로 사대부의 역할은 고등교육을 받은 관료와 전문 지식인, 사회적 기업가, 테크노크라트, 시민활동가의 역할로 전환되었고, 산업이 발전할수록 육체노동의 비중은 옅어졌다. 한편 지식정보산업이 발전한 3차 산업혁명기에는 의무교육에 더하여 사회적인 지식 총량이 커진만큼, 지식의 상식화가 두드러진다. 그리고 이제 4차 산업혁명으로 격변하는 오늘날, 기업가 정신과 노동, 나아가 지식에 대한 기존 상식들이 흔들리면서 모순이 가중되고 있다.

한국에서는 여전히 청년들이 대기업에 취직하여 '고임금 노동자'가 되거나, 안정적으로 월급 받는 공무원이 되기 위해 애쓴다. 서울의 모 대학 교수들은 '교원노조'를 만들고자 한다. 교수가 '잔업 수당' 등의 권익 확보와 노동자 정체성을 갖고자 노력한다. '진리를 탐구하고 가르치는 스승'의 인격을 유지하기는커녕 일자리를 지키기도 어려운 현실이 드러난 셈이다. 그렇다면 인구 감소와 인공지능의 시대에 교수의 할 일은 무엇인가? 권익 확보 이전에 새롭게 제기되는 교수의 의무와 그 이행 능력부터 점검해 볼 필요가 있다.

기업과 자본의 사회적 가치도 위기에 노출되어 있다. 글로벌 자본주의와 정보사회에서 유언비어가 주가 폭락을 일으키는 쓰나미로 변하고, 금융위기가 국가 부도로까지 이어질 수 있다. 기업은 본디 종업원과 그 가족, 주주와 소비자, 원자재와 부품 및 유통 산업, 그리고 정부 및 무역 상대국과 연계되는 사회적 관계망의 총체이지만, 고도성장이 멈추면서 기업을 둘러싼 모든 단위에서 '내 것 챙기기'에 나서며 불신과 갈등이 확산되어 왔다.

글로벌 금융위기 중에 안전 자산으로서 엔화 가치가 위력을 발휘했던 일본이지만, 저성장의 구조적 위기 하에 '평생직장'의 보장이 무너지고 비정규직의 증가로 '격차 사회'의 문제가 대두되었다. 한국의 대기업은 형제 간 재산 분할로 기업이 쪼개지거나, 사회의 에너지를 먹고 부풀린 기업가의 자산이 부부의 '사적 소유'로 해석되면서 이혼 시 재산분할 소송이 벌어진다. 자본의 운용을 위한 노사 협력과 사회적 신뢰도 저조하고, 고용과 피고용 관계를 회피한 '1인 기업'이나 '사원주식회사'가 유망해진다. 이러한 시대에 기업가 정신은 장사꾼의 돈벌이 욕구로 축소되기 십상이다.

갈피를 잡기 어려운 사회 변화 속에서 과거의 모순을 집적시킨 '지식 자본'은 어떻게 사회적 가치 증대에 기여하며, 경제의 사회적 선순환에 필요한 것은 무엇인가? 산업 발전의 의미를 되짚어 보면서 새로운 비전을 찾아야 할 때이다. 신분제 타파에 이어 기술 발전으로 노동 해방이 이루어진 것은 이제 먹고 사는 생존 본능을 벗어나, 보다 즐겁고 신나는 일을 도모할 수 있는 기회가 찾아왔다는 의미다. 1차적인 물질적 번영에서 얻은 자본과 지식을 녹여내어 그 힘을 바탕으로, 2차적인 사회적 질서와 가치를 창출해야 하는 시대인 것이다. 지식인은 그 교육 콘텐츠와 신 패러다임을 연구 개발하고, 자본은 그 활동을 뒷받침해야 한다.

새로운 패러다임과 새로운 사회 시스템은 결코 국민경제 단위의 경쟁력 우위에서 이루어지지 않는다. 손정의 소프트뱅크 대표와 야나이 다다시 유니클로 대표는 여전히 공격적 투자와 이윤추구의 경쟁에서 일본 기업의 활로를 찾지만,[66] 그것이 시대의 요청과 도덕적 의무에 부합되지 않는다면 자본주의 발전은 정체되고 사회모순은 심화할 것이다. 그 실천적 가능성은 미지수이지만 대기업 경영에서는 이미 환경 친화와 글로벌 사회복지에 공헌하자는 이념이 제시되었다.

시부사와가 살았던 시대에는 의식주의 해결이 어려워서 물질적 풍요가 개인 생활과 국가의 중요한 과제였다. 당시 가난 구제 사업도 먼저 경제 발전과 실업교육을 통해서 풀어야 했다. 하지만, 물자도 지식도 부족했던 시대의 노동 윤리와 복지 정책이 오늘의 경제와 사회 문제를 해결할 수 있는 해법이 될 수 없다. 시부사와가 대응했던 사회문제는 오늘날도 지속되고 있으며, 인류사회의 문제로 확장되었다.

선진국 경제의 오랜 정체와 미중분쟁 구도에서 출발한 4차 산업혁명 시대에는 과거 산업시대에서 일으킨 힘으로 그 동안의 세계 난제를 해소할 새로운 패러다임을 일으켜야 한다. 물질적 풍요 속에서 기부 및 봉사도 꾸준히 확산되었지만, 여전히 꿈쩍 않는 세계 난제의 실질적 해결 방도를 연구하고 실천해야 한다. 특히 기아와 난민 문제를 방치하면서 생활환경의 안전과 평화를 말할 수 없고, 소통이 단절되어 가는 사회에서 인류 공생을 이루기도 어렵다.

2019년 6월 유엔(UNHCR)의 "글로벌 트랜드 2018"에 따르면, 전쟁이나 박해, 물질적 풍요와 생활의 안전을 찾는 난민과 피난민은

66　孫正義氏, 日本を憂う「このままでは忘れられた國に」, 日經ビジネス電子版, 2019.10.8.

2018년 전 세계적으로 7,080만 명으로 한 해 동안 230만 명이 증가했다. 지난 20년 동안 매일 37,000명의 새로운 난민·피난민이 생겨난 셈이라고 한다.[67] 이제 선진국에서도 난민을 수용하고 일자리를 제공할 여지가 없다. 난민 문제는 제주도까지 밀려와서 한국도 예멘 난민 신청자 500명 중 2명을 난민으로 인정하고 대다수는 인도적 차원에서 1년간 체류를 허가했다.

인구 감소 문제에 대한 대책으로 난민을 수용하자는 '이기적 발상'으로 해마다 증가하는 난민 문제를 해결할 수 없다. 난민이 발생하지 않도록 세계 질서를 바꿔야 하며, 물질적 풍요와 교육이 필요한 곳에 그 실질적인 충족의 조건을 만들어야 한다. 유엔 난민기구가 모은 기부금은 해마다 늘고 있지만, 빈곤과 분쟁으로 인한 난민도 지속적으로 늘어났다. 그렇다면 필요한 것은 '원조'와 '봉사'가 아니라, 생산 시설과 교육을 통한 '자립 기반'의 구축이다. 자립적 생활 기반이 확대될 때 분쟁 지역의 폭력적 대립도 진정될 수 있다.

진정한 평화와 생활 안전의 욕구를 충족시키고 글로벌 가치를 창조하려면, 일국 경제의 성장률과 청년 실업률을 따지지 말고, 시야를 글로벌 사회로 넓혀야 할 것이다. 가령, 세계 평화를 구현하기 위해 한국이 해야 할 일은 무엇인가? 아프리카에서 빈곤과 난민 문제를 해결하기 위한 자립 기반을 어떻게 만들 수 있는가? 중국과 일본이 아프리카 현지 투자에서 서로 협력하고 있다고 하는데,[68] 그 실질

---

67 Global Trends FORCED DISPLACEMENT IN 2018, https://www.unhcr.org/5d08d7ee7.pdf
68 호소야 유이치, 「'자유롭고 열린 인도-태평양' 구상과 일본외교: 지역질서 형성을

적인 효과와 개선되어야 할 문제는 무엇인가? 이러한 연구 기획에서 인류사회에 필요한 '할 일'을 찾을 수 있다면, 그 기획은 하늘의 뜻(천도)에 맞닿을 것이다.[69]

시부사와의 문제의식을 오늘의 사회로 확장시켜 생각한다면 어떠한 결론을 이끌 수 있을까? 사회의 격차 문제를 탓하기보다 헐벗은 사람들을 위해 진정 필요한 일을 할 때, 하늘은 스스로 돕는 자를 돕지 않겠는가. 인류사회에 필요한 일을 할 때, 먹고살 걱정을 하지 않아도 더불어 잘 사는 길이 열릴 것이다. 세계의 물질과 지식은 이미 인류가 나눌 수 있을 만큼 풍부하기 때문이다. 다만, 물질적 원조로는 자생력을 저해한다.

오늘 기업가 정신과 지식의 임무는 자연의 이치를 궁구하고 글로벌 사회 문제에 대응하여 자립을 이끌 사업을 기획해서 자본의 투자를 이끌어 내는 길에 있다. 그것이 가능할 때 세계의 기아 및 빈곤 문제가 해결되고 세계경제가 활성화될 수 있을 것이다. 시부사와가 경제의 근본 문제를 천도(자연의 이치)로 놓고 사유했던 것처럼, 새로운 경제의 근본 문제를 인간 존재의 궁극적 가치와 역사적 진화의 과정, 자연과 사회의 원리 속에서 탐구할 필요가 있다.

---

69 위한 리더십」, 2019년 12월 13일, 국립외교원 세미나 강연 중 발언.
아프리카의 기아 문제를 해결할 대안을 제시한 연구서로 정법시대미래연구재단, 『인류대민사업 – 인류기아ZERO프로젝트편』, 정법시대, 2015 참조. 기업가의 역할과 의무, 기업의 미래 사업 방향 등에 관한 논의로 유튜브 [대한민국 미래 포럼][기업] 8343강~8365강 참조.

참고문헌

막스 베버 저, 박문재 역, 『프로테스탄트 윤리와 자본주의 정신』, 현대지성, 2018.

시부사와 에이이치, 노만수 역, 『논어와 주판』, 페이퍼로드, 2012.

시부사와 에이이치 저, 박훈 역주, 『일본의 설계자, 시부사와 에이이치: 망국의 신
하에서 일본 경제의 전설이 되기까지』, 21세기북스, 2018.

이토 진사이, 최경열 역, 『동자문』, 그린비, 2013.

에이먼 베틀러 저, 이성규 역, 『애덤 스미스의 도덕감정론 및 국부론 요약』, 율곡출
판사, 2018.

정법시대미래연구재단, 『인류대민사업 – 인류기아ZERO프로젝트편』, 정법시대,
2015.

황인석, 「가라타니 고진(柄谷行人)의 이토 진사이(伊藤仁齋) 독해 – '내재=초월' 관념
의 비판을 중심으로」, 『인문논총』 제76권 제4호, 2019.

蘆川忠雄, 『世渡上手の人々』(蘆川靑年叢書 第8卷), 城北書房, 1919.

井原久光, 『テキスト經營學 [第3版] 基礎から最新の理論まで』, ミネルヴァ書房, 2008.

倉光吉郎, 『安心勤勞の生活』, 眞靈會本部, 1920.

今野昌信, 「朝鮮後期貨幣・金融制度の改革と第一國立銀行」, 『高崎經濟大學論集』 47(2),
2004.

澁澤榮一, 『靑淵百話. 乾』, 同文館, 1912.

澁澤榮一, 『論語と算盤』, 忠誠堂, 1927.

澁澤榮一, 『澁澤榮一自叙傳』, 澁澤翁頌德會, 1938.

財團法人日本生産省本部, 『調査硏究：企業の社會的責任: その指標化と意見調査』, 勞使協議
制常任委員會調査報告書 74, 1964.

島田昌和, 「第一(國立)銀行の朝鮮進出と澁澤榮一」, 『文京女子大學經營論集』 9(1), 1999.

島田昌和, 『澁澤榮一：社會企業家の先驅者』, 岩波書店, 2011.

靑淵記念財團龍門社編, 『第一銀行五十年史稿』 第16卷, 澁澤靑淵記念財團龍門社, 1960.

靑淵記念財團龍門社編,『澁澤榮一傳記資料』,澁澤榮一傳記資料刊行會,別卷10卷,澁澤靑淵記念財團龍門社, 1960.

孫正義氏,日本を憂う「このままでは忘れられた國に」,日經ビジネス電子版, 2019.10.8.

高橋達男・木田宏共譯,『知識産業』,産業能率短期大學出版部, 1969.

第一銀行八十年史編纂室,『第一銀行史』, 1957.

月脚達彦,『福澤諭吉の朝鮮 日朝淸關係のなかの「脫亞」』,講談社, 2015.

土屋喬雄,『澁澤榮一』,新裝版; 吉川弘文館, 1989.

東京商科大學一橋會 編,一橋五十年史,東京商科大學一橋會, 1925.

波形昭一,『日本植民地金融政策史の研究』,早稻田大學出版部, 1985.

蓮沼門三,『光を仰ぎて』,修養團, 1926.

平沼騏一郎,『建國の精神と修養團の使命 (愛と汗叢書 第6輯)』,修養團, 1925.

堀幸雄,『戰後の右翼勢力』,勁草書房,增補版, 1993.

本間俊平,『一石工の信仰』,隆文館, 1922.

村上勝彦,「第一銀行朝鮮支店と植民地金融」,大石嘉一郎編,『日本産業革命の研究』下卷,東京大學出版會, 1975.

山口彰,『人間をひとまわり大きく變える法―人間道場・修養團教育の秘訣』,日本實業出版社, 1977.

横山良,「金ぴか時代と19世紀末のアメリカ」,『アメリカ合衆國の歷史』(野村達朗 編著),ミネルヴァ書房, 1998.

〈인터넷 자료 : 최종 검색일 2019.11.20〉

松下幸之助と鄧小平の「君子の約束」.

http://japanese.china.org.cn/jp/qshn/2008-11/03/content_16703605.htm.

創設者からのメッセージ, https://www.php.co.jp/company/message.php.

PHPの考え方, https://www.php.co.jp/company/think.php.

Activities of Henri Fayol (1841-1925), https://data.bnf.fr/en/11902450/henri_fayol/.

Global Trends FORCED DISPLACEMENT IN 2018.

https://www.unhcr.org/5d08d7ee7.pdf.

The Principles of Scientific Management by Frederick Winslow Taylor, http://www.gutenberg.
org/ebooks/6435.

The Production and Distribution of Knowledge in the United States, https://books.google.
co.kr/books?id=kp6vswpmpjoC&printsec=frontcover&redir_esc=y#v=o-
nepage&q&f=false

야마모토 시치헤이의
『일본자본주의의 정신』재고
- '일본문화론'의 관점에서 -

박규태

들어가는 말 : 일본문화론의 관점

1979년에 나온 야마모토 시치헤이[山本七平, 1921~1991]의『일본
자본주의의 정신(日本資本主義の精神, 이하『정신』)』은 당시 일본의 비
즈니스맨 특히 중소기업 경영자들의 열렬한 지지를 받으면서 대형
베스트셀러가 되었고 지금까지도 새로운 판본을 거듭하고 있다.[1] 종
래 이 책은 주로 스즈키 쇼산(鈴木正三)과 이시다 바이간(石田梅岩)
에 초점이 맞추어져 논해져 왔다. 이를테면 "에도 초기 쇼산에 의해
태동한 일본자본주의 정신이 에도 후기 바이간 및 '석문심학(石門心
學)'에 의해 널리 퍼져 일본인의 '근면의 철학'이 되었으며, 농민과

---

[1] 1997년에 이상사(理想社)에서『야마모토 라이브러리(山本ライブラリー)』제9권으로
간행되었고, 2006년에는 비즈니스사(ビジネス社)에서 다시 출간되었다. 이하 본고에
서『정신』의 쪽수는 2015년에 비즈니스사에서 재출간한 신장판에 의한 것이다.

직인과 상인 계급의 근로와 절약과 그 결과로서의 부의 축적을 촉진시켰다."(勝森かよこ, 2018: 47)는 식이다. 요컨대 쇼산과 바이간의 사상이 일본자본주의 정신의 원류임을 밝힌 책이 바로『정신』이라는 말이다.

이런 지적이 중요한 의미를 가짐은 말할 나위 없다. 일찍이 벨라(Robert N. Bellah)도『도쿠가와 종교』에서 일본근대화와 종교윤리의 연관성을 규명하면서 특히 바이간의 석문심학에 주목한 바 있다.(로버트 벨라, 1994)[2] 그러나 종래의 연구에서 간과되거나 혹은 최소한 소홀히 다루어진 측면에도 주목하지 않으면 안 된다. 이른바 '일본문화론' 또는 '일본인론'의 관점이 그것이다. 일본자본주의를 지탱한 것이 일본인의 근면 정신이라고 보고 그 원류를 쇼산과 바이간에게서 찾아낸『정신』은 결국 쇼산과 바이간의 직업윤리에 입각한 일본문화론을 서술한 책이라고 볼 수 있다. 본고의 목적은 일본문화론의 관점에서『정신』을 재고하고 나아가 야마모토 일본학의 의의를 재평가함으로써『정신』에 대한 총체적인 이해를 도모하려는 데에 있다. 이를 위해 먼저 일본문화론의 정의와 특성 및 그 장단점에 대

---

2 벨라에 따르면 모든 사회에는 중핵적 가치체계가 있게 마련인데, 그 가치체계의 발전에 종교가 매우 중요한 역할을 한다. 메이지시대 일본의 중핵적 가치체계는 충·효·보은에 있는데, 무엇보다도 집단 및 그 우두머리에 대한 충성과 무사(無私)의 헌신으로 특징지워지는 이런 가치체계는 이미 도쿠가와시대에 정착되어 있었다. 그리고 무사도와 결부된 선종과 유교를 비롯하여 정토진종, 신도, 석문심학, 보덕운동 등의 대중적 종교운동뿐만 아니라 그 자체 하나의 종교였던 이에(家)와 국가(國體) 등이 이런 중핵적 가치체계를 강화시킴으로써 정치와 경제 분야의 합리화를 창출하는 데에 결정적인 역할을 했다는 것이다.(박규태, 1999: 136)

해 간략히 짚고 넘어가기로 하자.

주지하다시피 현대 일본사회의 특이한 현상인 일본문화론이란 "일본인의 문화, 사회, 행동, 사고방식 등의 독자성을 체계화, 강조하는 언설"을 가리킨다. 이런 일본문화론의 특징은 흔히 아이덴티티, 이데올로기, 내셔널리즘의 문제와 밀접한 관계가 있다. 가령 문화인류학자 후나비키 다케오는 일본문화론의 가장 기본적인 특징에 대해 "근대를 사는 일본인의 아이덴티티의 불안을 일본인이란 무엇인가를 설명함으로써 제거하려는 성격을 가진 것"이라고 요약한다. 이때의 불안이란 "근대를 낳은 서양의 지역적 역사에 속하지 않는 일본이 근대화하려 했던 결과 불가피하게 생겨난 아이덴티티의 불안"을 뜻한다. 그 불안은 "원천적인 것이므로 해소되지 않는 불안이 항상 새로운 불안을 낳고 그때마다 새로운 일본문화론이 대두한다."고 본 것이다.(船曳建夫, 2003: 36) 또한 일본문화론은 통상 가치판단을 수반하는데, 그때 "일본인은 이러저러해야만 한다."는 규범적 명령이 "일본인은 무엇 무엇이다."라는 사실명제로 변화되기 때문에 종종 이데올로기로서의 기능을 가지는 문화내셔널리즘의 한 형태로 귀착되곤 한다.(加藤均, 2012: 7)

이처럼 일본문화론은 아이덴티티, 이데올로기, 내셔널리즘 문제와 연동하는 측면을 내포한다는 점에서 일본학 연구에 유익한 관점으로 기능할 수 있다. 하지만 일본문화론의 단점도 분명히 존재한다. 가령 흔히 지적되어온 '대중소비재'로서의 일본문화론이 종종 '일본인'을 균질적인 공동체처럼 간주한다는 비판은 지극히 타당하다. 실제로 많은 일본문화론은 다양한 계층과 연령층 및 직업에 의한 편차라든가 또는 지역적·역사적 차이를 무시하고 일본인 모두를 균질적인 공동체로 상정하면서 동아시아보다는 주로 미국인이나 구미인과 비교하는 오류를 범하곤 한다. 이와 더불어 일본·일본인·일본문화의 독특성과 특수성을 지나치게 강조하는 일본문화론은 치명적인 단점을 노출하기 마련이다. 와쓰지 데쓰로는 심지어 전후 일본문화론의 원형이라 할 만한 고전인『국화와 칼』에 대해서조차 그것이 가치있는 일본문화론임을 인정하면서도 적어도 학문적인 가치만은 없다고 생각했다.(和辻哲郎, 1962: 356)

그리하여 혹자는 일본문화론에 대해 "수상쩍은 언설이 횡행하는 지(知)의 무법지대"(犬飼裕一, 2003: 14)라고 날을 세워 비판하는가 하면, 아예 '일본문화'라는 관념 자체를 "토론의 힘을 마비시키는 권력에 의한 기만 장치"(カレル·ヴァン·ウォルフレン, 1994: 247, 250)로 규정하기도 한다. 이와 관련하여 사회학자 이누카이 유이치는 야마모토의 일본문화론에 대해 양가적 평가를 내린다. 가령 이누카이에 의하면 야마모토는 그의 대표작 중 하나인『일본인과 유대인』에서 본인이 상상하는 유대인과의 대비를 통해 본인이 생각하는 일본인을 창조했다고 지적한다. 여기서 창조란 상상, 창작, 나아가 날조라는 의미까지도 포함하는 말로 쓰이고 있다. 그러면서도 이누카이는 야마모토의 일본문화론은 다른 범용한 일본문화론보다 훨씬 질적으로 뛰어나고 자유로운 '이야기(物語, 모노가타리)'를 제공해준다 하여 높이 평가하기도 한다. 다른 일본문화론은 종종 자신의 주장이

'실증적인 사실' 혹은 '세계 지식인들의 상식'이라고 주장하면서 '일본적 특수성'을 강조한다. 이에 비해 야마모토는 처음부터 그것들을 이야기로서 창작했다는 것이다.(犬飼裕一, 2003: 6, 15) 하지만 다음 인용문에서 엿볼 수 있듯이, 야마모토 또한 일본문화의 특수성을 주창하는 덫으로부터 충분히 자유롭지 못하다.

> "일본인은 스스로를 변경문화로 규정하고 문화의 중심을 일본 바깥에 놓고 그곳을 응시하면서 거기서부터 적극적으로 배우려고 하는 전통을 가지고 있었다. 이것이 일본문화의 기본이다. 그리하여 일본은 자국문화를 절대시하고 다른 문화를 무시하거나 배제함으로써 자가중독에 빠져 쇠퇴한 일이 없었다. 또한 바깥에다 절대성을 두었기 때문에 눈을 돌려 바깥에서 배우는 것이 가능했다. 도쿠가와시대에는 중국 및 그 상징인 주자가 절대적이었다. 그런 전통이 있었기 때문에 이번에는 메이지시대에 눈을 돌려 서구를 봤고 그것을 절대시하여 배우는 것을 당연시했다. 중심문화였던 중국의 경우는 이것이 가능치 않았다. 후쿠자와 유키치의 '탈아입구'는 이런 문맥에서 이해해야 할 것이다. 메이지시대가 주자학 절대주의를 계속 보지했다면 오늘날의 일본은 없었을 것이다."(山本七平, 1987: 24-25)

위 인용문에서처럼 과연 "일본은 자국문화를 절대시하고 다른 문화를 무시하거나 배제함으로써 자가중독에 빠져 쇠퇴한 일이 없었다."고 단언할 수 있을지, 또한 '변경문화'의 자의식이나 '탈주자학'의 관점이 '탈아입구'의 부정적인 측면까지 정당화할 수 있는지는 의문이다. 그럼에도 '오늘날의 일본'이라는 시점이 가장 중요한 관건임은 아무리 강조해도 지나치지 않을 것이다. 문화적 특수성과 보편성 또는 전통과 현재의 관계를 둘러싼 이상과 같은 일본문화론 담론 양면성과 관련하여 일본자본주의 정신에 대한 다음과 같은 김필동의 제언에 귀 기울여 볼 만하다.

> "일본의 기업제도나 자본주의의 실제 모습은 역시 일본 나름의 전통적 요소의 영향을 많이 받아왔음을 인정하지 않을 수 없다. 다만 이런 관점을 취할 때 주의할 점은, '일본적인 전통'을 '문화요소'로 절대화하는 태도를 경계해야 한다는 것이다. 우리가 현대일본의 자본주의정신을 논하고자 할 때에도 이를 단순히 '보편성'과 '특수성'의 관계로 형식화해서 파악할 것이 아니라, 그것이 역사 과정 속에서 유기적으로 어떻게 관련을 맺으면서 오늘의 모습을 만들어왔는가라는 관점을 확고히 하는 것이 중요하다."(김필동, 1999: 35)

위 제언의 토대를 이루는 '역사문화적인 관점' 즉 "일본인의 사유양식이 만들어낸 일본적 자본주의 정신의 역사성이라는 관점"(김필동, 2018: 141)은 우리에게 아직 하나의 진행 중인 과제로 남아있는 듯싶다. 이하에서는 일본문화론적 관점을 그런 과제의 일부를 구성하는 한 요소로 간주하면서 야마모토의 『정신』 다시 읽기를 시도하고자 한다. 이를 위해 먼저 야마모토의 사상세계를 조감해 볼 필요가 있다.

야마모토 일본학의 세계

단독저서 및 공저, 대담집, 번역서 등을 포함하여 약 250여 권에 이르는 방대한 연구업적[3]을 펴낸 야마모토에 대한 평가는 극과 극을 달린다. 일본학계에는 그를 마루야마 마사오(丸山眞男)나 야나기타 구니오(柳田國男) 등에 비견될 만한 독창적인 사상가로 높이 평가하는 입장이 있는가 하면, 반대로 그에 대해 연구자로서의 자질이 부족하다고 보는 혹평도 존재한다.(深谷潤, 2018: 42) 어쨌거나 아카데미즘에 의해 계속 무시당해온 재야학자라는 점에서 '시정의 현자'로 불리기도 하는(井尻千男, 1997: 478) 야마모토는 1921년 도쿄에서 3대째 기독교인 집안에서 태어났고 아오야마학원 고등상업학부(靑山學院高等商業學部) 졸업 직후 군입대하여 포병장교로 필리핀에 투입되어 전쟁을 체험했다. 패전 후 수년간 은닉 생활을 하다가

---

3   야마모토 평전을 쓴 이나가키 다케시에 따르면, 야마모토는 이자야 벤다산이라는 필명으로 펴낸 5권을 비롯하여 단독저서만 65권에 달하고, 이밖에 공저 101권, 대담집 60권, 번역서 18권을 펴냈다.(稻垣武, 1997: 462-483)

1956년(35세) 도쿄 자택에 '야마모토 서점'이라는 일인출판사를 차리고 미하일 일린(M. Illin)의『인간의 역사』,『문명의 역사』,『르네상스』등을 비롯한 생물학과 성서학 도서를 직접 읽어본 후 마음에 든 책들을 자신이 번역하여 출간하기 시작했다. 그 후 기념비적인 처녀작『일본인과 유대인』(1970년, 49세) 이래 야마모토가 펴낸 주요 저작들은 크게 성서 연구, 일본군 연구, 일본문화 연구, 일본역사 연구의 네 범주로 나눌 수 있다.

첫째, 우치무라 간조(內村鑑三)만큼이나 깊이 있는 기독교 신자였던 야마모토는 무엇보다『성서의 상식』(1980년)과『성서의 여행』(1981년) 등을 비롯하여 성서고고학 및 역사로서의 구약성서에 관한 당대 최신 학문을 거의 독점적으로 공부하고 소개한 인물이었다. 최후의 작품인『금기의 성서학』(1992년)은 성서가 세계문학에 끼친 영향에 대해 논한 책인데, 최초의 작품인『일본인과 유대인』의 테마 특히 후술할 '일본교' 문제가 반복되어 등장한다. 일면 야마모토는 평생 이와 같은 성서의 세계와 일본교의 세계를 왕복했다고도 할 수 있겠다.

야마모토는 우치무라 및 그의 친구였던 니토베 이나조의 생애 테마였던 '두 개의 J(예수와 일본)'를 어떻게 받아들였을까? 바꿔 말하자면 기독교적인 것과 일본교적인 것을 어떻게 조화시키려 했을까? 교육칙어에 대한 경례를 거부한 우치무라는 예수를 선택했다. 니토베 이나조 또한 서양에 널리 알려진 저서『무사도』의 마지막 장에서 무사도는 사라졌다 하여 기독교에의 귀의를 설함으로써 예수를 선택했다.

그렇다면 야마모토의 경우는 어떨까? 그의 지적 격투의 대상은 '현인신' 및 후술할 일본문화론적 개념인 '공기'를 낳는 일본교였다. 통상 야마모토의 저술들은 기독교인으로서 일본교에 대한 지적 관심을 표출한 측면이 크다고 말해져왔다. 그는 의도적으로 '일본 속의 이교도' 혹은 '일본교도 속의 기독교도'를 연출했다는 것이다. 이 것이 야마모토에 대한 일반적 평가이다. 물론 이 점을 부정할 수는 없다. 하지만 그런 평가가 야마모토 일본학의 전부를 대변하는 것은 아니다.(東谷曉, 2017: 270-271)

둘째, 야마모토 자신의 필리핀 종군체험에 토대한 『어떤 이상체험자의 편견』(1976년), 『내 안의 일본군』(1975년), 『어떤 하급장교가 본 일본제국의 육군』(1976년) 등 일본군 3부작은 패전전 일본군에 잠재되어 있는 일본사회 특유의 허구적 논리를 조명한 문제작이다. 가령 『어떤 하급장교가 본 일본제국의 육군』에서는 저자가 군생활 중 '특정 관점을 절대시하는 정신상태'를 항상 의아해했다는 점을 기술하면서(야마모토 시치헤이, 2016: 135), 선험적인 틀에 박힌 '절대적 관점'의 기초를 이루는 심적 질서가 존재하며 나아가 그런 관점을 확립하기 위해서 대상을 허구화한다는 점을 지적한다.(야마모토 시치헤이, 2016: 151) 그러면서 야마모토는 일본제국 육군에서 일상화되어 있던 비합리적인 '사물(私物)명령'⁴을 내린 상급자들이 항상

4 제국 군대에서 '사물'이라는 단어는 원칙적으로 소유권을 주장할 수 없는 관급품에 반해 극히 제한된 범위 내에서만 허용된 자신의 '소유물'을 의미하는 말이었다. '사

유지해온 권력의 수수께끼가 무엇인지를 묻고 있다. 한마디로 그것은 "일종의 허구세계로 사람들을 끌어들여서 그 세계를 현실이라고 믿게 만드는 이상한 연출력"이며, "그런 연기력의 기초가 된 것이 바로 '기백'이라는 기묘한 단어였다"(야마모토 시치헤이, 2016: 185-186)는 것이다. 말도 안 되는 사물명령이 버젓이 통용되었던 상황의 근본원인에 대해 야마모토는 이렇게 적고 있다.

> "존재 자체가 허구라는 데 있으며, 이런 허구가 외부에 대응하면서 유지될 수 있었던 것은 '동료 사이의 마찰 피하기', 더 나아가 '동료 칭찬'이라는 사기 수법 덕분이었다. 육군처럼 철저하게 '동료 칭찬'을 하는 세계도 없었다. 내부에는 파벌 투쟁, 집단 간의 반목 및 집단 내 학력 차별 그리고 서로 물고 뜯는 별의별 일들이 다 벌어져도, 그 상대가 '외부'라면 곧바로 철저한 '동료 칭찬'으로 돌아선다."(야마모토 시치헤이, 2016: 203)

이리하여 "허구는 계속해서 '허구의 정당성'을 만들어"(야마모토 시치헤이, 2016: 212)나감으로써 그렇게 "날조된 허구가 현실인 듯 행동"(야마모토 시치헤이, 2016: 334)하게 되었다. 이러한 "허구의 세계

물명령'이란 관급품 지급처럼 점진적으로 위에서 말단까지 내려오는 명령이 아닌 '명령'으로, 이른바 상관 개인이 명령권을 사유화한 뒤 이를 근거로 자의적으로 내리는 명령을 가리킨다.(야마모토 시치헤이, 2016: 175-176)

는 아직까지도 곳곳에 존재하는 듯하다."(야마모토 시치헤이, 2016: 173)는 것이 야마모토의 일본군 연구가 도달한 핵심적인 결론 중 하나이다.

셋째, 『일본인과 유대인』(1970년), 『일본교에 관하여』(1975년), 『일본교도: 그 개조와 현대지식인』(1976년), 『공기의 연구』(1977년), 『일본교의 사회학』(1981년) 등 일련의 저작들을 통해 야마모토는 일본문화의 특징에 대해 매우 독창적인 견해를 보여주었다. 이중 이자야 벤다산이라는 가명으로 펴낸 『일본인과 유대인』은 향후 야마모토라는 무명의 사상가를 일약 일본의 논단에 등장시킨 처녀작으로, 일본문화의 특색을 유대문화와 대비시켜 설명함으로써 일본인의 정신을 규명하고 있다. 거기에는 야마모토 일본학의 중요한 요소인 일본교와 일본교도 및 일본역사를 논할 때 빼놓을 수 없는 천황제 등의 테마가 많이 등장한다.

이와 더불어 야마모토의 또 한 권의 대표작이라 할 만한 『공기의 연구』에서는 일본사회의 공동체적 특징과 독특한 결정방식을 '공기'라는 개념으로 풀어내고 있다. 가령 우치무라의 '교육칙어 불경 사건'에 대해 야마모토는 이질적인 것에 대한 일본인의 불관용과 강력한 배제를 잘 보여준 사례로 보면서 거기서 일본 독특의 '공기'의 지배를 읽어내고 있다. 이를 통해 야마모토는 "우치무라 간조와 마찬가지로 '일본이라는 일종의 괴물'과 대결하고자 했다."(東谷曉, 2017: 262)

넷째, 일본역사 연구를 대표하는 저작으로, 저자 자신이 서문에서

'새로운『국화와 칼』'이라고 칭하면서 일본사를 독특한 관점에서 풀어낸『일본인이란 무엇인가』(1989년)를 비롯하여 전쟁 중에 일본인을 구속한 '현인신'의 기원을 에도시대 주자학에까지 거슬러 올라가 탐구한『현인신의 창작자들』(1983년) 및 근대천황제를 분석한『쇼와천황의 연구』(1989년) 등을 들 수 있다.『일본인과 유대인』에서도 이미 상징천황제를 상찬했던 야마모토에 따르면 상징천황제는 천황이 정치권력과 분리되어 정치적 권위로 남아있는 한 계속 유지될 것이다. 그렇다고 한다면, 역설적이게도 상징천황제의 유지를 저해하는 것은 야마모토가 평생 싸웠던 '공기'와 그 공기를 육성하는 일본교일 것이다. 그는 일본교야말로 '공기'를 낳는 애니미즘적 문화라고 보았다.

일본교는 사실상 일본문화 그 자체이다. 그러니까 당연히 천황제도 포함한다. 물론 야마모토는 '현인신'에 대해 강렬한 증오감을 품고 있었으며, 그것을 낳은 일본교와의 싸움을 계속해 왔다. 그런데 '현인신'을 부정한 야마모토는 일본을 지속시키기 위해서는 천황제가 필요하다는 설에는 동의했다. 또한 쇼와천황에 대해서는 입헌군주로서의 자기규정을 관철한 뛰어난 군주라고 높게 평가하기도 했다. 그러면서 야마모토는 일본의 천황제에 관해, 그 형성기반인 일본교의 애니미즘성을 거부하면서 천황제를 어디까지나 근대 입헌주의의 합리성 안에서만 존속시키고자 한다면 그것을 낳고 지탱해온 일본교의 종교성이 희박해질 것이며 그 존립 기반이 취약해질 것이라고 보았다.

이상 네 가지 범주의 저작들은 실은 상호 밀접하게 연관되어 있고 서로 중첩되어 있다. 한마디로 그것들은 모두 '일본문화론'의 범주에 귀속될 수 있다. 본고의 분석대상인『일본자본주의의 정신』도 마찬가지다. 야마모토는 1970년대 이후 에도시대 사상에까지 거슬러 올라가 일본 특유의 경제시스템을 해명한『일본자본주의의 정신』(1979년)과 그 자매편으로 일본인은 왜 근면한가 라는 물음을 다룬『근면의 철학』(1979년)에서 '일본자본주의의 제창자' 또는 '세계에 통용되는 사상가'로서 스즈키 쇼산을 소개하면서 종래 무명에 가까웠던 쇼산의 지명도를 최대로 끌어올리는 데에 결정적인 역할을 했다. 오늘날 쇼산의 사상은 직업윤리의 퇴조와 기업윤리의 재구축의 필요성을 설하는 논자들에 의해 종종 인용되고 있는데, 이는 야마모토의 쇼산론에서 받은 영향이 크다.

야마모토는 서양에 있어 금욕적 프로테스탄티즘이 낳은 '자본주의 정신'의 일본판으로서 쇼산을 소개했다. 그런데 그 이전에 이미 이런 작업이 있었다. 나카무라 하지메의『근세 일본의 비판적 정신』(中村元, 1965)이 그것이다. 일찍이 이 책에서 나카무라는 쇼산의 '근대적 성격'에 주목하면서, 특히 쇼산이 전개한 직업윤리설을 높이 평가한 바 있다. 이런 나카무라의 쇼산 연구는 최근에도『비교사상사전』(峰島旭雄編, 2000)에 답습되는 등 학술적인 의의를 인정받고 있다. 나카무라는 쇼산의 '근대적 성격'을 다양한 측면에서 지적하면서도 그 사상에서 제시된 것이 당시 사람들에게 수용되지 않았고 그 결과 연속적인 종교운동으로 전개되지 못했다고 결론지었다. 그러나 근래 쇼산 연구의 진전에 따라 쇼산의 문류가 '쇼산파'라는 독자적인 집단을 형성하여 메이지 초기까지 명맥을 유지했음이 밝혀졌다.(三浦雅彦, 2011: 283) 어쨌거나 야마모토와 나카무라의 쇼산론은 막스 베버 종교사회학의 이론, 이른바 베버 테제에 입각하여 쇼산 사상을 자리매김한 것이라 할 수 있다. 『정신』의 해설을 쓴 고무로 나오키는 『일본자본주의 붕괴의 논리』(小室直樹, 1992)에서 나카무라와 마찬가지로 금욕적 프로테스탄티즘 특히 캘빈과 쇼산을 비교하면서 그 공통점을 지적하고 있다.

기능집단과 공동체의 이원구조 : 일본자본주의 정신의 밑그림

야마모토가 쇼산과 바이간을 들어 제시한 일본자본주의 정신은 한마디로 '근면의 정신'이다. 야마모토는 그것을 '근면의 철학'이라고 지칭했다. 하지만 이와 같은 일반적 이해만이 전부가 아니다. 그런 통념의 밑에 깔린 원리를 간과한다면 그것은 그저 범용한 상식에 머무르기 십상이다. 야마모토는 '근면의 철학'이라는 일본자본주의 정신의 심층에서 중요한 원리를 읽어냈다. '의사혈연집단의 원리'가 그것이다. 다음 인용문에서 집약적으로 제시되었듯이 야마모토는 일본사회를 움직여온 중핵적인 요소로 '의사혈연관계'를 들고 있다.

"일본은 공동체와 기능집단, 나아가 혈연원리와 조직원
리가 분화하지 않은 사회이다. 혈연이 하나의 이데올로기

로 화하여 실제는 혈연관계가 아닌 것을 의사혈연관계로
통제해 온 사회인 것이다. 이러한 의사 혈연관계가 오랜
전란과 혼란을 거쳐 하나의 사회질서로 완성된 것이 도쿠
가와시대였다. 그런 사회구조에 대응하는 정신구조도 도
쿠가와시대에 형성되었다."(『정신』, 119)

  여기서 야마모토는 혈연원리에 입각한 공동체와 조직원리에 토
대를 둔 기능집단을 대비시키고 있다. 그러면서 일본사회의 가장 중
요한 특징은 양자가 분화되지 않은 상태에서 이데올로기화된 의사
혈연관계를 통해 사회구조 및 정신구조가 형성되어온 데에 있음을
지적한다. 일본은 혈연사회가 아니라 의사혈연사회이며 혈연 이데
올로기의 사회라는 것이다. 대표적인 사례를 들어보자. 일본의 가족
은 한국처럼 혈연집단이 아니고 하나의 이데올로기 집단이다. 가령
전전의 일본만큼 부친이 강력한 힘을 가진 사회는 없을 것이다. 그
런데 전쟁에 패하자 일본의 부친은 모친이나 자식들보다도 약한 존
재가 되었다. 이는 일본의 가족이 혈연 중심이 아니라 일종의 이데
올로기이기 때문이라는 것이다.(『정신』, 48-50)

  또한 야마모토는 일본인의 사회적 관계를 '의사 친자(親子)관계'
로 진단하기도 한다.(『정신』, 113) 요컨대 야마모토가 '공동체'를 언
급할 때 그것은 혈연관계에 입각한 집단을 지칭한다. 일본사회는 한
국사회처럼 혈연집단도 아니고 계약에 기초한 서구사회처럼 기능
집단도 아니다. 일본의 제집단은 공동체와 기능집단이 기묘하게 병

존하는 의사혈연집단이라는 것이다. 다음에는 도쿠가와시대의 번
(藩)자본주의, 일본적 경영, 기능집단과 공동체, 회사종교 등의 키워
드를 중심으로 이와 같은 의사혈연집단의 원리가 일본자본주의의
정신과 만나는 접점에 관해 차례차례 살펴보기로 하자.

일본자본주의 정신의 원형 : 도쿠가와시대와 번자본주의

전술했듯이 야마모토의 『정신』이 가지는 의의는 무엇보다 스즈
키 쇼산이라는 인물의 발견에 있다고 말해져왔다. 야마모토는 일본
자본주의 정신의 탄생에 쇼산이 결정적인 역할을 수행했다고 보았
다. 예컨대 야마모토는 노동을 종교적 수행으로 여긴 쇼산이야말로
"일본의 자본주의를 만든 인물"(『정신』, 149)이라고 규정하면서 다
음과 같이 말한다.

> "직인이 물건을 만드는 것을 일불(一佛)의 덕용이라 하
> 고 또한 상인이 유통 기구를 만들어냄으로써 사람들을 자
> 유롭게 한다는 발상은 매우 근대적이라고 말하지 않을 수
> 없다. 이것이 새로운 직업관을 확립시키고 동시에 일본자
> 본주의 윤리의 기초가 되었다."(『정신』, 168)

베버 이론의 연장선상에서 야마모토 일본학을 읽어낸 『일본자본
주의 붕괴의 논리』의 저자 고무로 나오키는 "어떤 일이든 모두 불교

수행(佛行)"이라고 강조한 쇼산의 명제를 '코페르니쿠스적 사상 전환'(小室直樹, 1992: 112)으로 높이 평가하면서 쇼산을 "일본자본주의 정신의 이데올로그"(小室直樹, 1992: 44)로 자리매김한다. 그러면서 베버와 야마모토의 일치점과 차이점을 밝히고 있다. 예컨대 베버는 프로테스탄티즘의 세속내적 금욕사상으로부터 절약에 의한 자본 형성이 비롯됨으로써 자본주의가 가능했다고 보았다. 마찬가지로 야마모토는 쇼산의 사상으로부터 세속내적 금욕의 측면을 도출하여 "이윤 추구는 허용되지 않지만 결과로서의 이윤은 긍정된다"고 말한다. 고무로는 "일본에 있어 이윤 긍정의 논리"야말로 야마모토 일본학의 대발견이라고 아낌없이 추켜세운다. 그러나 베버가 말하는 세속내적 금욕과 야마모토가 발굴한 쇼산의 세속내적 금욕은, 외면적으로는 "목적합리적 특히 형식합리적으로 한결같이 일한다"는 것이 세속내적 금욕에 의한 행동이라는 점에서는 동일한 형태이지만 내면적·사상적으로는 전혀 이질적인 것이었다.(小室直樹, 1992: 126, 144-146, 158)

어쨌거나 야마모토는 쇼산의 정신이 16세기에서 오늘날까지 이어져온 일본인의 기본적 발상이며, 그래서 오늘날 일본 기업이 세계의 일류 기업이 될 수 있었다는 점을 시사한다. 이와 같은 쇼산과 현대의 중간에 위치한 인물이 바로 바이간이다.[5] 다시 말해 바이간은

5 도야마 시게루는 일본자본주의의 활력의 원천으로 근면과 저축의 에토스를 거론하면서 쇼산과 바이간 외에도 농업지도자인 니노미야 손토쿠(二宮尊德, 1787~1856)와 이시카와 리키노스케(石川理紀之助, 1845~1915) 등에 주목한다. 특히 손토쿠를 '근면과 저축의 기초를 놓은 에도시대의 가장 뛰어난 철학자'로 평가한다.(外山茂, 1984:

쇼산과 현대 일본인의 중개자인 셈이다. 쇼산과 바이간은 무엇보다 정직을 외쳤다.(『정신』, 172 및 178)

그런데 야마모토가 도쿠가와시대에 주목할 때의 초점은 단지 쇼산과 바이간에만 조명되고 있지 않다. 일본자본주의 정신의 원형을 말할 때 쇼산과 바이간 못지않게 중요한 통찰력이 야마모토에게 있었다. 번(藩)자본주의가 그것이다. 쇼산과 바이간의 사상은 '자본주의의 윤리'가 될 수 있다. 그러나 자본주의 윤리가 존재하려면 먼저 '자본의 논리'가 존재해야만 한다. 그렇다면 자본의 논리란 무엇인가? 야마모토에 따르면 그것은 "자본만이 이윤을 낳는다는 공리에 토대를 둔 논리"를 가리킨다.(『정신』, 215-216)

물론 도쿠가와시대에는 현대적 의미의 '자본'이라는 말은 없었지만, 그것보다 더 적확한 표현인 '은친'(銀親, 가네오야)이라는 말이 있었다. 사이카쿠(西鶴)의 〈요로즈노 후미호구〉(万の文反古)에 "먼저 지금의 상매는 은친의 뒷받침 없이는 부자가 되기 힘들다. 그걸 모르는 것은 본의가 아니다(不本意)."는 말이 나온다. 여기서 은친을 은행으로 바꾸고 불본의를 비상식으로 바꾸면 이 문구는 지금도 통하는 말이라 할 수 있다. 나아가 사이카쿠는 당대의 세상을 "돈 없이는 돈을 모을 수 없는 우키요(浮世)"라고 적고 있다. 즉 자본만이 이윤을 낳는다는 것이다.(『정신』, 216-218) 야마모토는 이런 사이카쿠의 사례와 함께 도쿠가와시대에 이미 자본주의의 맹아가 싹트고 있었

15-17 및 112-113)

음을 다음과 같이 웅변적으로 설파한다.

"도쿠가와시대의 이런 자본의 논리를 번(藩)자본주의
라고 부를 수 있겠다. 당시는 일개 번을 '자본의 논리'에 입
각한 경영체로 이해할 수 있겠다. 번주식회사적 발상이다.
나는 그것을 '부번주의(富藩主義)'라고 부른다. 그것은 메
이지의 '부국'과 전후의 '일본주식회사'의 원형이다."(『정
신』, 220)

도쿠가와시대에는 무사 자체가 '자본의 논리'에 입각하여 스스로
를 '번주식회사'의 경영자 혹은 경영관리로 규정할 수밖에 없는 시
대였다. 그런 의미에서 무사의 정인화를 말할 수 있다. 단, 원칙이
있다. 즉 자본만이 이윤을 낳는다는 점을 인정하고 '자본의 논리'대
로 운용은 하되, 그것은 어디까지나 번을 위한 것이며 절대로 자신
의 이윤 추구가 되어서는 안 된다는 원칙이다. 이 원칙은 탐욕을 금
하고 모든 것을 수행처럼 여긴 쇼산 및 바이간의 발상과 통하는 것
으로, 동시에 번 정책의 원칙이기도 했다. 이른바 기능집단으로서의
번은 '자본의 논리'로 움직이지만, 그 목적은 어디까지나 번이라는
공동체의 존립을 위한 것이 되어야만 했다.(『정신』: 224)
　야마모토는 도쿠가와시대 무사로서 번자본주의의 정신을 실천에
옮긴 대표적 사례로 요네자와번(米澤藩, 야마가타현 동남부) 제9대 번
주였던 우에스기 요잔[上杉鷹山, 1751~1822]을 들고 있다. 도쿠가와

시대 명군의 대표자 중 하나였던 그는 오늘날의 대기업이 기업내 교육시설과 복지에 신경쓰듯이 경제정책과 사회복지 및 교육시설 확충에 힘썼다. 나아가 요잔은 공사(公私)의 준별을 강조하면서 자본의 논리를 공의 논리로 이해하여 대를 이을 아들에게 다음과 같은 지침을 남기기도 했다.

① 구니(國)란 선조로부터 자손에게 전해지는 것이므로
   사사화(我私)해서는 안 된다.
② 인민은 구니에 속한 인민이므로 사사화해서는 안
   된다.
③ 군주는 구니와 인민을 위해 존재하며, 구니와 인민이
   군주를 위해 존재하는 것이 아니다.

야마모토는 이런 발상이 없었다면 근대국가도 없었을 것이며, 적어도 일본에서는 위의 '구니'에 '기업'을 대체시킬 수 있다고 생각했다. 그것은 번주식회사라 지칭할 만한 것이 남긴 하나의 유산으로, 그 유산이 현대일본을 구축했다는 것이다.(『정신』, 251-252) 요컨대 야마모토는 이러한 번자본주의 안에서 현대 일본기업과 일본자본주의 정신의 원형을 본 것이다. 거기서는 기능집단과 공동체가 일치한다.

기능집단과 공동체의 이중구조

야마모토는 현대일본의 대기업과 중소기업에 공통적으로 보이는 특색으로 기능집단과 공동체의 이중구조를 들고 있다. 여기서 기능집단이란 "특정한 목적을 가지고 그것을 실현하기 위해 필요한 행동을 효과적으로 이루기 위해 결합한 집단"을 가리킨다. 한편 공동체(커뮤니티)란 원래 역사상의 특정 시기를 상정하는 술어였는데,[6] 그것이 점차 바뀌어 일반명사화되어 "혈연적, 지연적 혹은 감정적 유대를 기반으로 하는 인간 공동생활의 양식"을 뜻하게 되었다. 공동체는 특정 목적을 달성하기 위해 결성되는 기능집단과는 구별되며, 무엇보다 상호부조와 상호규제를 특징으로 한다. 따라서 기능집단과 공동체는 본래 상호 모순되는 개념이었다.(谷澤永一, 1997: 446-447) 그런데 "일본 회사는 기능집단과 공동체의 이중구조를 가진다."(『정신』, 44) 거기서 기능집단은 공동체로 전화함으로써 비로소 기능할 수 있다. 또한 집단이 어떤 필요에 부응하여 기능한다면, 그것은 곧 공동체로 전화하는 것을 의미한다.[7]

서구 자본주의의 경우 초기에는 전통적인 공동체가 경제활동을 지탱했는데, 경제가 복잡해지면서 생산활동을 위한 합리적이고 기능적인 집단으로 중심이 이행되었다. 이에 비해 일본의 경우는 기업

6 공동체란 원래 마르크스주의에서 근대의 사적 소유사회 이전에 존재했다고 여겨진 사회를 지칭하던 말이었다. 거기서는 생산수단의 사적 소유가 아직 발달하지 않은 상태에서 생산은 다만 소비를 목적으로 할 뿐이다.
7 이는 패전 전의 일본군에게서도 엿볼 수 있다. 전형적인 기능집단인 군대는 내무반이라는 형태의 공동체로 전화함으로써 비로소 기능할 수 있었다.(『정신』, 47)

이 경제활동을 위해 형성하는 집단과, 기업 내부의 사회를 성립시키는 공동체가 항상 병존했다. 다시 말해 일본 기업은 기능집단만으로서는 기능하지 않으며, 기능집단이자 동시에 공동체라는 이중성을 가진 기업 조직이 될 때에만 비로소 효과를 발휘한다는 것이다. 이 점이야말로 일본자본주의의 특색이라 아니 할 수 없다. 다시 말해 일본기업은 가족적 또는 공동체적 성격을 가진다.[8]

이처럼 가족적인 회사가 기능하면 거기에 회사공동체가 생긴다. 나아가 회사를 기능시키려면 그것을 공동체로 만들지 않으면 안 된다. 따라서 신입사원의 채용시험이나 입사식은 공동체 가입을 위한 자격심사이자 통과의례가 된다. 야마모토는 이렇게 해서 회사에 들어간 신입사원을 '회사종족'이라고 부른다. 흔히 말하는 '일본적 경영'[9]은 야마모토의 표현을 빌자면 '회사종족의 경영'을 가리킨다. 일본적 경영에 대한 관심[10]은 『정신』의 집필 동기 중 하나이다. 야마모

---

8 1980년대까지만 해도 일본기업에서는 정기적으로 사원여행을 실시했고, 또한 많은 기업에서 춘추 운동회 같은 것을 개최했다.
9 '일본적 경영'이 일본의 전통적인 제도나 관습을 배경으로 하고, 시대적 필요와 조건에 따라 변화를 겪으면서도 상당한 연속성을 갖고 있다는 것은 분명 일본자본주의의 '특수성'을 보여주는 사례이다. 그러나 김필동은 그런 특수성에만 주목하는 것은 온당치 않다는 점을 지적하고 있다. 사실 '일본적 경영'이라는 표현을 사용하는 것 자체가 특수성을 지나치게 강조하는 측면이 있다. 그것은 실제로 존재하는 '일본의 경영'에 대한 오해를 불러일으킬 수도 있기 때문에 주의를 요한다. 포괄적 의미에서의 '일본의 경영'은 어느 사회의 경영에서도 관찰할 수 있는 공통점을 갖고 있다. 또한 일본이 회사제도(나아가 자본주의 자체)를 서양으로부터 수입한 것임을 감안할 필요도 있다. '일본의 경영'은 '서양의 경영'으로부터 부단히 영향을 받으면서 발전해 온 것이다.(김필동, 1999: 34)
10 베버는 경영 개념으로 자본주의를 정의내렸다. "합리적 경영체에 적합한 경제적, 인간적 관계를 만들어낸 에토스(행동양식)"가 자본주의라는 것이다. 또한 베버는

토는 일반적으로 말해지는 일본적 경영의 특징 즉 연공서열과 종신고용의 밑그림에 주목한다. 즉 "종신고용과 연공서열은 회사종족에게만 적용되는 공동체의 원칙"(『정신』, 56-58)이라는 것이다.

야마모토는 이와 같은 '회사종족'을 의사 혈연집단으로 규정한다. 그러니까 부모가 자식을 내쫓지 않듯이 회사도 회사의 정식 구성원을 해고하지 않는다는 말이다. 종래 일본 회사에는 해고가 없다고 말해져왔다. 종신고용은 물론 해고를 전제로 하지 않으므로 해고가 없는 것이 당연하며 모든 해고는 '부당해고'로 간주된다. 하지만 '정당한 해고'도 없는 것이 아니다. 회사종족이 된 정규 직원 외에 임시고용직이 있는데, 그들은 공동체의 성원으로 인정받지 못하므로 그들을 해고하는 것은 정당화된다. 같은 회사 내에서도 회사종족과 비종족은 마치 혈연사회에 있어 혈연과 비혈연처럼 준별된다. 종신고용에 관해서는 다른 방식으로 말할 수도 있다. 즉 회사공동체의 가입은 고용계약에 따른 것이 아니므로 종신고용 계약이란 존재하지 않는다. 공동체에 가입하면 공동체의 일원으로서 훈련을 받게 되고 그럼으로써 기능집단으로서의 회사의 역할이 부여받는다. 다시 말해 일본에서는 먼저 회사라는 공동체에 가입하고 그런 다음 기능집단의 일원으로서 업무(仕事, 시고토) 훈련을 받는 형태라 할 수 있

경영자(와 노동자)를 내면으로부터 움직여 그 에토스를 자본주의적인 것으로 만든 정신을 자본주의정신이라 부른다. 요컨대 베버가 『프로테스탄티즘의 윤리와 자본주의의 정신』에서 '자본주의의 정신'이라 부른 것은 근대의 산업경영적 자본주의를 사람들의 내면으로부터 조장하고 촉진시킨 정신을 가리킨다.(小室直樹, 1992: 40-42)

다.(『정신』, 57-58)

　홍미롭게도 야마모토는 이처럼 기능집단과 공동체가 병존하는 일본의 회사공동체를 다음과 같이 '종교적 공동체'라고 부르기도 한다.

　　"일본자본주의는 어쩌면 '기업신(企業神) 윤리와 일본
　　자본주의의 정신'이라는 형태로 해명될 만하다. 그 기본은
　　기능집단이자 종교적 공동체라는 이중구조에 있다. 이것
　　이 일본 사회구조에 의해 뒷받침되며 나아가 각자의 정신
　　구조는 그 사회구조에 대응하여 기능한다. 이것을 무시하
　　면 기업은 존립될 수 없다."(『정신』, 46-47)

　그러니까 앞에서 언급한 공동체는 곧 종교적 공동체라는 말이다. 특이하게도 일본에는 기업신이 있어서 회사 안에 그 신을 모신 신단(神棚, 가미다나)이나 신사를 설치한 풍경이 전혀 낯설지 않다. 이것을 회사신사 또는 회사종교라고 범주화시켜 분석하는 인류학적 연구도 있다.(박규태, 2011b) 이뿐만이 아니다. 일본의 회사에는 외부에는 통용되지 않고 해당 기업에서만 쓰이는 '우리 회사의 말(わが社語)'이 있다. 게다가 본사는 물론이고 전국의 사무소와 공장 및 출장소 등지에서 매달 1회 최고 책임자를 비롯한 임직원들이 회사신사를 참배하고 함께 동일한 도시락(折詰弁当, 오리즈메벤토)을 먹는 '공동체의 제의적 식사' 곧 일종의 '성찬식'을 행하는 경우가 적지 않다. 이를 위해 신사 신직 1인을 중역으로 삼는 회사도 있다. 기업이란 본

래 이윤을 목적으로 삼는 가장 능률적인 기능집단으로 철저하게 합리적인 경영을 추구하지 않으면 안 된다. 그럼에도 일본 기업의 창업자는 흔히 '경영의 신'으로 불리기도 한다. 기업신이나 회사신사 등은 기능집단으로서의 회사의 중심은 아니지만, 정신적 측면에서 회사공동체의 중심으로 기능한다.(『정신』, 44-46) 이런 의미에서 야마모토는 일본 기업을 종교적 공동체라고 부른 것이다.

일본자본주의의 단점

일본에서는 일과 노동 즉 시고토(仕事)에 경제적 행위 이상의 종교적 의미를 부여함으로써 그것이 어떤 정신적 충족을 추구하는 행위로 받아들여지기도 한다. 이것이 바로 야마모토가 파악한 일본자본주의 정신의 정수이다. 야마모토는 1979년도판 『정신』에 "왜 열심히 일하는가?"라는 부제를 달았다. 여기서 '열심히(一生懸命, 잇쇼켄메이)'란 그냥 열심히가 아니라 목숨을 걸 정도로 최선을 다하는 것을 가리키는 말이다. 이렇게 자신에게 주어진 '시고토(일, 노동, 역할, 업무, 임무)'를 신성시하는 것이 최대의 미덕으로 간주되는 사회, 게으르고 빈둥거리는 것이 악덕으로 여겨지는 사회는 분명 엄청난 장점을 가지고 있음에 틀림없다. 그런데 야마모토는 "일본의 장점을 뒤집어엎으면 단점이 된다. 일본에 발전을 초래한 요인은 그대로 일본을 파선시키는 요인이 될 수 있다."(『정신』, 2-3)는 경고를 잊지 않는다. 이때 "일본을 파선시키는 요인"으로서 야마모토는 기능집단과 공동체의 일치가 초래하는 폐해, 이면적 평가의 문제, 일본인의 심리적 취약성, 일본자본주의 자체의 붕괴 가능성 등을 들고 있다.

첫째, 기업 집단은 기능집단(게젤샤프트)이 아니라 운명공동체(게마인샤프트)가 되기 쉬우므로 영리조직으로서 목적합리적으로 움직여야만 하는 기업이 공동체로서의 비합리성을 내포하게 된다. 그런 경우 기능집단이 동시에 공동체인 상태에서는 자칫하면 공동체를 유지하기 위해서만 기능한다는 위험성을 안고 있다. 어떤 조직이 기능집단이자 동시에 공동체라고 할 때 그 두 기둥 사이에 균형이 잡혀있는 한 매우 능률적이고 효과적인 집단이 될 것이다. 그런데 그 균형이 깨어져 가령 공동체 요소만이 비대화하면 본래의 기능이 공동체를 유지하기 위한 수단이 되어 버린다. 야마모토는 그 전형적인 사례로 패전 전의 군부를 들고 있다. 군이란 원래 국민의 생명과 재산을 지키기 위해 기능하는 조직이다. 그러나 그것이 '군부'라는 형태로 공동체가 되면 그 공동체를 유지하기 위해 역으로 국민의 생명과 재산을 멋대로 사용하게 된다. 그것이 일본을 파멸로 이끌었는데, 그런 쓰라린 경험은 오늘날 조금도 거울이 되고 있지 않다. 공동체 유지의 원칙이 주가 되고 기능의 측면은 종이 되는 것, 이것이야말로 '기능집단=공동체'라는 특성이 초래하는 최대의 문제점이다.(『정신』, 277-278)

둘째, 일본 회사에서는 흔히 당사자가 없는 자리에서 "그 사람은 능력이 있지만 협조성이 부족하다"든가 "유능하지만 그자는 '스탠

드 플레이'[11]가 많아서"라든가 "그 사람은 자기식대로(my pace)야"라고들 말한다. 기능집단의 일원으로서는 높이 평가받아도 공동체의 일원으로서는 평가할 수 없다는 말이다. 이런 이면적 평가는 일본처럼 기능집단에 있어 '공(功)'이 공동체의 서열로 전화하기 쉬운 사회에서 종종 일어나기 마련이다. 그것은 공동체가 되지 않으면 기능하지 않는 집단의 숙명이다. 그래서 일본기업은 사원 채용 때 스포츠 특히 단체 경기를 했던 자를 선호한다. 스포츠 팀은 물론 기능집단이지만 일본의 경우는 그것이 공동체로 전화하지 않으면 팀으로서 기능하지 않는다.(『정신』, 68)

셋째, 일본인은 실제로는 시고토가 없어도 무언가 바쁘게 움직이지 않으면 심리적으로 불안해한다. 일을 하지 않으면 공동체로부터 소외될 것 같은 불안을 느끼는 것이다. 이리하여 일본인은 '바쁘게 움직이는 잉여인간'이 된다.(『정신』, 279) 가령 일본인은 정신적으로 불안해 지면 일종의 안심감을 추구하게 되고 그로 인해 무섭게 일만 하기 시작한다. 이 점은 모든 측면에서 확인할 수 있는 일본적 특징이다. 경제성을 무시하더라도 혹은 성과가 전혀 없더라도 "열심히(잇쇼켄메이) 최선을 다했다."는 것을 의의로 느끼며, 그런 의의를 인정받지 못하면 부당하다고 느껴 강한 불만을 품게 된다는 것이다.(東谷曉, 2017: 172)

고무로는 이와 같은 단점들과 함께 일본자본주의가 붕괴할 수

---

11 일본에서 단체경기의 경우 팀의 승리보다도 개인이 자신의 성적을 우선한다든지 눈에 띠는 것을 목적으로 하는 플레이를 가리키는 말.

도 있다는 점을 경고한 일종의 예언자로서 야마모토를 자리매김한
다.(小室直樹, 1992: 197) 야마모토는 노동(경영활동)의 절대시 및 기
능적 집단의 공동체(의사혈연공동체)화 경향을 일본자본주의의 특
징으로 꼽았다. 거기서는 이중규범이 지배적이다. 일본자본주의에
서는 세속내적 금욕 즉 노동이 서구자본주의의 경우처럼 신의 영광
을 위한 것이 아니라 그 자체가 목적이 된다. 그러면 원래 종교적 구
제의 추구를 목적으로 삼았던 노동이 그가 속한 공동체의 목적 달성
을 최고 목적으로 삼게 된다. 이런 구조야말로 일본자본주의와 서구
자본주의의 근본적 차이라 할 수 있다. 서구자본주의의 경우는 기
업이 공동체가 아니므로 이중규범이 통용되지 않는다. 그래서 기업
내 고발이 높이 평가받는다. 이에 반해 일본에서 내부고발은 허용되
지 않는다. 기업은 공동체이므로 기업 내의 규범이 기업 바깥의 규
범보다 더 강하고 우선시된다. 그로 인해 과거 제국육군과 마찬가지
로 일본자본주의는 폭주 끝에 붕괴될 거라는 말이다.(小室直樹, 1992:
193) 과거 제국 육군은 공동체가 되었고, 전쟁하는 것 자체가 자기
목적이 되었다. 만주사변도 태평양전쟁도 무엇 때문에 싸우는지 그
전쟁의 목적이 없었다. 마찬가지로 세속내적 금욕 즉 노동 그 자체
가 자기목적이 된 일본기업, 그리하여 오늘날 모두 거대한 공동체로
화해버린 일본기업에 자본주의의 미래는 불투명하다는 것이다.

『일본자본주의의 정신』과 '일본문화론'

일본자본주의와 종교의 관계

종교는 해당 사회의 가장 심층적인 차원에서 작동하는 문화체계인데, 서구자본주의 정신과 종교의 밀접한 관계에 대해서는 많이 알려져 있다. 베버는 청교도들에 의해 신의 영광을 경제적 행위에 의해 실현하려는 '정신'이 자본주의 형성에 큰 역할을 했다고 보았다. 김필동에 따르면, 베버는 자본주의를 '문화적 관점'에서 고찰했다. 즉 베버는 자본주의와 프로테스탄티즘이라는 두 개의 복잡한 문화 현상을 상호 관련지으면서 '근대화의 의미'를 추구했다는 것이다. 요컨대 베버는 기존의 '국민국가의 권력 관심'에서 '문화 관심'으로 이동하게 만들었다. 그리하여 자본주의 경제에 끼친 종교적 영향에 주목함으로써 자본주의가 번성한 각 지역에 특유한 자본주의 정신이 존재한다는 것을 증명했다는 말이다.(김필동, 2018: 143-144)

그렇다면 일본에 특유한 자본주의 정신은 무엇인가? 이와 관련하여 야마모토는 『정신』에서 일본의 전통 특히 그것이 가지는 독특한 종교성이 일본자본주의 윤리의 기초라는 점에 주목했다.(『정신』, 1) 상인에게 자본의 논리는 당연한 것이지만, 그것만으로 자본주의가 성립되는 것은 아니다. 자본주의의 성립에는 자본주의의 정신 곧 자본주의의 윤리가 요청된다. 일찍이 도쿠가와시대에 이런 요청에 대응한 자가 바이간이었다. 무사의 경우는 무사의 윤리 위에 자본의 논리가 요청되었고, 무사의 입장에서 이 요청에 대응한 자가 요잔

같은 명군이었다. 이와 같은 바이간과 요잔적 발상의 공통된 원조는 무사였던 쇼산의 '종교적 노동관'이었다. 쇼산, 바이간, 요잔은 모두 노동을 중시하고 생산활동을 신성한 업무로 생각했다. 이런 발상은 현대일본의 중소기업인들도 마찬가지이다.(『정신』, 253-254) 이 중 특히 쇼산과 바이간의 사상은 종교(불교, 유교, 신도, 민중종교)와 불가분의 관계에 있다.

일본자본주의와 불교의 관계에 대해서는 일찍부터 많은 연구자들이 주목한 바 있다. 가령전술한 불교학자 나카무라 하지메의『근세일본의 비판적 정신(中村元)』(1965) 및 경제학자 오노 신조의 "선종 윤리와 동양에 있어 자본주의의 정신"(大野信三, 1956)은 선종의 시민적 직업윤리를 분석한 대표적인 업적이라 할 수 있다. 이들은 선승 쇼산의 사상에서 '시민적 직업윤리'를 도출했다. 확실히 세속외적 금욕주의가 농후한 도겐(道元)의 사상에 비하면 쇼산은 세속내적 행위 특히 직업에 대한 관심이 높았다. 하지만 쇼산에게는 서구 자본주의에 있어서의 직업(소명) 선택이라는 관념은 희박했다. 한편 사회학자 나이토 간지는 "종교와 경제윤리: 정토진종과 오우미상인"(內藤莞爾, 1941)에서 오우미상인이 신앙한 정토진종은 오직 신앙에 의해서만 구원이 가능하다고 주창하면서 주술적 기도를 폐지했다는 점에 주목했는데, 이것이 프로테스탄티즘 윤리와 유사하다고 지적한다.

나아가 최근 경제학자 데라니시 쥬로는 선종과 정토진종을 포함한 이른바 '가마쿠라신불교(鎌倉新佛教)'에 의해 초래된 '이행화(易行

化)'에서 일본자본주의 정신의 원류를 찾고 있다. 일반적으로 불교에서는 탈세속적인 정진과 선행을 통해 해탈에 이를 수 있다고 설하지만, 나날의 생업에 쫓기는 서민들에게 그런 수행을 기대하기란 불가능하다. 헤이안시대 경제사회의 동요를 배경으로 이러한 난점을 타개하기 위해 가마쿠라신불교의 교조들은 '이행' 즉 누구나 일상 속에서 손쉽게 수행할 수 있는 간단한 종교실천법을 강조했다.[12] 이와 같은 '이행화'의 결과 "일상적인 직업에서의 일과 노동을 '도(道)'로 간주하여 정진한다는 직업상의 구도행동"이 나타나게 되었다는 것이다. 데라니시는 이것을 '직업적 구도주의(職業的求道主義)'라고 부른다. 그러니까 "가마쿠라신불교에서의 이행화에 따라 불교신앙의 특질이 전면적으로 일상생활 속에 스며들어가 사람들의 경제적 행동이 곧 구도주의적인 것으로 여겨지게 되었다."는 말이다.(寺西重郎, 2018: 48-49) 이것이 야마모토가 쇼산과 바이간의 사례를 통해 『정신』에서 규명한 일본자본주의 정신의 종교적 특질로 이어졌다고 볼 수 있겠다.

이에 비해 정치사상사가 가미시마 지로(神島二郎)의 "일본의 근대

---

12 가령 정토진종의 원조로 불리는 호넨(法然, 1133~1212)은 오로지 염불(나무아미타불)만 외우면 된다는 '전수염불'(專修念佛)을 주창하여 민중들의 큰 호응을 받았다. 정토진종 개조 신란(親鸞, 1173~1263)의 "악인이야말로 구원받는다"는 독특한 '악인정기설(惡人正機說)'과 대처불교의 실천 및 시종(時宗) 창시자 잇펜(一遍, 1239~1289)의 '춤추는 염불'도 이런 '전수염불'에 토대를 둔 것이었다. 한편 일련종(日蓮宗) 개조 니치렌(日蓮, 1222~1282)은 염불 대신 법화경을 절대시하여 '나무묘법연화경(南無妙法蓮華經, 남묘호렌겟쿄)'이라는 '제목(題目, 다이모쿠)'만 창하면 구원받는다고 설했다. 이런 것들은 모두 누구나 생업을 영위하면서 언제든 손쉽게 할 수 있는 수행법으로 널리 받아들여졌다.(박규태, 2001: 85-96)

화와 '이에'의식의 문제"(神島二郎, 1961)처럼 신도와 일본자본주의의 관계에 초점을 맞춘 연구도 있다. 가미시마에 따르면, 메이지기 변혁의 주체적 에너지가 근대일본에서 민간신도의 '이에의 윤리'로 나타났다는 것이다. 가미시마는 종교가 설하는 직업윤리 가령 이에(家)의 영속을 위한 근검과 절약 및 '잇쇼켄메이'의 노동관이 근대일본의 형성에 미친 영향에 대해 긍정적인 입장을 표명한다.

역사학자 야스마루 요시오는 이러한 직업윤리를 더욱 확장시켜 『일본의 근대화와 민중사상』에서 '통속도덕'론을 제창했다. 바이간의 석문심학은 통속도덕을 설한 전형적인 사례라 할 수 있다. 나아가 막말유신기에 성립한 민중종교(흑주교, 금광교, 천리교, 환산교 등)가 설한 통속도덕은 봉건적인 제관계에 의해 보완되면서 급속히 전개된 일본자본주의를 기초로 한 일본 근대화 과정에 특유한 금욕의 형태라는 점을 규명했다. 이뿐만 아니라 야스마루는 가미시마와 마찬가지로 민중들의 통속도덕의 실천과 이에 의식의 밀접한 연관성에 주목하기도 했다. 즉 민중들은 이에 몰락의 위기의식에서 통속도덕을 실천했다는 것이다.(安丸良夫, 1974: 5 및 12-13)[13]

어쨌거나 통속도덕의 근저에 유교적 윤리가 깔려있다는 점도 간과해서는 안 될 것이다. 일본자본주의와 유교의 관계[14]에서 먼저 주

---

13 이에 대해 구로사키는 야스마루가 민중종교의 직업윤리(실은 가업 윤리)와 일본 근대화의 관계를 집중적·의식적으로 추구한 것은 아니며, 따라서 일본자본주의와 통속도덕의 연관성이 분명하게 드러나지 않는다고 비판한다.(黑崎征佑, 1991: 72)
14 구미에서 보자면 일본의 경제적 성공은 마치 유교와 자본주의의 결합에 의해 생긴 것으로 비칠 것이다. 일본도 한국도 이른바 '유교자본주의'라는 것이다.(남장근,

목할 것은 무사도이다. 예컨대 사회평론가 무토 미쓰로는 "메이지의 경제정신"(武藤光朗, 1944)에서 일본자본주의 성립의 정신적 요인으로서 무사도 정신을 거론한다. 무사도 정신의 종교적 배경에는 가족 중심의 윤리로부터 국가 중심의 윤리로 일본화된 유교가 있고, 그 금욕 사상이야말로 객관적, 비인격적인 사업 활동에 적합하며, 국가윤리의 우월성이야말로 경제사회의 국가적 성격을 강화했다는 것이다.[15]

무사도가 원래 병영국가의 군사문화에서 시작된 것임은 말할 나위 없다. 그런데 거기에 유교의 도덕사상이 가미되면서 무사계급의 도덕뿐만 아니라 국민도덕의 기초로 널리 보급된 것이다. 남장근에 따르면, 그 내용은 구성원의 자기희생을 강조하는 군인의 윤리의식으로 프로테스탄티즘의 금욕 윤리와 유사한 측면을 내포한다. 무사도는 사무라이의 종교적 신앙의 기능을 가지는 이념이자 가치체계였다. 그것은 무사가 충을 최고의 가치로 삼고 주군에 대한 기리를 지키기 위해 생명을 희생하기까지 최선을 다해야 한다는 '국가 에토스'였다. 일본 기업이 근대 초창기부터 국가주의적 의식이 강했다는 점, 그리고 오늘날 일본에서는 기업인과 비즈니스맨이 '현대의 사무라이'로 불리기도 한다는 점은 무사도와 일본자본주의의 연관성을 시사한다.(남장근, 1994: 91-93)

1994: 98)

15 그러나 구로사키는 이런 논조는 국가윤리의 주장을 이에 공동체적 틀에 끼워 맞춘 것이라고 비판한다.(黑崎征佑, 1991: 73)

끝으로 양명학과 일본자본주의의 관계를 논한 흥미로운 연구로 경제사가 도야 도시유키(戶谷敏之)의 "주사이(中齋)의 '태허'(太虛)에 관하여: 긴키(近畿) 농민의 유교사상"(戶谷敏之, 1948)이 있다. 여기서 도야는 에도 후기의 양명학자인 오시오 헤이하치로[大塩平八郎, 1793~1837. 호는 中齋]의 태허 사상이 프로테스탄티즘의 종교의식과 매우 유사하다는 점을 지적하고 있다. 오시오의 태허 사상은 인간의 욕망을 억제하면서도 속계를 떠나지 않는다는 의미에서 세속내적 금욕사상이라 할 수 있다는 것이다. 하지만 태허의 사상에는 예정설도 소명관도 없다. 그저 농공상이라는 자신의 직무(가업)를 다하는 것이 태허로 돌아가는 도라고 여겼을 뿐이다.

종교현상으로서의 '시고토(仕事)'

전술했듯이 쇼산은 노동이 곧 불교수행이라고 보았다. 마찬가지로 야마모토 또한 아래 인용문에서처럼 일과 노동(시고토)을 일종의 종교현상으로 이해했다.

> "일본인이 기를 쓰고 열심히 일하는 것은 모두 성불하고 싶어서냐 하면 그런 자각은 없다. 그보다 일본인은 일을 하면 안심감과 충족감을 느낀다. 그것은 내면적 안도를 위해 일한다는 것을 뜻한다. 일에서 정신적 충족감을 느끼고 일을 안 하면 정신적 공허감을 느끼는 것이다. 종교현상학

적으로 말하자면 일한다는 것은 '생명의 충족'을 추구하는
행위가 된다. 다시 말해 일한다는 것은 일종의 종교현상이
라 할 수 있다. 이런 경향은 대체로 쇼산의 사상에서 유래
한 것이라고 보아도 좋을 것이다. 그밖에 다른 어떤 이유
를 찾아보아도 마땅치 않다. 쇼산이 미카와(三河) 무사출
신임을 고려하건대, 역시 오랜 기간 무가적 기능주의와 종
교가 결부된 것이 아닐까 싶다. 물론 시대적 배경도 작용
했다. 최하급무사인 아시가루(足輕)에서 최고 권력자인
다이코(太閤)가 된 도요토미 히데요시로 상징되는 하극상
의 시대가 끝나고 평화시대가 열렸지만, 이와 동시에 세상
은 폐쇄적 상태가 되었다. 그런 가운데 쇼산은 나날의 일상
적 업무 속에서 종교적 수행을 보았다. 그럼으로써 폐쇄적
상태로부터 종교적 구원에로 탈출할 수 있는 종교적·심리
적 길을 개척했던 것이다."(谷澤永一, 1992: 90-91)

  야마모토에 따르면 "일본인에게 일(시고토)은 경제적 행위가 아
니라 정신적 행위"이다. 노동을 종교적 수행으로 본 쇼산에서 전형
적으로 드러나듯이 일(시고토)은 일종의 정신적 충족을 추구하는
행위라는 것이다.(『정신』, 39 및 43) 실로 일에 대한 일본인의 태도
는 종교적 정열에 가까운 것이며, 쇼산의 주장대로 직업은 신성시
된다.(山本七平, 1987: 90-91) 그런 정신적 충족을 추구하기 위해서는
단순한 노동 보수만으로는 불충분하다. 정신적 충족을 함께 나누는

심리적 안주의 공간이 필요하게 된다. 그 구체적인 표현이 공동체적 연대감정이다. 일본인에게 취직이란 노동을 제공하고 임금을 받는 계약의 성립이 아니다. 직업을 가진다는 것은 살아갈 장소를 확보하는 우리 인생 행로의 정립을 의미한다. 때문에 직장의 인간관계가 안정되어야만 한다. 즉 공동체에 참가하는 취지의 심리적 확증이 필요하다. 그런 자각을 가지고 일한다는 기능이 발휘된다. 즉 공동체의 성립에 의해 기능집단이 결성되는 것이다.(谷澤永一, 1997: 449)

루스 베네딕트가 『국화와 칼』에서 임무(시고토)를 '무한한 의무'인 '기무(義務)'의 범주에 귀속시켜 이해한 것도 쇼산이나 야마모토의 관점과 상통한다. 일본인에게 '시고토' 즉 주어진 일과 노동 또는 임무나 업무는 천황 및 일본에 대한 충성이나 부모에 대한 효와 마찬가지로 무한한 의무로 간주된다는 것이다.(루스 베네딕트, 2008: 166) 여기서 더 나아가 다니자와 에이이치는 노동이 일종의 종교현상으로 간주됨으로써 일본종교가 하나의 궁극점에 도달했으며, 오늘날에도 만일 일본에 종교가 있다고 한다면 그것은 '안심입명교'일 것이라고 주장한다.(谷澤永一, 1992: 95)

보이지 않는 원칙 : 공기

일본 자본주의를 미국 자본주의와는 전연 별개의 것이라고 여긴 야마모토는 "일본 자본주의는 무언가 '보이지 않는 원칙'에 따라 움직인다. 그 원칙은 무엇일까?"라는 물음을 던진다.(『정신』, 15) 야마모토에 따르면 어떤 사회든 해당 사회에는 전통적인 사회구조가 있고, 그것이 각 사람의 정신구조와 대응하는 형태로 작동하며 거기에는 그 나름의 원칙이 있다. 그렇기 때문에 미국과 일본은 외형상 동일한 자본주의 사회이면서도 그 내실은 전혀 다르다는 것이다. 그때 '보이지 않는 원칙'이 외부에서 보면 분명 보이지 않지만 내부에서는 당연히 자명한 원칙으로 받아들여진다. 그런데 일본의 경우는 좀 기묘하다는 것이다. 일본도 당연히 '일본의 전통과 일본 자본주의의 정신'이라는 형태로 파악해야만 그 '보이지 않는 원칙'이 도출될 것인데, 일본에서는 그것이 일종의 '혼네'(本音, 본심)로 작동한다. 따라서 서로 그것을 입 밖에 내지 않는 것 또한 '보이지 않는 원칙'이 되어 있다. 야마모토는 이런 '보이지 않는 원칙'이 가진 여러 문제점을 명확히 드러내지 않는 한 어떤 것도 해명할 수 없고 아무 것도 해결할 수 없다고 여겼다.(『정신』, 19-20) 그는 일본사회의 근원적인 터부를 건드리고 있는 것이다.

야마모토가 말한 '보이지 않는 원칙'과 거기에 내포된 문제점은 바로 그가 '공기'라고 부른 문화코드와 밀접한 관계가 있다. 실제로 야마모토는 『정신』에서 "보이지 않는 원칙을 언급하지 않는 것이 일본의 원칙이며, 일본에서는 '의례의 룰'을 벗어난다거나 그 장(場)의 공기에 찬물을 끼얹는 말을 해서는 안 된다."(『정신』, 17-18)고 지적했다. 야마모토는 "일본의 종교적 풍토에서 비롯된 특수성"(犬飼裕一, 2003: 11)이라 할 만한 공기가 일본사회를 통틀어 지배해왔다는 점, 그리고 그런 공기의 강력함과 위험성을 강조한다.

그렇다면 도대체 야마모토가 말하는 '공기'란 무엇인가? 통상 공기란 '분위기'나 '무드'에 해당하는 표현인데, "야마모토의 최고 걸작" 또는 "일본문화론의 최고 걸작"(鷲田小彌太, 2016: 256, 301)이라고 말해지기도 하는 『공기의 연구』에서 야마모토는 일본인의 전통적 정신의 구조를 '공기'라는 핵심 개념을 통해 해명하고 있다. 거기서 공기는 "그것에 구속당하기 쉬운 어떤 실체 없는 의견, 상식, 여론, 무의식"을 가리키는 말이다. 그것은 하나의 이데올로기이다. 야마모토는 쇼와시대의 공기를 해명하면서 그 사례를 일본문화와 역사 속에서 찾아내어 명시한다.[16]

공기의 정의는 쉽지 않다. 야마모토 본인은 공기란 "실로 엄청난 절대 권력을 가진 요괴"(야마모토 시치헤이, 2018: 27) 또는 "대단히 강고하고 거의 절대적인 지배력을 가지는 '판단기준'이자 거기에 저항하는 자를 이단으로서 '항·공기죄'로 사회적으로 매장할 만큼의 힘을 가진 초능력"(イザヤ·ベンダサン, 1997: 14 및 19)이라고 규정하기도 한다. 공기는 유대기독교와 같은 절대적 유일신과의 계약과는 무관하며, 역사적인 시간의식이 없는 곳에서 발생한다. 역사적 의식이 있다면 사물의 선악이 역사의 심판을 받는다는 발상이 정당화된

16　가령 일본에는 '네마와시(根回し, negotiation)'라는 사전 물밑 작업의 관례가 일반적이다. 공기의 지배는 논의가 시작되기 전에 이미 공기를 만들지 않으면 안 된다는 네마와시를 수반한다. 또한 패전 직후 매우 일반적인 현상이었던 '머리 스위치의 전환'도 공기의 지배를 보여주는 전형적인 사례라 할 수 있다. 예컨대 바로 얼마 전까지만 해도 신국 일본을 가르친 교사들이 어느 날부터 갑자기 민주주의를 설하기 시작했다.

다. 그렇게 선악의 판단이 분명해진다는 것은 일종의 규범을 체계적으로 가진다는 것을 의미한다. 공기는 그런 체계를 가지지 않는다. 체계는 없지만 공기가 배양하는 분위기에는 정당성이 있다고 믿어지며, 그 정당성을 준수하는 것이 요구된다. 만일 그것을 지키지 않으면 제재가 가해진다. 이는 사회적 죽음을 의미한다.(深谷潤, 2018: 47) 공동체에서 고립되는 것은 '나카마(仲間, 동료 집단)에서 배제되는 것'이며, 그것은 일본사회에서 일종의 사형에 해당한다. 달리 말하자면 공기에 따르는 것은 어떤 의미에서는 종교적인 계율이라 할 수 있다. 따라서 공동체의 이익을 지키는 것이 법률에 따르는 것보다 우선시된다.(多波まこと, 1995: 16-17)

어쨌든 공기가 가진 힘은 그 장에 모인 인간을 지배한다. 이것을 야마모토는 '임재감(presence)'이라고 표현한다. 그러면서 공기 지배의 핵심적 특징이 "대상에 대한 임재감적 파악"에 있다고 보았다. 원래 임재감이란 종교적으로 신이 들리는 것과 관계가 있는 말이다. 그러나 야마모토가 말하는 임재감적 파악이란 "물질이나 사실의 배후에 무언가 특별한 것이 있다는 느낌" 또는 "물질이나 언어에 영향을 끼치는 능력이 숨어있는 것처럼 느끼게 되는 심리적 습관"으로 일종의 애니미즘적인 어떤 것을 의미한다.(鷲田小彌太, 2016: 298) 야마모토의 표현을 빌자면, 임재감적 파악의 원리는 "대상에 일방적으로 감정을 이입함으로써 자신을 대상과 일체화하고 대상에 대한 분석을 거부하는 심적 태도"(야마모토 시치헤이, 2018: 190) 혹은 "'지금' 눈앞의 대상을 '지금' 시점에 국한된 임재적 감각으로 파악하고

'지금' 그것에 자신을 대응시키는 것"(야마모토 시치헤이, 2016: 322-323)을 가리킨다. 그 결과 과거가 소실되는 이상한 정신 상태를 보이게 되는 것이다.

야마모토는 이와 같은 일본인의 임재감적 파악이 애니미즘에 뿌리를 둔 일본인의 종교관에서 비롯된 것이라고 보았다. 일본에 수용된 불교는 애미니즘과 습합하여 천태본각사상의 '초목국토실개성불'처럼 모든 생물의 성불을 주창했는데, 이런 습합은 모든 것을 현실긍정적으로 보는 일본적 사유를 낳았다. 애니미즘적 정신경향을 가진 일본인은 목전의 모든 현상을 긍정적으로 받아들이는 경향이 강하다. 이처럼 세계를 자신과 동류의 것으로 긍정적으로 보기 때문에 동정적인 기분이 우선함으로써 대상에 대한 비판적인 입장을 취하지 않게 된다. 하지만 이로 인해 일본인은 공기에 지배받기 쉽다.(東谷曉, 2017: 130-132) 다시 말해 일본인은 대상에 대한 상대적 파악이 취약하다. 어떤 때는 경제(성장)가 절대화되고, 다음 순간에는 공해가 절대화되며 그 다음에는 자원 등으로 공기(무드)에 간단히 지배되곤 한다.

"일본인은 공기로 일을 결정해버린다"든가 "공기에 휩쓸리지 말라"고 말하는『공기의 연구』는 흔히 일본인에 대한 경고로 읽혀진다. 하지만 그 반대로 "공기란 좋은 것"이라는 이해도 가능하다. 공기를 읽을 줄 모르는 자를 비난하는 표현인 'KY('空氣が讀めない'의 약어)'가 그 대표적 사례이다. 일본에서 공기를 읽지 못하는 자는 결함이 있는 인간이며 반대로 공기를 읽을 줄 아는 사람은 제대로 된

사람으로 평가받는다.(江村裕文, 2016: 6-10) 이는 공기의 양면성을 말해준다. 이 중 공기의 부정적 측면을 극복하는 하나의 방안으로 야마모토가 제시하는 것이 바로 '물'이다. 다시 말해 '공기에 찬물을 끼얹음'으로써 좌중에 비판적인 분위기를 낳아 공기의 지배로부터 벗어나 현실로 돌아가게 하자는 것이다.(야마모토 시치헤이, 2018: 109-110) 하지만 항상 그런 대안의 성공을 기대할 수는 없다. 왜냐하면 일본문화에서는 원리적인 것이 부재하고 따라서 최종적인 지탱점이 항상 가변적이므로 일본문화 그 자체라고도 할 만한 애니미즘적인 것을 기저로 하는 상황윤리에 지배당하기 쉬워서 물이 공기로 바뀌는 일이 다반사로 일어나기 때문이다. 이리하여 야마모토는 "일본인이 공기와 물의 상호적인 무한순환 속에 갇혀있다."(東谷曉, 2017: 139-140)는 사실을 시사한다.

기능집단이면서 공동체로 전화된 초윤리적 집단 : 세켄(世間)

이상과 같은 공기는 '세켄'이 일상화된 것이다. 다시 말해 세켄이라는 엄격한 공동체적 규범이 친근해지고 일상적인 것이 되어 여러 장면에서 여러 형태로 나타난 것이 공기라는 말이다. 이렇게 세켄이 일상화되어 일단 공기가 정착되면 그것이 강력한 힘을 발휘하게 된다.(鴻上尙史, 2019: 77) 그렇다면 세켄이란 무엇인가? 아베 긴야는 세켄을 사회(society)와 구별하면서 "개인과 개인을 잇는 관계의 고리"로 정의내린다. 세켄은 회칙이나 정관은 없지만 강고한 유대로 개개인을 연결시킨다. 그러나 개인들이 직접 세켄을 만드는 것은 아니다. 일본인이라면 누구나 어쩐지 자신의 위치가 거기에 있다고 여기며 살아가는 세켄에는 동창회, 회사, 정당의 파벌, 각종 동우회, 스포츠 클럽, 대학 학부, 학회 등 형태가 있는 세켄과 연하장이나 선물을 주고받는 인간관계처럼 형태가 없는 세켄의 두 유형이 존재한다는 것이다.(阿部謹也, 1995: 16-17)

고카미 쇼지는 이와 같은 세켄 개념을 받아들이면서 거기서 더 나아가 일본은 세켄과 사회라는 두 가지 반대되는 세계로 구성되어 있다고 이해한다. 이때 세켄이 일본인의 가장 기본적인 인간관계의 틀로서 나와 관계를 맺고 있는 모든 집단을 가리킨다면, 사회란 나와 별 관계가 없는 타인들의 집합체를 지칭한다. 일본인은 자기 자신이나 개인 및 개인을 전제로 하는 사회보다도 세켄을 더 중시하며 살아간다는 것이다.(鴻上尙史, 2019: 14-18 및 36) 그것은 일본인에게 선험적이고 운명적으로 주어진 것이며, 일본어는 그런 세켄 지향적인 언어이다.(鴻上尙史, 2009: 126 및 226)

야마모토는 이러한 세켄을 두려운 것이라고 말한다. "어머니와 아들 한 명으로 구성된 모자 가정의 어머니조차 군영에 면회를 와서 자식에게 '엄마가 불쌍하다고 생각한다면 절대로 도망쳐서는 안 된다'고 말하는 이유는 무엇일까? 그녀가 두려워한 것은 제국 육군이 아니라 세켄이라는 이름의 민간인이었다."(야마모토 시치헤이, 2016: 264-265)는 것이다.

전술했듯이 일본에서는 종종 기능집단이 곧바로 공동체로 바뀌면서 일종의 강고한 의사혈연집단으로 화해버리며, 그렇게 공동체로 전화된 집단은 초윤리적 집단이 된다.(『정신』, 66-67) 여기서 말하는 '초윤리적 집단'은 곧 세켄 공동체로 바꾸어 말할 수도 있다. 그렇게 초윤리적인 세켄 관념이 강력한 힘을 발휘하게 되는 것이다. 일본 내의 모든 소집단 즉 세켄은 각각 하나의 기능집단이자 동시에 공동체이다. 일본인은 자신이 속한 세켄 공동체의 불명예를 자신의 불명예로 여겨 "세켄'에 대해 죄송하다"는 감정을 품게 된다. 마찬가지로 일본에서 회사의 명예는 곧 공동체의 명예로 관념되며, 따라서 그 명예에 어긋나는 상황이 벌어지면 흔히 "세켄에 대해 죄송하다"는 말을 하곤 한다. "'세켄'에 죄송하다"는 이러한 발상은 일본 사회에 큰 영향을 미친다. 거기에는 부정적인 측면뿐만 아니라 긍정적인 측면도 있다. 가령 일본은 세계에서 가장 범죄율이 낮은 나라에 속한다. 이는 일본인들이 명예로운 세켄 공동체에 속하려는 심리적 경향이 강하고 그것이 범죄 억제에 기여하기 때문이다.(『정신』, 63-65)

일본자본주의 정신의 양날의 칼 : 무사(無私)의 마코토(誠)

고카미에 따르면, 세켄은 그 초윤리적인 특성과 함께 일본에서 '가미사마(神樣, 하느님)'로 간주될 정도로 강력한 구속력을 가지고 있다. 그래서 일본인은 (무사의 마코토 정신으로 일치단결하여) 자신이 속한 세켄 공동체를 강하게 만들어 자신을 지탱하고자 한다.(鴻上尚史, 2019: 174-175) 이때 가장 효과적인 이데올로기로 기능하는 것이 바로 '마코토'라는 일본적 윤리이다. 와세다대학의 창립자 오쿠마 시게노부(大隈重信)가 "규범 가운데 규범이라 할 만한 최고의 가르침"이라고 극찬한 마코토에 대해 사가라 도오루는 "주어진 상황에서 순수하게 나를 버리고(無私) 자신을 자타 합일의 관계에 귀일시키면서 주어진 역할과 의무에 전력을 다하는 주관적 심성"(相良亨, 1989: 195-196)으로 규정한다.

도쿠가와시대는 위로는 제후로부터 아래는 서민에 이르기까지 경제를 가르치고 '자본의 논리'에 따르지 않는 자는 파멸한다는 것을 교육한 시대였다. 또한 자본의 논리와 함께 자본의 윤리를 수립하지 않으면 그 자본의 논리 자체가 붕괴된다는 것을 가르친 시대이기도 하다. 이때의 자본의 윤리란 자본의 논리를 엄격하게 실시하면서도 본인은 무사(無私) 무욕(無慾)이지 않으면 안 된다는 윤리를 가리킨다.(『정신』, 250-251) 가령 바이간이 강조한 '정직'이란 소비자를 위해 철저한 합리화를 행하는 것을 의미했는데, 요잔의 경우는 자기의 이익추구 즉 '사욕'이 아닌 번이라는 공동체를 위한 것이 '정직'이었다.(『정신』, 274-275) 자본의 논리가 사농공상에 공통된다는 바이간의 발상에는 명확한 근거가 있다. 또한 쇼산의 '사민일용'이라는 직능론을 극한까지 밀고 나가면 메이지시대의 '사민평등'과 통하게 된다. 거기에 요청되는 기본적 윤리는 대명이든 상인이든 마찬가지이다. 그것은 이른바 '사욕 없는 경제적 합리성의 추구와 그것에 입각한 노동'은 선이며 그 자체가 가치를 가진다는 윤리를 가리킨다.(『정신』, 253-254)

앞에서 일본자본주의의 가장 중요한 특징 중 하나로 기능집단이 곧바로 공동체로 전화되기 쉬운 구조를 언급한 바 있는데, 그런 구조를 가진 일본사회는 질서라는 점에서는 문제가 별로 없다. 하지만 그것은 기능집단이 공동체로 전화함으로써만 비로소 작동할 수 있다는 한계를 내포하고 있다. 따라서 기능집단의 구성원은 먼저 그 공동체의 일원이 되어야만 한다. 이것이 대전제이다. 그 결과 세켄 공동체에의 귀속이 우선시되면서 기능집단에서는 개인으로서 기능하는 것이 거의 불가능하게 된다. 일본인은 자신이 속한 세켄 공동체 내에서 자기를 부정하고 공동체를 우선하지 않으면 안 된다는 '보이지 않는 원칙' 즉 공기의 강력한 지배하에서 살고 있는 것이다.(『정신』, 67-68) 그러니까 일본자본주의 정신에서 무사의 마코토라는 윤리가 우선성을 가지게 된다 해도 전혀 이상할 것이 없다.

마코토는 일본자본주의 정신의 토대를 구성하는 중요한 윤리이다. 무사(無私)를 전제로 하는 마코토의 윤리가 일본자본주의 발전에 크게 기여해 왔음은 분명하다. 하지만 그것은 집단적 전체성에 자신을 던지면서 현실의 질서를 절대적인 것으로 긍정하는 경향에 치우침으로써 개인의 자립을 방해한다는 부정적 측면을 내포한다. 그 결과 지나친 편집증적 질서 지향성이 일본자본주의와 일본사회의 모순을 개혁하기 힘들게 만들 수도 있다. 이뿐만이 아니다. 일본인은 정신적으로 불안해 지면 일종의 안심감을 찾으려 하고 이로 인해 일하기 시작한다. 그럼으로써 불안을 피하려는 것이다. 하지만 이것은 역으로 현실을 보지 못하게 만들고 자신이 처한 정황에 올바

르게 대처하지 못하게 만든다. 이것은 모든 면에서 보이는 일본적 특징이다. 가령 성과가 전혀 없고 경제성을 무시한다 해도 일본인은 '오로지 한결같이 전적으로 일만 했다(ひたすらやった)'는 것에 의의를 찾고 싶어 한다. 만일 이러한 의의를 인정받지 못하면 부당하다고 느끼고 강한 불만을 품게 된다.(『정신』, 284) 과연 마코토는 양날의 칼임에 분명하다.

일본적 공동체의 논리 : 화(和)

이러한 마코토의 윤리와 한 짝을 구성하는 문화코드로 일본 자체를 상징하는 '화(和)'의 논리가 있다. 야마모토는 화의 논리를 그가 '일본적 조직'이라 부른 세켄 공동체의 중요한 특징으로 이해한 듯싶다. 야마모토가 보기에 일본에는 개체(개인)의 조직화이자 민주주의의 기초가 될 만한 조직(시스템)이라는 개념이 없다. 물론 일반적인 조직이야 일본에도 많다. 야마모토는 그것을 '일본적 조직'이라고 부르면서 서구적 의미의 '기하학적 조직'과 구분한다. 미국의 경우 회사든 조합이든 그건 조직이지 가족이 아니다. 이에 비해 일본적 조직은 의사 혈연집단이라 할 만한 '조직적 가족(systematic family)'이라는 것이다. 야마모토는 다음 인용문에서처럼 메이지시대 이후 조직적 가족을 대표하는 것으로 일본군을 들고 있다.

"육군은 자연발생적인 무라(村)의 질서밖에 몰랐기 때

문에 조직을 만들어서 질서를 확립해야 한다는 의식이 없었다. …따라서 〈군인칙유〉에는 조직론은 고사하고 조직이라는 개념 자체도 없으며 '예의바르게 할 것'의 예절만이 질서의 기본이 되었다."(야마모토 시치헤이, 2016: 350)

여기서 야마모토는 일본적 공동체를 대표하는 '무라'를 일본군과 결부시키면서 조직의 문제를 제기하고 있다. 조직은 항상 목적을 가지며, 그 목적에 대응하는 정당화를 필요로 한다. 따라서 조직 자체는 어떤 절대성도 가지지 못하며, 또한 조직의 존속 자체를 목적으로 하는 일도 용납되지 않는다. 이에 비해 가족은 목적을 가진 조직이 아니며, 그 자체가 존속하기 위해 기능하기만 하면 그걸로 충분하다. 따라서 가족의 궁극적 목적은 그 붕괴를 막는 데에 있다. 이를 위해 요청되는 것은 정당화가 아니라 그 자신의 존속에 필요한 화의 논리이다. 메이지시대 이후 현대에 이르기까지 일본사회 최대의 문제점은 항상 서구적 정당화(개인)와 일본적 화의 논리(공동체)를 작게는 각 조직 안에서 크게는 일본 전체에 있어 어떻게 자리매김시키느냐 하는 데에 있다.(山本七平, 2011: 197) 대다수의 일본인이 정당성이나 선악 여부를 떠나 일본우선주의로 귀착되는 경향을 보이는 것도 이런 관점에서 설명할 수 있다.

이때 조직적 가족집단은 어떤 객관적 공리 같은 것에 입각한 권위를 주장해서는 안 된다. 공적인 하나의 기준에 입각하여 '공평성'을 구현하려는 자는 '권력적'이라는 비난을 받아 화를 해치는 자로서 배제당한다. 따라서 가장 비권위적인 자가 지도자가 되어야 한다. 천황을 '텅 빈 중심'으로 비유할 수 있는 것은 이런 의미에서이다. 나아가 일본의 조직적 가족집단은 새로운 사태에 대처하기 위해 자신의 전통에 입각하여 가장 혼란이 적은 사회변혁의 방법론을 선택하려 한다.(山本七平, 2011: 180-181)

일본자본주의 정신의 문화적 산실 : '일본교'

개인보다 그가 속한 세켄 공동체를 더 중시하면서 공기를 읽을 줄 알고 거기에 따르며 무사의 마코토 윤리에 입각하여 공동체의 화(和)를 실현하려는 일본인을 야마모토는 '일본교도'라 불렀다. 일본 자본주의의 정신은 바로 이러한 일본교도들에 의해 만들어지고 유지되어 온 셈이다. 다시 말해 야마모토가 창안해낸 '일본교'는 일본 자본주의 정신을 낳고 키워온 문화적 산실이라 할 수 있다. 그렇다면 일본교란 무엇인가? 이와 관련하여 먼저 다하 마코토가 제시한 다음과 같은 '일본교의 십계'에 주목할 만하다.(多波まこと, 1995: 3-4)

① 일본인인 당신은 공기에 따르지 않으면 안 된다.

② 사람은 모두 상하관계로 이어져 있어야만 한다.

③ 소속은 하나의 집단(무라=공동체+기능집단)만으로 한정해야만 한다.

④ 조직(무라=기업, 정치조직)은 의사혈연집단이어야

만 한다.

⑤ 소속조직 내에서는 '미안합니다(스미마셍)'라는 말로 모든 것이 허용된다.

⑥ 모든 조직은 집단책임 체제를 취해야만 한다.

⑦ 조직 유지를 위해 내부에서의 개인의 자유(주체성)는 인정하지 않는다.

⑧ 내용보다는 형식을 중시해야만 한다.

⑨ 신들은 분업적으로 인간에게 봉사해야만 한다.

⑩ 이상의 규정은 언어와 문장으로 나타내서는 안 된다.

위 일본교의 십계는 세켄(⑥), 공기(①), 다테사회(②), 가타(型)의 문화(⑧), 무사의 마코토(⑦) 등 전형적인 일본문화코드에 토대를 둔 일본자본주의 정신의 구조(③, ④)를 함축하고 있다. 이 십계는 마코토가 그러하듯이 집단 구성원의 주관성 안에서만 전달되는 덕목이다. 그 덕목 자체가 객관적인 언어로서 비판받거나 분석되는 대상이 아니며, 한 사람 한 사람의 '생각'과 주관적 확신 안에서 이어져 내려온 가치관이다.

일본교에는 교의가 없고 일본인도 일본교도라는 자각이 없다. 논리도 규범도 신도 없으며 시간적 감각 즉 역사의식도 없다. 대상을 대상으로서 인식하는 발상도 없고 사실과 규범을 혼동하여 판단한다. 단지 있는 것은 사실을 자신의 가치관과 그렇다고 믿어버리려는 분위기 즉 '공기'뿐이다. 그런 공기가 자신의 주변을 둘러싸서 일종의 종교적 분위기를 형성한다. 이런 특징을 동시에 가지는 사회학적 특성을 야마모토는 일본교라 부른 것이다.(深谷潤, 2018: 44)

　야마모토에 따르면 유대인들은 약속은 지켜야만 하며 지키지 않는 자에게는 신이 벌을 내린다고 생각했다. 그러나 일본인은 거꾸로 생각한다. 약속을 지키지 않는 자는 잘못되었다고 하는 '이치(理)'만으로 밀고 나가면 오히려 모두가 손해를 입는다는 '이치 바깥(理外)'의 논리에 입각하여 모두가 손해를 입지 않을 방법을 고안한다. 가령 전후일본에서 거대기업이 도산할 경우, 정부, 은행, 기업의 실무 책임자들이 모여 채권을 회수하려는 금융기관을 설득하여 권리를 포기하게 하고 대신 특정 특권을 부여하는 경우를 종종 볼 수 있다. 이런 식의 행동패턴을 포괄적으로 설명하는 개념이 일본교라는 것이다.(東谷曉, 2017: 32-33) 이와 같은 일본교의 특징에 대해 교의와 언어, 공기, 인간과 자연, 종교라는 키워드를 중심으로 좀 더 상세하게 살펴보기로 하자.

　첫째, 일본교는 교의도 그것을 설명할 언어도 없다. 그리하여 대상을 대상으로 판단하는 인식보다도 대상에 대한 주관적인 가치판단이 선행하기 때문에 객관적으로 대상을 볼 수 없다. 그 결과 논리적으로 판단하는 것이 곤란하며 판단기준이 무엇인지를 알지 못하기 때문에 자기모순에 빠져 있다는 것을 알아채지도 못한다.(深谷潤, 2018: 44-45) 그 대신 일본교에는 강력한 암묵적 룰이 존재한다. 그 룰에 따르느냐 아니냐는 '주관적인 확신'에 의한 것이다. 즉 자신이 확신하기만 하면 이미 그것은 질서를 지키고 따르는 것이 된다. 이

런 극단적인 주관주의, 자기중심주의는 객관성을 배제하고 논리적으로 사고하는 태도를 필요로 하지 않는다. 고야마 마토이는 '일본교의 약점'으로서 객관성, 목적합리성, 논리성의 결여를 든다.(こやままとい, 2001: 194-200) 이는 모두 주관적 확신에만 의존하는 세계관에서 비롯된 약점이다. 이런 특성은 기능집단이 쉽사리 공동체로 전화되며 그 결과 이원적 구조를 가지는 일본자본주의 정신과 연동한다.

둘째, 일본교는 공기로서의 특성을 가진다. 교의 대신 일본인의 행동과 판단의 '원칙'으로 기능하는 것이 '공기'이다. 야마모토는 그 사례로 2차대전 말기의 전함 야마토 출격에 대한 미카미 사쿠오(三上作夫) 참모와 이토 세이이치(伊藤整一) 사령관의 공기를 둘러싼 대화를 들고 있다.(야마모토 시치헤이, 2018: 25-26) 명맥한 사실과 데이터, 논리적 사고를 뛰어넘어 누군가 책임을 지는 것이 아니라 그 장의 공기로 중대한 결정이 이루어지는 과정은 야마모토가 말한 '초능력'이며, 일종의 종교성을 띤 것이었다. 장관은 전함 야마토를 하나의 '인격'으로 간주하고 거기에 신적인 임재감을 부여한 물신론적 발상에 입각하여 출격 명령을 내린 것이다. 그런 임재감의 원천에는 일본인의 애니미즘적 종교관이 깔려 있다. "애니미즘적 정신 경향을 가진 일본인은 세계를 자신과 동류의 것으로서 긍정적으로 보기 때문에 비판적인 관점이 결여되어 있다."(東谷曉, 2017: 132) 흥미롭게도 임재감과 관련하여 야마모토는 다음과 같이 의지와 감정이입의 비대칭적 관계를 언급한다.

"불상이 자신의 의지로 혀를 내민다든지 선다든지 해서는 감정이입은 불가능하다. 즉 불상은 거기에 무의지의 존재로 임재하기만 하면 되고 그 이상의 존재가 되어서는 안된다. 그러한 대상파악의 방법이 임재감적 파악이다. 일본인은 그렇게 대상을 파악한다. 이때 상대가 자신의 의지를 가지고 있다는 것을 발견한 순간, 일본인은 상대를 신뢰하지 않게 된다. 그럴 수밖에 없을 것이다. 상대가 의지를 가지면 일방적인 감정이입이 불가능해지기 때문이다."(山本七平, 1975: 160-161)

다니자와 에이이치는 일본사회에서 지금도 이런 일이 벌어지고 있다고 지적한다. 특히 외교의 장에서 일본은 상대국을 무의지의 덩어리로 여기곤 한다. 상대국을 의지가 없는 불상처럼 간주하면서 일본 쪽이 일방적으로 감정이입을 한다. 그리하여 제멋대로 상대방의 의중을 상상, 날조, 망상하여 그것을 상대방에게 가탁한다. 만일 상대가 이에 대해 어떤 에고를 주장하거나 요구하는 순간, "그 나라는 신용할 수 없다"고 말한다는 것이다.[17] 따라서 이런 임재감적 파악을 불식하지 않는 한, 적어도 일본인은 타자와 교제하기 어렵다.(谷澤永一, 1992: 46-47) 이리하여 일본인은 종종 대상을 상대적으로 보지 못하고 때로는 절대화시킨다. 그때 인간은 역으로 그 대상에게 지

---

17 이런 지적은 놀랍게도 최근 아베정권의 수출규제로 시작된 한일 경제전쟁에서도 확인된다.

배당하며 구속된다. 이것이 공기가 사람을 지배하는 원인 중 하나이다.(イザヤ·ベンダサン, 1997: 46-47)

일본인이 공기의 지배를 받기 쉬운 이유에는 또 하나의 측면이 있다. 일본사회의 원리를 구성하는 '친자관계'가 그것이다. 친자관계는 혈연관계를 기초로 하면서도 그것을 넘어서서 지연관계 즉 '의사혈연관계'를, 나아가 국민국가의 관계, 궁극적으로는 천황과 국민을 친자관계로 간주하는 데에까지 확장된다. 이 친자는 '이항결합방식' 즉 "내밀한 관계 속의 두 사람의 인간"의 관계이다.(西谷幸介, 1999: 69) 이런 인간관계는 '나'와 '너'의 '이인칭의 세계'(赤松宏, 2004: 61-62)이며, "인간에 대한 확고한 신앙이 상호간 존재하는"것을 의미한다.(イザヤ·ベンダサン, 1990: 96)

이때 중요한 것은 은(恩)에 대한 사고방식이다. 사람은 "은혜를 입은" 것에 대한 책무를 항상 따라야만 한다. 베네딕트는 이 점을 '기리'(義理)라는 문화코드를 중심으로 이해했다. 그런데 사람은 "은혜를 베풀었다"는 책무를 주장할 수는 없다. 가령 자식은 부모로부터 은혜를 입었으므로 그것을 갚아야하는 것이 중요하다. 하지만 부모는 자식에게 은혜를 베푼 것을 자신의 권리로 주장할 수 없다. 이것은 권리를 주장하는 것이 당연시되는 서양과 다른 일본 특유의 발상이다. 이와 같은 은과 시은(施恩)의 관계는 인간이 태어나면서 가지는 질서이며 자연법으로 일본인이 무의식적으로 믿는 일본교의 근원으로 간주된다.(篠井保彦, 2004: 42-43)

셋째, 일본교는 인간과 자연의 관계를 기반으로 한다. 일본교의

기본 개념은 인간과 자연이다. 그래서 야마모토는 일본교를 '인간교'라고 바꿔 말하기도 한다.(イザヤ・ベンダサン, 1990: 149) 그것은 자연을 기반으로 하는 인간교이다.(イザヤ・ベンダサン, 1984: 310) 고야마 모토이에 따르면 일본교의 세계관은 우주를 중심으로 한 질서에 편승한 인간을 지향한다. 그것은 인간의 의도로부터 독립적인 자연을 전제로 하며, 질서 있는 상태로서의 자연이 기반이 되는 세계관이다. 인간은 그 질서를 지키고 거기에 따라야만 한다. 일본인에게 자연은 기독교적 세계관처럼 인간에 의해 관리되는 자연이 아니라 "자기 내면적 마음의 질서와 사회질서와 자연질서"를 합친 말이며, 그것들과 일치하는 것이다.(イザヤ・ベンダサン, 1984: 174) 또한 일본인에게 자연은 그것 그대로 규범화된다.(深谷潤, 2018: 47) '자연 그대로'인 것이 무엇보다 좋다고 여기는 것이다.

하지만 이때의 '자연 그대로'란 일반적인 의미에서의 인공적이지 않은 '자연스러움'을 뜻하는 표현이 아니다. 그것은 '저절로'라는 의미를 함축하는 말이다. 고야마는 일본교적 세계관의 원리로서 다음 두 가지를 든다: 첫째, 우주는 완전히 무질서한 세계로부터 출발했지만, 저절로(ひとりでに) 질서있는 상태로 이행했다. 둘째, 우주에 존재하는 모든 것은 우주가 질서 있는 상태로 이행해 감에 따라 저절로 발생했다.(こやままとい, 2001: 128) 바로 이 '저절로'라는 말이 가리키는 것은 일본적 자연이다. 인간은 태어나면서부터 정확히 동물의 본능처럼 저절로 이 자연 질서의 법을 체득한다는 것이다.

한편 야마모토는 일본교를 인간이라는 지렛목에 의해 작동하는

'저울의 논리'로 설명하기도 한다. 이런 지렛목로서의 인간 개념을 말하기 위해 야마모토는 어떤 경우에서든 '평형'을 유지하고자 하는 '저울의 논리'야말로 가장 기본적인 일본인의 사고방식임을 역설한다. 예컨대 "안보조약은 필요하다. 그러나 다른 한편으로 안보반대를 외칠 수 있는 상태도 필요하다", "자위대는 필요하다. 그러나 자위대는 위헌이라고 말할 수 있는 상태도 필요하다", "개항은 필요하다. 하지만 양이를 외칠 수 있는 상태도 필요하다"는 식의 발상, 이것이 바로 '저울의 논리'이다. 여기서 안보, 자위대, 개항 등은 저울판 위에 놓여진 '실체어'이고 안보반대, 위헌론, 양이론 등은 저울이 평형을 유지하기 위해 없어서는 안 될 저울추로서의 '공체어'라고 규정된다.(イザヤ·ベンダサン, 1984: 23-28) 세계를 만드는 것은 결국 사람이라는 이런 발상이야말로 일본교의 중심적 교의이다. 확실히 일본인은 신보다 인간세상을 무엇보다 중시해왔다.

넷째, 그럼에도 일본교는 "그것을 위해 순교도 마다하지 않는 하나의 '종교'"(イザヤ·ベンダサン, 1984: 16)라고 말할 수 있다. 야마모토에 따르면, 일본인은 어떤 종교에든 일정한 존재의의를 인정하면서 그것을 별 저항 없이 받아들인다. 이런 종교 감각은 세계에 유래가 없으며 일본교로밖에 설명할 길이 없다. 즉 일본인의 '종교'는 일본교이며 그것은 "세계에서 가장 강고한 '종교'"(イザヤ·ベンダサン, 1990: 90)[18]라는 것이다. 이때 야마모토가 말하는 '종교'란 제도로서

---

18   이와 같은 일본교의 강고함은 아쿠타가와 류노스케(芥川龍之介)가 단편 〈신들의 미소〉(神神の微笑)에서 언급한 '변조하는 힘'과 동전의 양면을 이루고 있다.(박규태,

의 종교가 아니라 "종교현상의 배후에 있는 종교성 그 자체"(山本七平, 1995: 16)를 가리킨다.

고야마 마토이도 일본교를 하나의 종교사상으로 보았다.(こやままとい, 2001: 128) 그것은 교의도 없고 신학도 없는 '종교'이다. 일본인은 결코 '무종교'가 아니다. 일본인은 '인간성'을 기준으로 하는 종교 즉 일본교를 가지고 있다. 그것은 "인간학은 있지만 신학적 교의는 없는 하나의 종교"(東谷曉, 2017: 20)이다. 여기서 말하는 인간성이란 '인간다운 인간' 즉 일본인이라면 누구라도 암묵적으로 인정하는 '한도를 넘지 않는 인간'을 뜻하는 말이다.(鷲田小彌太, 2016: 299) 이는 역(役)의 원리, 장(場)의 윤리, 화(和)의 원리, 세켄, 기리(義理), 공기, 마코토 등과 같은 일본문화코드(박규태, 2018: 제2장 참조)가 지향하는 인간과 다르지 않다. 야마모토는 사이고 다카모리(西鄕隆盛)를 일본교의 성인으로 지목했다. 왜냐하면 사이고는 철저한 무사(無私)의 마코토를 살았던 인물로서 일본교 교의를 설파하고 스스로 실천했으며 마침내 일본교도로서 순교한 자이기 때문이라는 것이다.(東谷曉, 2017: 34)

달리 말하자면 일본교는 융통무애하고 정체불명의 인간성을 신으로 간주하는 종교이다.[19] 일본인에게는 인간(이라는 개념)이 있고, 여기서 만인 공통(이라고 일본인이 생각하는)의 하나의 기본적인 교

2011a: 129) 일본교도로서의 일본인들은 도교, 유교, 불교, 기독교 등 외래의 것을 잘 수용해왔다. 하지만 그 어느 것도 일본인을 개종시키지는 못했다. 아쿠타가와는 오히려 일본인이 외래의 것을 일본적인 것으로 변조시켜왔음을 시사한다.

19　그것은 만세일계교=천황교이기도 하다.(鷲田小彌太, 2016: 133)

의를 끌어내고 그 교의에 입각하여 상대방을 설득한다. 그러니까 무언가를 논증하는 것이 아니다. 또한 상대방이 그 교의를 인정하지 않을지도 모른다는 따위의 것은 전혀 고려하지 않을 만큼 이 교의를 강하게 신앙한다. 일본어 자체도 일본교의 종교용어이다. 그 기초는 교의이고 논리가 아니다. 그것은 시간과 장소와 상대방에 따라 융통무애하게 변화하는, 무규정적이고 애매모호한 '인간'의 교의에 불과하다. 따라서 그 교의를 떠난 일본어는 전혀 의미를 가지지 않는 언어가 되고 만다. 이런 기본 교의에 입각한 것이 일본교이다. 그 교의는 언어로 명시되지 않는다.(鷲田小彌太, 2016: 136)

나오는 말 : 커뮤니타스적 자유를 위하여

일본자본주의 정신은 이와 같은 일본교의 요소를 상당히 많이 포함하고 있다.(東谷曉, 2017: 269-273) 종래 야마모토의 『정신』은 주로 쇼산과 바이간에 초점을 맞추어 논해져 왔는데, 본고는 일본문화론의 관점에서 이 책을 재고할 필요성을 제기했다. 그렇다면 일본문화론의 관점에서 이 책을 읽을 때 무엇을 새롭게 볼 수 있을까? 기능집단과 공동체라는 이원구조에 대한 『정신』의 강조는 그것을 일본문화론의 관점에서 다시 읽어낼 필요성을 환기시킨다. 실은 일본자본주의 담론 자체가 일종의 일본문화론이라 할 수 있다. 실제로『정신』에서는 시고토, 공기, 세켄, 마코토, 화 등 전형적인 일본문화코드 및 그것들을 대표하는 일본교적 요소가 일본자본주의 담론 내용

을 구성하고 있다. 이때 문화환원주의에 대한 경계를 전제로, 우리
는『정신』을 비롯한 야마모토 일본학이 부정적인 일본문화론과 긍
정적인 일본문화론의 경계에 위치한다는 점에 주목하지 않으면 안
된다. 예컨대 야마모토는 다음 인용문에서 잘 엿볼 수 있듯이 일본
과 일본인을 긍정하는 철학을 구상함으로써 일본인이 가진 콤플렉
스로부터 일본을 구하고자 했다.

> "도쿠가와시대는 조금도 정체하지 않았다. 아니, 오히
> 려 진보발전한 시대였다. …당시의 일본은 구미에 비해 조
> 금도 뒤떨어지지 않았다. …사상적으로도 정체했다고는
> 말할 수 없다. …경제적 합리성을 당연한 것으로 여겼으
> 며, 동시에 합리성 추구를 위한 윤리가 확립되어 있었으
> 며, 그런 사고방식이 번주에서 정인, 하급무사, 향사에 이
> 르기까지 널리 침투해 있었다."(『정신』, 261-262)

그리하여 야마모토는 스즈키 쇼산과 이시다 바이간의 사상을 '근
면의 철학'이라고 부른 것이다.『정신』은 그 자매편인『근면의 철
학』과 함께 기본적으로 긍정적 일본인론에 속한 저술이라 할 만하
다. 물론 이 책에서는 근대일본의 식민지 경영에 내포된 부정적인
측면과 일본자본주의의 관계에 대한 언급은 전혀 나오지 않는다는
점에서 분명한 한계를 보여준다. 그런데 전술했듯이 고무로 나오키
는『정신』의 저자인 야마모토에 대해 일본자본주의의 붕괴 가능성

을 경고한 일종의 예언자로 자리매김한다.(小室直樹, 1992: 197) 이러한 평가는 결코 과장된 것이 아니다. 요컨대『정신』은 부정적 일본문화론과 긍정적 일본문화론이 미묘하게 혼재된 중층구조를 보여준다. 그러한 중층성의 의미는 야마모토 연구에서 아직 물어진 적이 없다. 빅터 터너(Victor Turner)의 용어를 빌어 말하자면, 끊임없이 구조에 균열을 일으키는 불확정적인 '커뮤니타스'적 경계성[20]도 그 의미 중 하나가 아닐까 싶다. 야마모토야말로 커뮤니타스적 경계인이 아니었을까? 그가 많은 저서에서 반복적으로 "자유란 무엇일까?"라는, 일본인의 정신사에서 보자면 다소 이단적인 물음을 던지는 것(山本七平, 2011: 198 이하 ; 야마모토 시치헤이, 2016: 390 ; 야마모토 시치헤이, 2018: 209)도 커뮤니타스적 경계인이기 때문이었을 것이다.(*)

---

20 터너에 의하면 "리미널리티에서 의례적 전이를 함께 겪은 이들은 직접적, 반구조적, 반합리적, 실존적인 평등한 커뮤니타스(communitas)의 관계 양식을 확립하는 경향이 있다."(빅터 터너, 2018: 349)

참고문헌

김필동(1999), 「일본 자본주의 정신의 역사적 전개와 그 특징」, 『사회과학논총』 10.

김필동(2018), 「근세일본인의 정신문화: 일본인의 직업윤리의 역사성」, 『일본학보』 117.

남장근(1994), 「근대 일본자본주의의 성립과 에토스」, 『일본학연보』 6, 일본연구학회.

로버트 벨라(1994), 『도쿠가와 종교』, 박영신 옮김, 현상과 인식.

루스 베네딕트(2008), 박규태 옮김, 『국화와 칼』, 문예출판사.

박규태(1999), 「근세일본의 민중종교사상: 석문심학(石門心學)과 마음(心)의 문제를 중심으로」, 『일본사상』 창간호, 한국일본사상사학회.

박규태(2001), 『아마테라스에서 모노노케히메까지: 종교로 읽는 일본인의 마음』, 책세상.

박규태(2011a), 「'일본교'와 '스피리추얼리티'」, 『일본비평』 5, 서울대학교 일본연구소.

박규태(2011b), 「현대일본의 회사종교」, 『일본사상』 20, 한국일본사상사학회.

박규태(2018), 『일본정신분석: 라캉과 함께 문화코드로 읽는 이미지의 제국』, 이학사.

빅터 터너(2018), 강대훈 옮김, 『인간사회와 상징행위: 사회적 드라마, 구조, 커뮤니타스』, 황소걸음.

야마모토 시치헤이(2012), 고경문 옮김, 『일본인이란 무엇인가』, 페이퍼로드.

야마모토 시치헤이(2016), 최용우 옮김, 『어느 하급장교가 바라본 일본제국의 육군』, 글항아리.

야마모토 시치헤이(2018), 박용민 옮김, 『공기의 연구』, 헤이북스.

赤松宏(2004), 「西洋と日本の相違: 言葉, 理論, 思想, 方法論について(4)」, 『愛知産業大學紀要』 12.

阿部謹也(1995), 『「世間」とは何か』, 講談社現代新書.

イザヤ·ベンダサン(1984), 山本七平譯編, 『日本敎について』, 文藝春秋.

イザヤ·ベンダサン(1990), 『日本人とユダヤ人』, 角川書店.

イザヤ·ベンダサン(1997), 山本七平譯編, 『日本敎徒』, 文藝春秋.

井尻千男(1997), 「「山本學」の搖籃期とその全面展開」, 山本七平, 『これからの日本人』(山本七

平ライブラリー), 文藝春秋.

稲垣武(1997), 『怒りを抑えし者：評伝・山本七平』, PHP研究所.

犬飼裕一(2003), 「にせユダヤ人が語る「日本」の物語: 山本七平と日本人論の知識社會學」, 『北
　　海學院大學學院論集』117.

江村裕文(2016), 「「空氣」に関する論考(1) 日本人の人間關係と行動を規定するモノ」, 『異文化
　　(論文編)』, 法政大學國際文化學部.

大野信三(1956), 「禪宗の倫理と東洋における資本主義の精神」, 『佛教社會經濟學説の研究』,
　　有斐閣.

神島二郎(1961), 「日本の近代化と「家」意識の問題」, 『近代日本の精神構造』, 岩波書店.

カレル・ヴァン・ウォルフレン(1994), 『人間を幸福にしない日本というシステム』, 毎日新聞社
　　Karel van Wolferen 네덜란드 정치학자.

江村裕文(2016), 「「空氣」に関する論考(1) 日本人の人間關係と行動を規定するモノ」, 『異文化
　　(論文編)』, 法政大學國際文化學部.

加藤均(2012), 「日本人論と佛教: 山本七平の鈴木正三論をめぐって」, 『日本語・日本文化』38.

勝森かよこ(2018), 「アイン・ランドの資本主義観を理解するために「肩をすくめるアトラス」と
　　「海賊とよばれた男」を比較する」, 『都市經營』10.

黒崎征佑(1991), 『日本資本主義の精神: 眞宗倫理との関連で』, 文獻出版.

鴻上尚史(2009), 『「空氣」と「世間」』, 講談社現代新書.

鴻上尚史(2019), 『「空氣」を讀んでも從わない』, 岩波書店.

小室直樹(1992), 『日本資本主義崩壊の論理: 山本七平「日本學」の預言』, 光文社.

こやままとい(2001), 『さよなら日本教』, 健友館.

篠井保彦(2004), 「神託と豫測(18) 山本七平の日本教をめぐって」, 『地中海歴史風土研究誌』19.

相良亨(1989), 『日本の思想』, ぺりかん.

谷澤永一(1992), 『山本七平の智惠』, PHP研究所.

谷澤永一(1997), 「機能集團と共同體の二重構造」, 山本七平, 『日本資本主義の精神』(山本七平
　　ライブラリー), 文藝春秋.

多波まこと(1995),『日本教十戒: 精神の開國か, 滅びか』, 近代文藝社.

寺西重郎(2018),『日本型資本主義』, 中公新書.

戸谷敏之(1948),「中齋の「太虛」について: 近畿農民の儒教思想」,『日本農業經濟史研究』上, 日本評論社.

外山茂(1984),『勉勤と貯蓄の哲學: 日本資本主義の精神』, 貯蓄增强中央委員會.

內藤莞爾(1941),「宗教と經濟倫理: 淨土眞宗と近江商人」,『社會學』8, 岩波書店.

中村元(1965),『近世日本の批判的精神』, 春秋社.

西谷幸介(1999),「いわゆる「日本教」について: 日本的習合宗教の探究との關聯で」,『東北學院大學キリスト教文化研究所紀要』17.

東谷曉(2017),『山本七平の思想: 日本教と天皇制の70年』, 講談社現代新書.

深谷潤(2018),「空氣を讀む「宗教」とキリスト者: 山本七平の「日本教」再考」,『西南學院大學 人間科學論集』14(1).

船曳建夫(2003),『「日本人論」再考』, NHK出版.

三浦雅彦(2011),「ウェーバー・テーゼと鈴木正三: 山本七平・小室直樹說の再檢討」,『宗教研究』84(4).

峰島旭雄編(2000),『比較思想事典』, 東京書籍.

武藤光朗(1944.4),「明治の經濟精神」,『思想』.

安丸良夫(1974),『日本の近代化と民衆思想』, 靑木書店.

山本七平(1975),『存亡の條件』, ダイヤモンド社.

山本七平(1987),『一九九O年代の日本』, PHP文庫.

山本七平(1995),『宗教について』, PHP研究所.

山本七平(2011),『なぜ日本は変われないのか: 日本型民主主義の構造』, さくら舍.

山本七平(2015),『日本資本主義の精神』, ビジネス社(신장판).

鷲田小彌太(2016),『山本七平』, 言視社.

和辻哲郎(1962),「『菊と刀』について」,『和辻哲郎全集』第三卷, 岩波書店.

저자 소개(논문 게재순)

조용래

게이오대학(慶應義塾大学)에서 경제학 석·박사학위를 받았다. 주요 논저로는 『유인호 평전』(2012), 『천황제코드』(2009), 『시장인가 정부인가』(공저, 2004), 『자본주의사회를 보는 두 시각』(공저, 1994) 등과, 「한반도 문제의 미래와 한·일 경제협력의 과제」(2018), 「동아시아 평화공동체 구축의 가능성 – 아편전쟁으로부터 200년, 좌절된 근대의 재구성」(2013) 등이 있다. 국민일보 편집인·대기자를 역임하였으며 현재 광주대 기초교양학부 초빙교수로 재직하고 있다.

김필동

일본사상을 전공으로 히토츠바시대학(一橋大學)에서 석사학위를 받았다. 동대학원에서 박사과정을 수료하였다. 교육문화를 전공으로 히로시마대학(広島大學)에서 박사과정을 수료하고 박사학위를 받았다. 국제교류기금 펠로(2000년), 국제일본문화연구센터객원 연구원(2008년)을 역임하였으며, 현재 세명대학교 국제언어문화학부 교수로 재직하고 있다.

이소마에 준이치(磯前順一)

1961년 이바라기현에서 출생하였다. 도쿄대학 대학원에서 종교학을 전공하여 박사학위를 받았다. 주요 저서로는 『近代日本の宗教言說とその系譜』(岩波書店, 2003), 『喪失とノスタルジア』(みすず書房, 2007), 『記紀神話と考古學』(角川學藝出版, 2009), 『宗教概念あるいは宗教學の死』(東京大學出版會, 2012), 『死者のざわめき』(河出書房新社, 2015) 등 다수가 있다. 현재 국제일본문화연구센터에서 교수로 재직하고 있다.

히라노 가쓰야(平野克彌)

전공은 사상사, 문화사, 역사이론이며 시카고대학에서 박사학위를 받았다. 주요 저서와 논문에는 The Politics of Dialogic Imagination : Power and Popular Culture in Early Modern Japan(University of Chicago Press, 2013), 「「明治維新」を內破するヘテログロシア―アイヌの經驗と言葉」(『現代思想臨時增刊號總特集明治維新の光と影―150 年目の問い』, 2018)가 있다. 현재 캘리포니아 대학 로스엔젤레스 캠퍼스(UCLA) 역사학부 준교수로 재직하고 있다.

최재목

영남대 철학과를 졸업, 동대학원 진학 후 일본 츠쿠바대(筑波大學)에서 석·박사학위를 받았다. 전공은 동양철학(양명학)이다. 도쿄대, 하버드대, 북경대, 라이덴대에서 연구하였고, 한국양명학회장 및 한국일본사상사학회장을 지냈다. 저서로는 『동아시아 양명학의 전개』, 『상상의 불교학』, 『이미지의 퇴계학』 등이 있다. 현재 영남대학교 철학과 교수로 재직하고 있다.

가타오카 류(片岡龍)

1965년 출생하였다. 와세다대학을 졸업 후, 동대학원에서 동양철학을 전공하였다. 일본사상사와 동아시아 비교사상에 관심을 가지고 있다. 편저서로는 『日本思想史ハンドブック』(新書館, 2008), 『公共する人間1 伊藤仁齋』(東京大學出版會, 2011)가 있으며, 감수한 서적으로는 『朝鮮儒學の巨匠たち』(韓亨祚著·朴福美譯, 春風社, 2016)이 있다. 한국 숙명여자대학교 강사를 역임하였으며 현재 일본동아시아실학연구회 회장이자, 도호쿠대학(東北大學) 문학연구과 교수이다.

오다 료스케(小田龍哉)

1973년 출생하였다. 사상사·문화사를 전공하여 도시샤대학대학원[同志社大學大學院]에서 박사과정을 수료하고 문화사학으로 박사학위를 받았다. 저서로는 『平成30年度 史跡二條離宮(二條城)保存活用計劃策定に係る歷史調査業務報告書[槪要版]』(シィー·ティー·アイ, 2019)이 있다. 현재 국제일본문화연구센터에 재직하고 있다.

기바 다카토시(木場 貴俊)

1979년 오카야마현에서 출생하였다. 전공은 일본근세문화사이며, 주요 논문으로는 「怪異が生じる場-天地と怪異」(山中由里子·山田仁史編, 『アジア遊學239 この世のキワ〈自然〉の內と外』, 勉誠出版, 2019), 「에도 문화 속 요괴」(한양대일본학국제비교연구소, 『요괴-또 하나의 일본의 문화코드』, 역락, 2019), 「近世怪異が示す射程-ひろたまさきの「妖怪」論を手がかりにして」(東アジア恠異學會編, 『怪異學の地平』, 臨川書店, 2018) 등이 있다. 현재 국제일본문화연구센터 프로젝트 연구원으로 재직하고 있다.

고영란

고려대학교 일어일문학과를 졸업 후, 동경대학에서 문학석사, 고려대학교에서 문학박사를 받았다. 일본 에도시대 산문문학을 전공하여 하치몬지야본(八文字屋本) 관련 작품을 주로 연구하였으며, 조선후기 문학과의 비교 및 에도시대 일본의 상업인식에 관해 관심을 가져왔다. 주요 논저로는 「에도시대(江戶時代) 소설에 보이는 낭만과 경제적 현실」(『일본어문학』76, 2017), 「에도(江戶)시대 우키요조시(浮世草子)에 묘사된 일본 산업혁명의 전야」(『인문과학연구논총』, 2019) 등이 있다. 현재 전북대학교 일본학과 조교수로 재직하고 있다.

조관자

서울대 국문과 나와서 동경대 대학원 총합문화연구과에서 일본사상사를 공부였다. 한국과 일본의 문화 내셔널리즘에 관심을 갖고 있으며, 저서에 『植民地朝鮮と帝國日本の文化連環』(有志舍 2007), 일본 내셔널리즘의 사상사(서울대출판문화원 2018) 등이 있다. 현재 서울대학교 일본연구소에서 근무하고 있다.

박규태

서울대학교 독어독문학과를 졸업하고 동 대학원 종교학과에서 문학석사, 일본 도쿄대학 대학원 종교학과에서 문학박사 학위를 받았다. 주요 저서로 『일본정신분석』(이학사, 2018), 『신도와 일본인』(이학사, 2017), 『일본 신사(神社)의 역사와 신앙』(역락, 2017), 외에 다수가 있으며, 주요 역서로 『일본문화사』(경당, 2011), 『국화와 칼』(문예출판사, 2008), 『신도, 일본 태생의 종교시스템』(제이앤씨, 2010) 등 다수가 있다. 현재 한양대학교 일본학과 교수로 재직하고 있다.

한양대 〈일본학국제비교연구소〉 비교일본학 총서 03

일본자본주의 정신사

초판 1쇄 인쇄 2020년 2월 20일
초판 1쇄 발행 2020년 2월 28일

엮은이 한양대 일본학국제비교연구소
지은이 조용래 김필동 이소마에 준이치(磯前順一) 히라노 가쓰야(平野克彌) 최재목
　　　　가타오카 류(片岡龍) 오다 료스케(小田龍哉) 기바 다카토시(木場 貴俊) 고영란 조관자 박규태
펴낸이 이대현
편집 이태곤 문선희 권분옥 백초혜
디자인 안혜진 최선주 김주화 ㅣ **기획마케팅** 박태훈 안현진
펴낸곳 도서출판 역락 ㅣ **등록** 1999년 4월 19일 제303-2002-000014호
주소 서울시 서초구 동광로46길 6-6(반포4동 577-25) 문창빌딩 2층(우06589)
전화 02-3409-2060(편집부), 2058(영업부) ㅣ **팩시밀리** 02-3409-2059
이메일 youkrack@hanmail.net
역락홈페이지 www.youkrackbooks.com

ISBN 979-11-6244-487-0 94300
　　　979-11-5686-876-7(세트)